Jiddu Krishnamurti
Geist und Stille

Jiddu Krishnamurti

# Geist und Stille

## Leben · Lernen · Meditieren

Vorwort von
Terence Stamp

Aus dem Englischen von Astrid Ogbeiwi

Aquamarin Verlag

ISBN 978-3-89427-883-0

Titel der Originalausgabe: *CAN THE MIND BE QUIET?*

Brockwood Park, Bramdean, Hampshire, SO24 0lQ, England
E-mail: info@kfoundation.org
Website: www.kfoundation.org

Deutsche Übersetzung: Astrid Ogbeiwi



Druck: CPI • Birkach

# Inhalt

## Erkundungen mit Krishnamurti

Wie Krishnamurtis öffentliche Vorträge sind auch seine Dialoge mit führenden Denkerinnen und Denkern des 20. Jahrhunderts, etwa Renée Weber[1], Iris Murdoch, Jonas Salk, David Bohm[2] und Huston Smith, bestens bekannt. Zwischen diesen Hunderten von Begegnungen stand Krishnamurti auch für private Unterredungen und Gespräche mit Menschen zur Verfügung, die ihn zu sprechen wünschten. Die Inhalte wurden nicht aufgezeichnet, und es wurde davon abgeraten, sich Notizen zu machen.

Sechzig dieser bisher unveröffentlichten Gespräche, wie Krishnamurti sie Ende der 1960er und Anfang der 1970er Jahre aus dem Gedächtnis niedergeschrieben hat, sind in diesem Band versammelt. Sie beinhalten tiefgründige Untersuchungen zu Themen wie Selbst und Bewusstsein, die entscheidenden Merkmale guter Erziehung sowie den meditativen und den religiösen Geist. Wie in allen seinen Schriften ist der Stil unverblümt, vermeidet jegliche Phrasen und legt tiefe Wahrheiten als klare, sachliche Information dar, zugänglich für alle, die sie hören wollen. Die Texte enthalten auch Krishnamurtis viel geliebte Naturbeschreibungen.

Das Buch ist in drei Teile gegliedert, die jeweils eine weitreichende Erkundung der Gebiete Leben, Lernen und Meditation darstellen und Krishnamurtis radikalen Ansatz deutlich machen.

---

1 Renée Weber, Alles Leben ist eins. Amerang 2019

2 David Edmund Moody, Physik und Freiheit, Amerang 2019

## Vorwort

Zum ersten Mal bin ich Krishnamurti 1968 in Rom während Dreharbeiten mit dem großen italienischen Regisseur Federico Fellini begegnet. Ich sprach kein Italienisch, deshalb hatte Fellini mir eine Dolmetscherin an die Seite gestellt, die zufällig auch seine persönliche Astrologin war. Eines Tages sagte sie mir: „Sie sind zu einem Mittagessen mit Krishnamurti eingeladen."

Ich fragte: „Wer ist Krishnamurti?"

Mit gedämpfter Stimme, ganz so, als sollte ich das eigentlich wissen, erwiderte sie: „Nun ja ... wissen Sie ... er ist Krishnamurti."

Darauf ich: „Ah ja, ist er Filmregisseur?"

„Nein, nein", meinte sie, „er ist ein Erlauchter."

Nun gut, ich war siebenundzwanzig und berühmt, aber eigentlich bin ich bloß ein kleiner Gauner aus dem Londoner East End, und in dem Moment überspielte ich dies. Der einzige Lauch, den ich kannte, kam in die Beilage, die meine Mutter zu Hause zum Sonntagsbraten reichte. Dennoch war mein Interesse geweckt, sodass ich also mitging zu diesem Mittagessen. Erst Jahre später habe ich herausgefunden, wie ich überhaupt dazu gekommen war.

Fellini hatte ein wunderbares Drehbuch, das er verfilmen wollte. Allerdings mangelte es ihm an Geld, daher bat er die berühmte Yoga-Lehrerin und gut vernetzte Society-Lady Vanda Scaravelli um Hilfe. Sie kannte Krishnamurti, und Fellini bat, ihm vorgestellt zu werden, sobald er wieder in

Rom sei – ich vermute mit dem Hintergedanken, er könnte vielleicht einige Mittel bereitstellen.

Ein paar Monate später war Krishnamurti in der Stadt, und sie arrangierte ein Treffen. Als Fellini erfuhr, dass er Filme liebte, schnitt er etwa fünfzehn Minuten aus den Aufnahmen vom Vortag, die er und ich gedreht hatten, zusammen und zeigte sie ihm, um das Eis zu brechen. Am Ende des kurzen Films sagte Krishnamurti anscheinend, „den Jungen würde ich gerne kennenlernen" (womit er mich meinte), weshalb ich wiederum zu dem Mittagessen eingeladen wurde.

Als ich eintraf, war das Restaurant voll besetzt, doch ich wurde tatsächlich an einem Tisch genau gegenüber von Krishnamurti platziert. Wir haben kein Wort miteinander gesprochen. Aber weil ich ihn anstarrte, hielt er den Blick aus Höflichkeit ständig gesenkt. Ich weiß noch, dass ich dachte, so einem Menschen sei ich noch nie begegnet. Es war sehr ungewöhnlich. Nach dem Mittagessen beantwortete er die Fragen der anwesenden Presseleute, und sein Sekretär Alain Naudé kam zu mir und fragte: „Würden Sie gerne einen Spaziergang mit Krishnamurti machen?" Ich sagte zu.

Also machten er und ich uns auf einen langen Spaziergang durch Roms Vororte. Und ich, der das ganze Mittagessen über kein Wort herausgebracht hatte, konnte plötzlich nicht mehr aufhören zu plappern. Irgendwann blieben wir stehen, er legte mir die Hand auf den Arm und sagte: „Schau dir diesen Baum an." Ich sah hin – es war ein Baum. Ich schaute ihn an. Er lächelte. Ich lächelte. Wir gingen weiter. Ich redete weiter. Zehn Minuten später hielt er mich wieder an und sagte: „Schau dir diese Wolke an." Ich sah hin – eine Wolke halt. Sie war nicht besonders, leuchtete nicht von innen oder etwas in der Art: Sie war eine Wolke – und das war alles. Wir gingen weiter, und ich redete weiter.

Dies war meine erste Begegnung mit Krishnamurti. Doch

danach war ich nicht mehr derselbe. Etwas hatte sich verändert. Er hat etwas mit mir gemacht, was ich erst Jahre später begriffen habe: Er setzte seine Präsenz ein, um mein Denken zu unterbrechen. Und etwas im Inneren rührte mich an.

Wenn ich von da an sah, dass er irgendwo einen Vortrag hielt, versuchte ich hinzugehen, und umgekehrt versuchte auch er, stets dafür zu sorgen, dass ich eingeladen wurde. Oft verstand ich nicht ganz, worum es ging, und doch wurde ich unmerklich verfeinert. Auch später sollte es mir in Gesprächen wieder so ergehen. Dann begannen wir etwa eine Plauderei über materielle Dinge wie Hemden oder Schuhe, und doch trat eine Veränderung ein. Seine Stimme veränderte sich gar nicht unbedingt, sondern es geschah etwas Unterschwelliges. Ich kann es nur mit Cole Porters Liedtext vergleichen: „How strange the change from major to minor" [Wie seltsam der Wandel von Dur zu Moll]. Ich habe bestimmt fünfzehn Jahre gebraucht, um Wendungen zu verstehen wie: „Wenn der Adler fliegt, hinterlässt er keine Spur" und „Der Beobachter ist das Beobachtete".

Mir war vielleicht nicht ganz klar, was er sagte, aber stets trat diese Veränderung ein.

Terence Stamp

# TEIL EINS

## Erkundungen über das Leben

# 1
## Wir sehen nicht, wir hören nicht

Der Nordwind blies kalt und kräftig, vertrieb den Nebel, die Gerüche der Stadt, die Abgase und die faulige Luft. Die Berge waren sehr klar. Die Luft war von knisternder Kühle und fegte alles vor sich her – die abgestorbenen und die welkenden Blätter. Der Blick reichte sehr weit, bis zu den Lücken zwischen den Inseln, und auf dem Hügel konnte man beinahe jeden Busch und jedes Blatt erkennen. Jenes seltsame Licht, das es nur in Kalifornien gibt, war eindringlicher denn je. Man sollte diese Hügel wirklich einmal in diesem Licht sehen, vor dem blauen Himmel, dann würde man die außergewöhnliche Schönheit des Landes erkennen. Die Sonne lag über dem Meer, an diesem Morgen eine unendliche silberne Weite. Es war gut, das Licht des Wassers anzusehen, dieses Licht ins Herz hineinzulassen, und dort mit diesem Licht und sonst nichts zu leben, ohne einen Gedanken, ohne Morgen oder Gestern, und den Nordwind alle Nichtigkeiten, die Hässlichkeit, die Gewalt und die Dummheiten, die der Mensch durch sein Denken und seine Angst in sich aufgebaut hat, wegpusten zu lassen. All dies hinwegfegen zu lassen und dieses Licht zu haben und sonst nichts.

„Sie haben oft gesagt, sei nichts, vernichte alles ganz und gar, das Gute und das Schlechte, und ziehe dich in die Stille zurück, ins Nichts. Lehren Sie damit nicht die völlige Auslöschung des Ichs und aller seiner Werke? Eigentlich sagen Sie den Menschen, lebt ein Leben des Nichts, und aus diesem Nichts heraus handelt. Die Bhagavad-Gita oder die Upanishaden sagen dasselbe auf ihre Weise: Vollständige und totale Auslöschung des Ichs, des Egos, des Überichs. Wie soll man dies bewerkstelligen? Entsteht es durch Meditation oder durch gute Werke? Ist es der Lohn für rechtschaffenes Verhalten? Wie geschieht dies?“

*Es gibt zwei Arten des Handelns. Die eine trägt Ihnen Lohn ein, und seine Ausführung stärkt das Ich, das Ego. Die andere Art des Handelns, das Handeln, welches Sie gerne tun, hat weder Lohn noch Strafe. Ihm geht es nicht darum, was die Nachbarn sagen, oder um Götter oder die Priester oder den Glauben. Sie tun es, weil Sie es tun müssen. Sie erfreuen sich am Tun an sich, nicht wegen des Himmels oder der Vermeidung der Hölle. Sie tun es einfach, und die Freude liegt im reinen Tun. Dieses Handeln geschieht aus Freiheit von der Gesellschaft und hat nicht im Geringsten etwas mit Moral zu tun. Dieses Handeln kommt aus dem Nichts. Ist dies gegeben, können Sie die Welt aus eben jener Stille des Nichts sehen.*

*Sie fragen, wie dies geschieht. Das Denken kann sich nur innerhalb seiner eigenen Reichweite und Dimension bewegen, denn es ist angebunden. Das Denken, so klug, klar und erkenntnisreich es auch sei, ist immer noch Teil des Bekannten, und das Bekannte ist nicht dieses Nichts. Das Denken kann das Bekannte nicht vernichten, denn es ist selbst das bereits Bekannte. Aber das Denken muss sich zu seiner vollen Breite und Höhe aufschwingen und sein eigenes fruchtloses Tun erkennen. Ebenso wenig geschieht dies durch planvolle Meditation, denn solange es den Meditierenden gibt, befindet sich die Meditation innerhalb des Felds des Bekannten. Wichtig ist, dass der Meditierende endet. Es ist also nicht die planvolle Meditation mit ihren Systemen, Methoden und Zielen und auch nicht die Schulung und Verfeinerung des Denkens. Es ist das klare Auge, das sieht, und das klare Herz, das hört. Das Hören und Sehen des Ichs ist das eine, das Hören und Sehen ohne Ich das andere. Das eine verdreht und ver-*

*zerrt, das andere sieht und hört einfach. Dieses Hören ist aus der Stille des Nichts. Die völlige Verneinung ist das völlige Handeln.*

Darf ich Sie fragen, was das Handeln dieser Verneinung eigentlich ist? Bedeutet es, vor dem inneren Auge etwas zu sehen, das falsch ist, und in gewisser Weise „Nein" dazu zu sagen? Wenn dem so ist, dann gibt es doch etwas, das „Nein" sagt. Das kann es nicht sein, was Sie meinen. Wie ist diese Verneinung also beschaffen?

*Wenn Sie verneinen, gibt es kein „Ich", denn das „Ich" ist bereits verneint worden.*

„Für die meisten Menschen bedeutet Verneinung aber, etwas zu sehen und es abzulehnen."

*Verneinung ist das Sehen und das Tun, nicht zwei getrennte Dinge.*

„Aber was ist dieses Tun, von dem Sie sprechen? Ich verstehe, dass es Sehen geben muss, eine Wahrnehmung von etwas, wenn man aber gesehen hat, was ist dann dieses Handeln?"

*Es gibt kein Handeln. Das Sehen an sich ist die Verneinung.*

„Meinen Sie, dass es keine Alternative gibt, wenn man etwas sieht, nichts Falsches, nichts anderes als das Sehen?"

*Genau das ist es. Wir trennen Handeln vom Sehen und fragen, was das Handeln ist, das im Sehen entsteht. Das Sehen an sich ist Handeln; im Sehen gibt es keinen Handelnden. Wenn es im Sehen einen Handelnden gibt, dann gibt es überhaupt kein Sehen; und kein Hören, wenn es einen Hörenden gibt.*

„Offenbar beschreiben Sie eine Qualität des Sehens und Hörens auf einer wesentlich tiefergründigen Ebene als die meisten Menschen sich auch nur vorstellen können."

*Ich glaube nicht, dass dies so tiefgründig ist. Ich glaube, es ist recht klar und einfach. Hören oder Sehen ohne den Be-*

*obachter, ohne den, der hört und übersetzt; nur der Akt des Sehens und Zuhörens und sonst nichts.*

„Aber darf ich einwenden, dass für die meisten Menschen der Akt des Sehens durch ihre persönlichen Einschränkungen eingezäunt ist. Es ist, als ob Sie sagten, um all dies wegfegen zu können, müsse man sehen, und wir sähen nicht, weil wir durch diese Eigenschaften eingeschränkt sind."

*Wir sind eingeschränkt durch das „Ich", durch das Ego oder das Überich.*

„Aber sagen Sie nicht, dass das Sehen und Hören, das Sie beschreiben, das Ego und das ‚Ich' hinwegfegt?"

*Ja, aber man muss sich des Egos bewusst sein, des „Ichs", welches das Sehen beeinträchtigt; und gewahr zu sein ohne jegliche Auswahl, ist das Sehen. In dem Moment, in dem Sie auswählen, was Sie hören wollen oder was Sie sehen wollen, fängt das ganze Unheil des Handelns mit einem Beweggrund oder mit dem Wunsch nach dem Angenehmen an.*

„Darf ich Sie dann fragen, ob es vielleicht so sein könnte: Man beobachtet etwas, und zugleich muss man alles Handeln beobachten, das sofort durch das Ich und das Denken ins Spiel kommt, sodass man also zugleich die objektive Sache und den gesamten subjektiven Mechanismus im Geist sieht?"

*Gewiss, gewiss. Erstens, wir sehen nicht, wir hören eigentlich nicht. Wir hören und sehen mit der Einschränkung, mit der Konditionierung des Egos, des „Ichs" – wobei das „Ich" die Gesellschaft, die Angst und so weiter ist. Man muss die Tatsache erkennen, dass man nicht sieht, dass man nicht hört. Wenn man diese Tatsache anerkennt, begibt man sich auf eine andere Ebene.*

„Wenn ich versuche, Ihnen bei alledem zu folgen, bin ich mir über diese Dinge sofort im Klaren. Wollen Sie damit sagen, wenn man sie insgesamt, sozusagen in ihrer Masse, als ganzen Batzen, als Tatsache sieht, gelangt man über sie hinaus und wird frei von ihnen? Oder muss man sagen können, ‚Ja, ich erkenne dieses, dieses und jenes …?'"

*Nein, nein. Man muss es als Ganzes sehen und als Ganzes ablegen. Das Sehen als Ganzes ist dessen Beendigung.*

„Aber das ist eine sehr gefährliche Sache, denn der in Gedanken verfangene Geist sagt doch gerne: ‚Ja, es gibt den Faktor der Konditionierung, es gibt den Faktor des Denkens, ich sehe es' – und sieht es doch nicht. Er nimmt es als eine Chiffre."

*Das ist eine Anmaßung, das ist eine Einbildung eines Gefühls des Sehens. Wir haben sehr deutlich gesagt, dass Sehen oder Hören nicht möglich ist, wenn es irgendeine Interpretation gibt, wenn es irgendeine Anhaftung gibt.*

„Ja, die Qualität dieses Sehens und Hörens ist so völlig anders als das, was wir praktisch die ganze Zeit tun."

## 2
## Wie kann das Zentrum enden?

Die Berge waren voller Einsamkeit. Seit drei Tagen hatte es immer wieder geregnet, und die Berge waren von einem leuchtenden Grün. Fast blau waren sie geworden, und in ihrer Fülle machten sie den Himmel voll und schön. Es war sehr still; ganz anders als am Meer; wenn man am Strand im nassen Sand ging, machten die Brecher eine Menge Lärm. Dort gab es keine Stille – außer im Herzen. Doch in den Bergen, auf diesem gewundenen Pfad, war die Stille überall. Der Lärm der Stadt, das Tosen des Verkehrs und das Donnern der Wellen waren nicht zu hören. Es war ein wunderschöner Nachmittag, und bei Sonnenuntergang schienen einige Gipfel wie von einem ureigenen Licht belebt.

„Das Handeln ist einem immer ein Rätsel, und wenn man die Komplexität des Lebens sieht, wird es nur umso verwirrender. Es gibt so vieles, was getan werden sollte, und es gibt andere Dinge, die sofortiges Handeln erfordern. Die Welt um uns verändert sich so schnell – ihre Werte, ihre Moral, ihre Kriege und ihr Frieden – dass man angesichts der Dringlichkeit des Handelns einfach nicht mehr weiterweiß. Doch fragt man sich immer, was man tun sollte angesichts des gewaltigen Problems des Lebens. Man hat den Glauben an die meisten Dinge verloren – an die führenden Köpfe, an die Lehrer, an Glaubenssysteme – und häufig wünscht man sich ein Prinzip, das ungeachtet von einem selbst wirkt, etwas, das einem den Weg erhellt, oder eine Autoritätsperson, die einem sagt, was man tun soll. Aber in unserem Herzen wissen wir auch, dass all dies aus und vorbei ist. Dennoch kommen wir unweigerlich wieder an den Punkt, an dem wir uns fragen, was dies alles soll und was in alledem unsere Aufgabe ist."

*Wie man beobachtet, handeln wir seit jeher aus einem Zentrum heraus, das sich zusammenzieht und wieder ausdehnt. Manchmal ist es ein sehr kleiner Kreis, andere Male ist es übergreifend, umfassend und äußerst befriedigend. Aber es ist immer ein Zentrum von Kummer und Sorge, von flüchtiger Freude und Leid, die entzückende oder die schmerzliche Vergangenheit. Es ist ein Zentrum, das wir zumeist kennen, bewusst oder unbewusst. Aus dem Zentrum heraus handeln wir, und in ihm haben wir unsere Wurzeln. Die Frage, was zu tun ist, jetzt oder morgen, wird immer aus diesem Zentrum heraus gestellt, und die Antwort muss für das Zentrum stets erkennbar sein. Wenn wir eine Antwort erhalten haben, sei es von jemand anderem oder von uns selbst, schreiten wir im Rahmen der Einschränkungen dieses Zentrums zur Tat. Es ist wie bei einem Tier, das an einen Pfahl angebunden ist und dessen Handlungsspielraum von der Länge des Stricks abhängt. Dieses Handeln ist nie frei und daher immer mit Schmerz, Unheil und Verwirrung verbunden. Wenn es dies erkennt, fragt sich das Zentrum: „Wie soll ich frei werden, um glücklich und völlig offen zu leben sowie ohne Sorge oder Reue zu handeln?" Aber es ist immer noch das Zentrum, das diese Frage stellt.*

*Dieses Zentrum ist die Vergangenheit. Dieses Zentrum ist das „Ich" mit seinem egozentrischen Treiben, das Handeln nur im Sinne von Lohn und Strafe kennt, von Erfolg und Scheitern, mit Beweggründen, Ursachen und Wirkungen. In dieser Kette ist es gefangen. Diese Kette ist das Zentrum und das Gefängnis.*

*Es gibt das andere Handeln, das entsteht, wenn es Raum gibt, in dem kein Zentrum existiert, eine Dimension, in der Ursache und Wirkung nicht stattfindet. Aus ihr heraus ist Le-*

*ben Handeln. Ohne ein Zentrum ist alles Tun frei, froh, ohne den Schmerz der Lust. Dieser Raum und diese Freiheit ist nicht das Resultat von Anstrengung und Erfolg: Wenn das Zentrum endet,* ist *das andere.*

„Aber wie kann das Zentrum enden? Was muss ich tun, um es zu beenden? Welche Disziplin, welche Opfer, welche großen Anstrengungen muss ich aufbringen?"

*Keine. Sehen Sie nur ohne jegliches Auswählen das Treiben des Zentrums; nicht als Beobachter, nicht als Außenstehender, der nach innen schaut, sondern beobachten Sie lediglich ohne den Zensor.*

„Aber das kann ich nicht; ich schaue immer mit den Augen der Vergangenheit."

*Dann seien Sie sich bewusst, dass Sie mit den Augen der Vergangenheit schauen, seien Sie sich völlig darüber im Klaren. Bleiben Sie dabei; versuchen Sie nicht, etwas daran zu ändern. Seien Sie schlicht und seien Sie sich bewusst, dass alles, was Sie zu tun versuchen, die Rückmeldung Ihres Wunsches ist, dem zu entkommen, was das Zentrum nur noch stärker macht. Es gibt also kein Entrinnen, keine Anstrengungen und keine Verzweiflung. Dann können Sie die volle Bedeutung des Zentrums und seine ungeheure Gefahr sehen.*

## 3
## Der Strom des Lebens

Er war ein großer Mann, gut gekleidet, mit ziemlich scharfem Blick. Er hatte sich mit Buddhismus befasst, da dies geistige Nahrung versprach und ihm die buddhistische Lebensauffassung gefiel. Zwar war er als Christ aufgewachsen, doch das Christentum hatte einzig den Sinn des Dienens in der Liebe Gottes, womit dem Menschen geholfen wurde, noch hilfloser zu werden. Selbst der Buddhismus befriedigte ihn nicht, daher hatte er auch diesen wieder aufgegeben, obwohl er vage mit der einen oder anderen philosophischen Perspektive oder dem einen oder anderen diffusen Lehrer liebäugelte. Aber sein Verstand war scharf, hellwach, kritisch und neugierig. Relativ entspannt und mit überschlagenen Beinen saß er im Sessel. Seine Schuhe waren sorgfältig poliert. An den Händen kann man sehr viel ablesen. Er hatte ziemlich kurze und dicke, aber gepflegte Hände. Er sagte, er arbeite viel im Garten, habe Freude an Blumen und hielte seinen Rasen löwenzahn- und unkrautfrei. Er sagte, er habe ein großes Haus und eine Ehefrau, aber keine Kinder. Seiner Beschreibung nach muss sein Haus hübsch gewesen sein, voller alter Möbel und mit sauberen, glänzenden Böden. Offenbar mochte er gutes Essen. Man fragte sich, warum er dies alles erzählte.

Das Zimmer war sehr freundlich, hatte einen grünen Teppich und hübsche Vorhänge. Es öffnete sich auf einen grünen Rasen und einen prächtigen Tulpenbaum, der im Frühsommer mit großen Blüten üppig geblüht hatte. Links stand eine herrliche Zeder, alt und bereit zu sterben. Jenseits des Rasens lagen ein Feld und ein Hain, Hecken und weitere Felder. Es war ein freundlicher und ruhiger Ort, ungestört vom vorbeirauschenden Verkehr. Hier herrschten große Schönheit und tiefe Stille. Du konntest die Erde wirklich spüren. Bäume standen überall, alt, dicht belaubt und schön geformt. An jenem Abend warfen sie lange Schatten. Es war herrlich, ihnen zuzusehen, und während du ihnen zusahst, veränderte sich die ganze Erde. Alles schien lebendig, und du warst Teil davon, nicht nur auf dem harten Stuhl, sondern draußen, Teil der pulsierenden Schönheit und Stille. Du identifiziertest dich nicht mit ihnen; es war kein intellektueller Identifizierungsprozess, sondern du warst von ihrer Art. Sie waren deine Freunde. Ihr Wispern war dein Wispern, und ihre Bewegung war Teil deines Geistes und deines Herzens. Es war auch keine Einbildung, denn diese kann dir einen Streich spielen, dir mit Fantasievorstellungen, Überreaktionen und falschen Anflügen emotionaler Zustände, die als Liebe bezeichnet werden, etwas vormachen. Es war nichts dergleichen. Es gab keine Trennung zwischen dir, der Erde und dem Himmel und den Bäumen. Die Farben des grünen Rasens und der tiefen Schatten waren die Farben deines Geistes und deines Herzens. Das Gelb strebt nicht nach größerer Gelbheit. Der grüne Rasen war im Abendlicht so fantastisch lebendig, dass jeder Teil von dir von seiner Art war. Ein Fasan ging über den Rasen, und du gingst mit ihm, verschwandst hinter einem Busch.

Der Mann sagte: „Ich bin zu dem Treffen heute Morgen und zu den anderen gekommen. Neben meinem Haus verläuft ein Bach, ein schöner, schattiger Bach. Er zieht sich durch viele Teiche, die ich gegraben habe, aber der Hauptarm fließt vorbei. Ich habe weitere gegraben, und dies ist meine Arbeit. Zwei oder dreimal pro Woche verrichte ich auch andere Arbeit, um mein kleines Einkommen etwas aufzubessern. Aber anscheinend stecke ich fest. Ich weiß nicht so recht, was mit mir los ist. Ich kann denken, ich kann ziemlich klar und klug argumentieren. Ich habe recht viel gelesen, aber all dies erscheint mir so abgrundtief leer, und mein Leben scheint zum Stillstand gekommen. Selbst die Blumen und der Rasen, die ich so sorgfältig pflege, machen mir keine Freude mehr."

*Es gibt den Bach, der durch Ihr Grundstück fließt, weiter und immer weiter, und Sie haben kleine Teiche ausgehoben, in die das Wasser hineinkommt und bleibt, damit die Seerosen wachsen können. Sie sind auch ein bisschen so, nicht wahr, Sie leben in den kleinen Teichen, bequem, Gefahren meidend, satt? Und der Bach fließt vorbei, und der Bach ist das Leben.*

„Ja, ich verstehe, was Sie meinen. Genauso habe ich es gemacht. Wie merkwürdig, dass Sie das so schnell erfasst haben."

Er schwieg eine Zeit lang und sah mich an, erstaunt und ziemlich betroffen. Dann sagte er: „Was muss ich jetzt tun?"

Der Raum war voller Stille, und seine Frage ging in der Stille um. Er war dabei, seine Antwort selbst zu finden. Aber es gelang ihm nicht ganz, und so stellte er dieselbe Frage: „Wie soll man die kleinen Teiche, die man für sich ausgehoben hat, diesen Garten, das Haus, die Bücher, die Möbel und die Frau loslassen und in den Bach steigen und endlos mit ihm mitfließen?"

*Ein Fluss fließt über jedes Hindernis, denn er hat eine große Wassermenge hinter sich. Er bildet vielleicht kleine Teiche und träge Nebenarme, aber es ist der Fluss, der sie bildet, und in der Regenzeit werden sie alle von der größeren Wassermenge fortgespült. Der Fluss ist immer im Fließen, vorbei an den Steinen, den Inseln, den Feldern. Der Fluss ist unerschöpflich, wie das Leben.*

„Muss ich meine kleinen Teiche, die ich sorgfältig ausgehoben habe, meinen Rasen und die Bäume loslassen?", fragte er.

*Auf diese Frage gibt es keine Antwort. Es gibt den hübschen Bach mit Schatten und rasch dahinfließender Strö-*

*mung, und die Teiche, einige lebendig, andere abgestanden. Es gibt kein „Wie", denn wenn Sie fragen „wie", werden Sie die Teiche, das Haus und den Garten nie verlassen. Sie werden immer auf der Bank sitzen und dem Bach beim Vorüberfließen zusehen. Es gibt nie ein „Wie", nur den Akt des in den Bach Steigens und endlos mit ihm Mitfließens.*

## 4
## Unkenntnis seiner selbst ist die Ursache von Konflikt

„Was ist Konflikt? Ich habe viele Bücher von Ihnen gelesen, und ich glaube, ich bin hinreichend in der Lage, vertieft auf etwas einzugehen, auf mich, auf die Verwicklungen von Beziehung. Ich bin mir auch meiner Umwelt und der sozialen Ungerechtigkeit bewusst. Ich habe mich mit Vedanta beschäftigt, und ich glaube, ich kann die Dinge intellektuell und tatsächlich durchdringen. Ich habe auf der ganzen Welt mit vielen Menschen über religiöse Fragen gesprochen, mit Gelehrten und mit Lernenden. Ich glaube, ich habe einen recht scharfen Verstand, wenn ich das so sagen darf, und wenn ich frage, was Konflikt ist, dann nicht, weil ich eine Definition oder Formel für die Lösung aller Konflikte möchte. Ich frage, weil mir scheint, dass das ganze Leben Konflikt ist, dass alle Beziehung Konflikt ist, dass alles, was man tut und lässt, anstrengend und belastend ist. Es gibt den Konflikt der Temperamente zwischen zwei Menschen, den Konflikt der Charaktere, der Intentionen, des Willens und der Wünsche. Es gibt den Konflikt der Frustration, enttäuschter Hoffnungen, den Konflikt der Verwirrung – die Unfähigkeit, mit sich selbst oder einer Situation zurechtzukommen. Es gibt also den Alltagskonflikt, aber auch die tiefsitzenden Konflikte, deren man sich nur dunkel bewusst ist. Diese Zerrissenheit ist überwältigend, anscheinend unvermeidlich, und doch kämpft man dagegen an. Es gibt die Zerrissenheit der seelisch Gesunden und die Zerrissenheit der Neurotiker. Das ganze Leben ist ein Kampf. Manche Konflikte entstehen aufgrund tiefsitzender ererbter oder erworbener Neigungen, eine Folge des Temperaments oder der Konditionierung.“

*Können wir sagen, dass unsere Konflikte, ob nun aufgrund des Temperaments, des Charakters oder erworben, zumeist eine Folge von Konditionierung sind? Ist aller Konflikt ein Resultat unserer begrenzten Wahrnehmung, unserer begrenzten Selbsterkenntnis? Würden Sie sagen, dass Konflikt durch Selbsterkenntnis enden würde? Oder ist Konflikt etwas, worüber wir keinerlei Kontrolle haben? Wenn es unsere Möglichkeiten übersteigt, ihn zu bewältigen, gibt es dann überhaupt ein Problem? Ist Konflikt Unwissenheit? Es gibt die Tatsache des Konflikts, und es gibt tausend Erklärungen und Beschreibungen seiner vielfältigen Erscheinungsformen. Und dann haben wir noch die Frage: Kann man etwas dagegen tun? Was ist Konflikt? Wann verspüren Sie ihn?*

„Man verspürt ihn, wenn es weh tut oder wenn es Bedarf nach mehr Freude gibt."

*Verspüren Sie ständig Konflikt oder nur manchmal?*

„Nur manchmal."

*Warum nur manchmal? Was passiert, wenn Sie ihn nicht verspüren? Sind Sie dann geistig abwesend, mit anderem beschäftigt, flüchten Sie sich in irgendetwas oder lassen Sie sich unterhalten?*

„Wenn ich ihn nicht verspüre, gibt es keinen Konflikt, oder vielmehr, wenn es keinen Konflikt gibt, verspüre ich ihn nicht."

*Sie verspüren Konflikt also nur, wenn es ihn gibt? Konflikt macht sich durch Schmerz und so weiter bemerkbar. Aber das liegt natürlich nicht daran, dass das Gewahrsein den Konflikt hervorruft! Was geschieht also, wenn es keinen Konflikt gibt? Wenn der Geist völlig in etwas aufgeht und beschäftigt ist – in diesem Zustand gibt es keinen Konflikt. Das wollen wir doch alle, etwas, worin wir aufgehen, damit wir uns selbst vergessen können. Aber der Konflikt befindet sich nur in der Schwebe – er ist immer noch da und macht sich wieder mit voller Kraft bemerkbar, sobald die Beschäftigung endet. Deshalb haben wir den Anspruch, ständig vollauf mit etwas beschäftigt zu sein. Wir sorgen immer mehr dafür, dass wir beschäftigt sind, damit sich der Konflikt, der stets hinter der nächsten Ecke lauert, nicht bemerkbar macht. Der Geist ist wie ein Kind, das völlig in ein verzwicktes Spielzeug vertieft ist. Solange das Spielzeug interessant ist, ist das Kind ganz versunken in sein Spiel; geht das Spielzeug kaputt oder wird es weggenommen, weint das Kind. Bei uns passiert genau dasselbe. Sobald wir nicht von einer Beschäftigung vereinnahmt werden, beschäftigen wir uns mit dem Konflikt. Ganz gleich, was uns beschäftigt – Karriere, politisches oder gesellschaftliches Engagement, Sex, Unterhaltung, Gott oder der Staat – wir stehen um jeden Preis dafür ein, weil wir Angst haben, uns dem Konflikt zu stellen, der immer da ist. Wir sind also entweder mit der Beschäftigung beschäftigt oder mit dem Konflikt; und die Beschäftigung bringt wiederum ihre eigenen Konflikte mit sich.*

*Es gibt also folgende drei Punkte: Es gibt die Vereinnahmung durch ein „Spielzeug", die Vereinnahmung durch einen Konflikt, und drittens ist beides Widerstand gegen jenen Gemütszustand, der leer ist, die Angst vor jenem Gemütszustand, der nicht beschäftigt ist. Der kleine, seichte Geist möchte in dem Spielzeug oder in seinem Konflikt aufgehen. Der Konflikt ist Selbstbezogenheit, und das Spielzeug ist scheinbar keine Selbstbezogenheit. Aber Selbstbezogenheit um sich selbst und scheinbare Nicht-Selbstbezogenheit sind ein und dasselbe. Die Erkenntnis dieser drei Dinge ist Selbsterkenntnis. Die Unkenntnis seiner selbst ist die Ursache von Konflikt.*

„Wollen Sie damit sagen, dass die Erkenntnis dieser Dinge, die zugleich die Erkenntnis des eigenen Wesens ist, das Ende von Konflikt bedeutet?"

*Wenn man sich selbst erkennt, hört Konflikt auf. Konflikt ist also Unkenntnis des Musters, in dem er existiert, und eben dieses Muster ist seine Existenz. Dies nonverbal zu erkennen, heißt, ihn zu beenden.*

„Wollen Sie damit sagen, dass ich mich mit nichts beschäftigen darf?"

*Sie können sich mit etwas beschäftigen und doch von dieser Beschäftigung nicht vereinnahmen lassen. Wenn Sie sich aus einem Beweggrund beschäftigen, dessen Sie sich nicht bewusst sind, dann leisten Sie Widerstand gegen den Konflikt, auch wenn Ihnen dies verborgen bleibt. Wenn Sie aber aufmerksam darauf achten, was Sie tun, dann hat diese Aufmerksamkeit ihren Ursprung nicht in dem Konflikt, der hinter der nächsten Ecke lauert und vor dem Sie fliehen. Aufmerksamkeit ist ohne Beweggründe.*

„Wenn ich etwas tue, was mir Freude macht, ist dann nicht die Freude mein Beweggrund?"

*Wenn Sie etwas gerne tun, macht es Ihnen Freude. Darin liegt kein Konflikt. Freude ist die Schönheit dieser Liebe. Wenn Sie etwas um seiner selbst willen tun, rein aus Liebe dazu, gibt es keinen Beweggrund und damit keinen Konflikt. Freude ist daher keine Sünde. Aber die Angst, die Freude zu verlieren, ist wiederum Konflikt. Der Maßstab des Geistes ist Konflikt: Verlust, Gewinn und Erfüllung. Man fragt sich also, ob der Geist im Zustand der Aufmerksamkeit und damit der Liebe sein kann, ohne darin aufzugehen.*

„Der Surfer, der aus ganzem Herzen eine wunderbare Welle genießt, und das Kind, das mit einem Spielzeug spielt, gehen nicht darin auf?"

*Doch, natürlich tun sie das.*

„Doch Sie sagen, etwas mit Liebe und Freude zu tun, ist intelligent, ist etwas anderes, als darin aufzugehen."

*Man besitzt, dominiert, hält fest an dem, worin man auf-*

*geht, und wenn es weg ist, steht man wieder mit Tränen in den Augen da, wie das Kind. Der Mensch, der mit Freude tut, was er tut, wird davon nicht vereinnahmt. Der Mensch, der liebt, ist namenlos. Der Mensch, der besitzt, ist laut; für ihn gibt es Konflikt, für den anderen nicht. Das Wichtige bei alledem ist, sich von dem, was einen beschäftigt, nicht vereinnahmen zu lassen. Freiheit ist das Ende von Konflikt. Wenn man an etwas hängt, gibt es Schmerz. Zu wissen, dass man sagt, „ich muss leidenschaftslos sein" und der Versuch, leidenschaftslos zu werden, ist Konflikt, was dasselbe ist, wie an etwas zu hängen.*

## 5

## Warum trennen wir Äußeres und Inneres?

Eben waren sie am Bahnhof angekommen. Sie waren mit Blumenkränzen geschmückt. Sie waren in handgesponnene und handgewebte Baumwolle gekleidet, die man als Khadi bezeichnet, und zusammen mit den Sandalen und den Kappen, die sie offenbar immer trugen, war dies ihr Markenzeichen. Sie führten Gewaltlosigkeit im Munde. Sie setzten sich für die Befreiung des Landes ein, waren viele Jahre im Gefängnis gewesen, hatten für ihre Sache gelitten, und als die ausländische Macht abzog, waren sie die Crème de la Crème des Landes. Die meisten waren Brahmanen, und Gandhi war ihr Kopf. Immerfort sprachen sie von Gewaltlosigkeit, aber sie waren gewalttätige Menschen. Sie glaubten, man müsse sich von der Welt abwenden, aber all ihr Handeln war weltlich, politisch, gesellschaftlich. Sie beherrschten alle Gesten der Demut, waren aber arrogant. Sie schlossen sich den Erfolgreichen an, denn im Herzen waren sie Versager. Sie hatten eine heilige Angst vor Sex, und einige hatten Keuschheitsgelübde abgelegt, aber sie waren stets von Mädchen umringt. Sie strebten nach innerem Frieden und waren doch außergewöhnlich geplagte Menschen. Sie waren traditionell, obwohl ihnen die modernen westlichen Schriftsteller und ihre Ideen vertraut waren. Sie kannten die heiligen Schriften und die modernen Philosophen. Es gab einen Widerspruch zwischen der wissenschaftlichen und der religiösen Welt. Sie identifizierten sich mit den Armen und pflegten Umgang mit den Mächtigen. Sie sprachen von den Dörfern, wo sie die führenden Köpfe waren, Vorboten von Aufklärung und Hoffnung. Mit ihren weißen Gewändern pflegten sie eine einfache

Erscheinung, aber innerlich waren sie geplagte Menschen, verwirrt, zutiefst gezeichnet, unglücklich.

1948 waren sie die Helden dieses Kampfes und die Hüter einer Zukunft, die vielversprechend vor ihnen lag. Sie hatten größte Hoffnung für ihr Land, und alle glaubten, sie würden ein neues Goldenes Zeitalter einläuten. Heute sind sie orientierungslos, nutzlos, gescheitert – ausgebrannt. All ihr Feuer, ihre Begeisterung und ihr Eifer sind dahin. Sie sind müde und ernüchtert und führen ein Leben ohne Sinn und Ziel; isoliert, obwohl sie reden, gestikulieren und schreiben. Sie sind sehr gescheite Menschen und können stundenlang überzeugend argumentieren, aber sie sind orientierungslos, verbittert, unglücklich, einsam. Sie sind wie alle Menschen überall, die sich einer bestimmten Handlungsoption verschrieben haben, von der sie hoffen, dass sie am Ende zum Erfolg führen wird. Mit oder ohne Erfolg stehen sie mit leeren Händen und mit leerem Herzen da. Sie sind angefüllt mit dem Wissen anderer und verfügen über sehr wenig eigenes Wissen. Dies ist keine grausame Übertreibung. Das Bild ist für uns alle ein trauriges, denn auf die eine oder andere Weise gehören wir alle zu dieser Gruppe der Menschheit.

Was ist schiefgegangen? Was ist passiert? Wie kommt es, dass sie, die alles wissen, was Bücher, Erfahrung und die Schriften der Heiligen lehren können, doch nichts gelernt haben und nun völlig orientierungslos sind? Wir sind es ebenfalls. Dies ist keine Kritik an einer bestimmten Gruppe; durch diese Gruppe sehen wir alle Gruppen, und durch diese Menschen sehen wir uns selbst. Zumeist sind wir orientierungslos, unglücklich, einsam und verbittert.

Ich glaube, es ist richtig, angesichts all dessen nun nicht nur zu fragen, wie man verhindern kann, dass sich diese schreckliche Krankheit weiter ausbreitet, sondern auch wie wir in unserem eigenen Herzen damit umgehen sollen. Der Drang, nach außen hin etwas zu tun, zu reformieren, zu verändern, für Verbesserung zu sorgen, ist das erste Symptom dieser verhängnisvollen Krankheit. Das andere fatale Symptom ist das Gegenteil des ersten: Die Behauptung, alles sei in mir, und zuerst müsse ich mich selbst ändern. Diese Trennung ist die Ursache des Leidens. Außen und innen sind nicht voneinander zu trennen. Die Gewalt und Unordnung im Äußeren ist die Gewalt und Unordnung im Inneren: Die beiden sind untrennbar dasselbe.

Ihre Gewaltlosigkeit war nur ein Slogan, ein politisches Instrument der Gewalt im Inneren. Es gab Zwang, strenge Disziplin, Anpassung an ein brutales Muster dessen, was sie als Moral betrachteten. In ihrem Inneren herrschte ständig der brutale Konflikt, dem entsprechen zu müssen, was ihnen als die höchste Tugend galt, und diese war ihre eigene Erfindung. Sie zwangen auch andere, sich an ihr Muster anzupassen. Im Grunde waren sie Traditionalisten und daher widersprüchlich.

Warum trennen wir Äußeres und Inneres? Hoffen wir, da wir das Äußere nicht kontrollieren können, das Innere kontrollieren und verändern zu können? Gehört dies zu unserer intellektuellen Flucht vor dem, was wir eigentlich sind? Wir erkennen nicht, dass wir das Resultat der Vergangenheit sind. Wenn wir der Vergangenheit in uns nicht sterben, müssen wir unweigerlich dem Pfad der Tradition folgen, die das Äußere und das Innere geschaffen hat. Äußeres und Inneres greifen ineinander und bedingen sich gegenseitig. Wird die Vergangenheit verneint, verändern sich beide. Wenn wir die Vergangenheit in unserem Herzen verneinen, verneinen wir sie auch in unserem Handeln, was das Äußere ist.

Was also müssen Sie und ich tun, damit wir nicht zu hoffnungslosen, geplagten Menschen verkommen? Gibt es überhaupt irgendetwas Positives, das wir tun können? Wenn wir irgendetwas Positives tun, folgt es dem Ansatz der Tradition. Wenn wir die Tradition aber verneinen, haben wir bereits das Radikalste getan, und die Veränderung ist schon eingetreten.

Verfall tritt ein, wenn alte Gewohnheiten, also Tradition sowie unsere individuellen, aufgrund der Vergangenheit entstandenen Eigenarten, beibehalten werden. Überall da, wo sich beständig an ein konzeptionelles Lebensmuster angepasst wird – gleich, ob dieses Konzept nun traditionell, orthodox oder individuell, von unseren eigenen Wünschen geleitet, ist – herrscht Niedergang und ein sinnloses Leben. Ein sinnvolles Leben zu erfinden, so edel oder durchdacht es auch sei, ist dasselbe wie dem Sinn eines anderen nachzueifern. Daher sehen wir Verfall und begreifen seine ganze Struktur. Dieses Sehen ist Begreifen und kein intellektueller Akt. Dies ist Energie, die nicht gegen sich selbst handelt. Seien Sie all dessen gewahr, im Handeln, im Leben und in allen Beziehungen.

## 6
## Konflikt in jeglicher Form ist Zerstörung von Energie

Es war eine lange Reise in großer Hitze: Staub drang in die Waggons und bedeckte alles. Das Abteil bot nicht viel Schutz vor der Sonne und vor dem Staub. Es war voll; an den verschiedenen Bahnhöfen stiegen Leute ein mit ihren Taschen, den Trägern und dem lauten Gerede. Im Laufe der Fahrt wurde es zusehends heißer, und der Zug hatte immer mehr Verspätung.

Es war ein schöner Landstrich mit Flüssen, Palmen und Tamarinden. Früh am Morgen trieben die Dorfbewohner ihr Vieh an Stellen, an denen es vielleicht etwas Grünes zu fressen gäbe. Glänzend hoben sich die Hügel mit ihren großen Felsen vom blauen Himmel ab. Stundenlang bearbeiteten die Dorfbewohner ihre Felder mit dem hölzernen Pflug und trieben ihre Ochsen an, die brüllend unter der heißen Sonne schufteten.

Der Zug hielt an einem Bahnhof, wo fliegende Händler lautstark Obst und Süßigkeiten anpriesen, auf denen sich die Fliegen tummelten. Alle schwitzten und litten unter der Hitze. Kurz danach ertönte ein Pfeifen, und der Zug setzte sich in Bewegung. In der Abendkühle blieb der Zug eine Stunde lang stehen. Der Schaffner sagte, wir würden durch einen anderen Zug aufgehalten, der ebenfalls Verspätung habe. Beim Blick aus dem Fenster sah man einen Mann, der über und über mit Staub und Asche bedeckt war und Yoga machte. Er übte verschiedene Asanas, machte Kopfstand, saß im Lotossitz und vollführte die komplizierten Übungen mit solcher Leichtigkeit und Anmut, dass die Menschen ihm Münzen zuwarfen. Die Yoga-Haltungen wurden besonders gut ausgeführt, mit großer Kunstfertigkeit und vollendeter Leichtigkeit, und dies alles für ein paar wenige Pennys. Wahrscheinlich machte er dies jeden Tag. Er war sehr dünn und sah ziemlich asketisch aus. Er vollführte seine Übungen im Staub, obwohl er den Boden, auf dem er posierte, sauber gefegt hatte. Es war ziemlich traurig. Wahrscheinlich hätte er sehr viel Geld verdienen können, aber auf diesem Gebiet war die Konkurrenz groß. Ohne richtige Bildung und ohne jemanden, der ihn unterstützen könnte, würde er nie aus diesem Dorf herauskommen, sondern nur täglich ein wenig Geld für Essen und falls er eine Familie hatte, für deren Unterhalt zusammenbekommen. Eine schwarze Ziege mit schweren Hörnern trottete vorüber. Eine Kuh kam vorbei und legte sich in den Schatten eines Baums. Alles wirkte sehr friedlich: Die fliegenden Händler waren weg, und der Zug wartete.

Ein Mitreisender aß eine Banane und las ein heiliges Buch. Während der gesamten Stunde schaute er nicht einmal zum Fenster hinaus, sah nie den armen Yogi, schmutzig und ausgezehrt, wie er war. Nie sah er die Berge, die tiefer werdenden Schatten, die Kühe, die im Staub nach Hause kamen, und die Frauen des Dorfes, die sich um die Wasserstelle versammelten. Er glaubte, er sei völlig in religiöse Dinge vertieft, denn er las laut vor sich hin, aber die Schönheit des Landes lag draußen und nicht in der Stimme, die das bisschen Raum in dem Abteil durchdrang. Es war ziemlich traurig, der abgemagerte Yogi und dieser dicke kleine Mann, der stolz sein Buch las, und die Kuh, die im Schatten schlief. Dies alles wirkte so zutiefst ohne Liebe, ohne jedes Gefühl.

Plötzlich kamen die Affen; die mit dem langen Schwanz, dem schwarzen Gesicht und dem grauen Fell. Sie waren recht groß und ziemlich viele. Sie saßen in den Bäumen und schauten auf alles herab, was um den Bahnhof herum geschah, schweigend, völlig gleichgültig und unbeweglich. Sie waren aus den Bergen gekommen. Sie waren keine Stadtbewohner, daher waren sie gesund und außergewöhnlich anmutig. Die Kleinen waren verspielt; sie tanzten auf und ab, und jede Bewegung war eine Freude. Es war beglückend, sie zu beobachten, und die ganze Erde schien sich an ihrer Stille, ihrer Verspieltheit und ihrer Anmut zu erfreuen. Man konnte den anderen Zug kommen hören, und die Affen stiebten davon. Sie verschwanden, und mit ihnen schwand die Schönheit und die Ruhe jenes Abends, bis die Sterne herauskamen. Der ratternde Zug konnte dem Frieden jenes Abends nichts anhaben. Die Sterne wirkten sehr nah und leuchteten sehr hell. Es war außergewöhnlich, die Erde und die Sterne zu spüren und keinen Zwischenraum zwischen ihnen und sich selbst zu haben.

Du warst der Stille und ihrer Schönheit nicht gewahr. Denn wärst du es gewesen, hätte es sie nicht gegeben. Weil du es aber nicht warst, war sie da, bei den Affen und dem Yogi und dem dicken Mann mit seinen Gebeten.

„Ich bin Junggeselle, habe aber Affären gehabt. Ich nehme sie nicht sehr ernst, obwohl sie einen Großteil meines Lebens beansprucht haben. Ich habe sehr viel Energie aufs Kämpfen und Nachgeben, auf Leidenschaftlichkeit und bloße Routine verschwendet. Ich hatte immer das Gefühl, dass ich sehr viel Energie brauche, um zu leben, zu widerstehen, zu disziplinieren, frei zu sein. Ich war in einem Kloster, wo Mönche lebten mit ihrer Routine, ihrer grausamen Disziplin und ihrer Ablehnung alles Fleischlichen – obwohl sie sehr viel Fleisch gegessen haben. Sie glaubten, sie bräuchten Energie, um ihr Leben Gott zu weihen; wie die Kommunisten, die sich mit ihrer eigenen brutalen Disziplin und Hingebung energisch einer dialektischen Ideologie unterwerfen – auch sie haben Energie gebraucht. Und dann gibt es den Wandermönch, den Sannyasi, der sich durch seine Verneinung der Welt immense Energie erhofft, die ihn zur Wirklichkeit trägt. Auch ein Fabrikarbeiter braucht Energie, um, einer Maschine folgend, die monotonen alltäglichen Bewegungen auszuführen. Alle Menschen, von den hochprivilegierten bis zu den einfachsten, benötigen Antriebsenergie."

*Jeder Mensch braucht Energie, um überhaupt irgendetwas tun zu können. Es gibt die Energie, die durch Reibung entsteht, durch Konflikt, durch Hass und Gewalt. Es gibt die Energie, die durch Handeln entsteht, durch Widerstand, durch Auseinandersetzung; je schärfer die Auseinandersetzung und der Konflikt, desto größer die Energie. Wenn Sie eine Begabung als Schriftsteller oder für die Politik haben, dann gilt: Je größer der Ehrgeiz, desto größer der Schwung. Tag für Tag ins Büro zu gehen, mit seiner Langeweile, wenig Spannendem, der Kontrolle durch andere – all dies erfordert Energie, Durchhaltevermögen, ständigen Antrieb. Der Mönch in der Zelle mit seinen Gelübden, der natürlichen Bedürfnissen jeder Art widersteht, kultiviert eine besondere Energie, die ihn in seinem Glauben und Treiben trägt. Diese Energie ist eine Form der Gewalt. Religionen in der ganzen Welt behaupten, um zum Höchsten zu gelangen, dürfe man sexuelle Energie nicht vergeuden, vielmehr müsse diese Energie Gott und dem Dienst an der Menschheit geweiht werden. Diese Enthaltsamkeit gilt als heilig, obwohl sie im Westen allmählich bröckelt und Priester und Bischöfe zu heiraten beginnen. Die größte Energieverschwendung ist Krieg und Kriegsvorbereitung mit den Werkzeugen des Krieges.*

„Das weiß ich, zumindest zum Teil, aber wie sollen wir diese Verschwendung eindämmen, dieses Verausgaben von Energie für Unwesentliches, und uns stattdessen aufs Wesentliche konzentrieren?"

*Bevor wir darauf eingehen, müssen wir eindeutig verstehen, was die eigentliche Verschwendung ist und unsere Zeit nicht aufs Nachdenken darüber verwenden, was wesentlich ist und was nicht. Darin liegt Dualität und der Konflikt zwischen Gegensätzen, was Energieaufwand bedeutet und nicht kreativ ist. Befassen wir uns also damit, die enorme Energieverschwendung zu begreifen, zu der wir Menschen uns hinreißen lassen. Sie wird verschwendet, indem man Ideologien hinterherläuft und dadurch dem aus dem Weg geht,* was ist. *Sie wird verschwendet für Tagträume und das Bild, das man sich von sich selbst macht; für Bilder vom Angenehmen, vom Sinnlichen, vom Sexuellen oder vom sogenannten Spirituellen; für den Groll, den man hegt; für die denkwürdigen Freuden, die man im hintersten Stübchen seines Gedächtnisses verwahrt; für die Beschäftigung mit den eigenen Problemchen und privaten Querelen mit sich selbst und anderen; für die Thesen, die Formeln, die Meinungen und die Urteile. Sie alle sind eine große Energieverschwendung.*

„Ich glaube, ich verstehe, was Sie mit Verschwendung meinen. Allmählich kann ich klar erkennen, was dies bedeutet, was die Konsequenzen all dessen sind, aber ich mache mir immer noch Gedanken über die Kontrolle und Lenkung der Energie, die auf diese Art und Weise verschwendet wird. Was soll ich tun?"

*Der Wunsch nach Kontrolle ist eine weitere Form der Verschwendung, denn darin liegt Konflikt: Der Kontrollierende getrennt vom Kontrollierten, von der Entscheidung, der Willensausübung und dem ständigen Kampf, die Verschwendung zu überwinden und ihr ein Ende zu setzen. All dies bedeutet Dualität; und die grundlegende Energievergeudung besteht darin, unter dem Aspekt der Dualität zu denken und zu empfinden, denn das Wesen des Denkens ist ja gerade die Aufsplitterung.*

„Aber genau damit muss ich mich auseinandersetzen. Ich denke unter dem Aspekt der Dualität. Ich habe Freude am

Sex und Lust darauf. Die Gedanken und Bilder müssen natürlich aufhören, sonst brüten sie ewig über die Vergangenheit nach. Intellektuell verstehe ich, wovon Sie sprechen, tatsächlich aber bringe ich es nicht fertig, dem ein Ende zu setzen. Was soll ich tun?"

*Erkennt man wirklich, dass die entgegengesetzten und widersprüchlichen Wünsche, diese Energien eine Vergeudung sind? Warum haben wir überhaupt Dualität? Es gibt nur das,* was ist. *Der Gegensatz ist ein Widerstand gegen das,* was ist. *Dieser Widerstand ist das Gegenteil, und daher besteht Konflikt. Kann man dessen,* was ist, *gewahr sein, ohne sich ihm zu widersetzen?*

„Was aber, wenn das, *was ist*, im höchsten Maße dumm erscheint? Wie soll ich es dann verändern?"

*Erzeugen Sie keinen Konflikt um die Dummheit. Sagen Sie nicht, dass es anders sein muss, dass Sie sehr klug werden müssen; stellen Sie sich einfach der Tatsache der Dummheit. Woher wissen Sie, dass es dumm ist? Weil Sie es mit etwas verglichen haben, das Sie nicht für dumm halten? Oder hat man Ihnen gesagt, es sei dumm? Wenn man es Ihnen nicht gesagt hat, ist es dann dumm?*

„Vielleicht *ist* es dumm. Was dann?"

*Schon das Wort* dumm *bedeutet eine Dualität, und damit gibt es Widerstand gegen das,* was ist. *Können Sie das,* was ist, *ohne Verbalisierung betrachten? Können Sie ohne das Wort, das mit einem bestimmten Wissen verbunden ist, hinschauen? Eigentlich macht uns Sorge, dass Konflikt in jeglicher Form energievernichtend ist. Wenn wir dies wirklich in seiner Tiefe verstehen, nicht verbal oder intellektuell, sondern mit Herz und Geist, dann erkennen wir, wie in Reaktion darauf zu handeln ist, ohne dieses Handeln in eine Form des Widerstands oder des Dualitätskonflikts zu bringen. Dann kommen wir zu etwas außergewöhnlich Interes-*

*santem: Diese ständige Denkbewegung ist eine große Energieverschwendung. Das Denken zu nutzen, um funktionieren zu können, wenn es notwendig ist, ist keine Verschwendung. Logisch, ganzheitlich ausgeübtes Denken mehrt die Energie. Wenn das Denken in Tagträume, Fantasien, konzeptionelles Treiben abwandert, mindert es die Energie. Kann der Geist also still werden ohne die Denkbewegung; aber wenn das Handeln es erfordert, das Denken aus dieser Stille heraus in vollem Umfang einsetzen? Dann besteht eine größere Fülle erhöhter, einfühlsam und intelligent gewordener Energie. Dieses Handeln des Denkens ist nicht vom stillen Geist getrennt und erzeugt daher keine Dualität.*

Stille ist nicht das Gegenteil von Lärm. Stille ist die Essenz der Energie.

Der religiöse Geist ist Teil der Meditation. Meditation ist, wenn es keine Meditation gibt.

## 7
## Wie ziehe ich meine Kinder groß?

Es war Herbst, und Sonnenstrahlen fielen durch die Fenster. Die Winde hatten noch nicht eingesetzt, und an diesen angenehm warmen, sonnigen Tagen verfärbten sich die Blätter zaghaft rot, gelb sowie einige auch violett. Der Himmel war außergewöhnlich klar, von einem sanften Blau und der Erde sehr nah. Die Wolken lagen am Horizont, und das Land war unbeschwert. Die Schatten waren sehr lang und tief, und das Gras war an jenem Morgen benetzt von schwerem Tau. Die Luft schien erfüllt von der Schönheit der Erde und des Himmels und barg ein angenehmes Gefühl des vergehenden Sommers und des kommenden Frühlings. Für diese schönen Tage würde man wahrscheinlich mit einem harten Winter bezahlen.

Ich weiß nicht, ob Sie je Bäume anschauen. Nicht mit Erinnerungen, Fantasie und Wissen, sondern sie einfach still und ruhig anschauen, ohne Reaktionen und Widerstand vom Gehirn; nur beobachten, wobei der Beobachter endet; nur den Baum sehen, den grünen Rasen und die vielen Kühe auf dem Feld; sie nur beobachten. Während Sie beobachten, scheint der Raum, der Teilung bringt, zu schwinden, und es gibt nur Beobachtung und die Freude des Schauens.

Der Mann hatte strahlende Augen und ein kurzes Lächeln. „Wie ziehe ich meine Kinder groß?“, fragte er. „Was soll ich mit ihnen machen? Ich habe fünf Kinder. Drei sind helle Köpfchen, hübsch und vielversprechend. Die anderen beiden sind sehr gefühlvoll, sehr zart, sehr liebevoll; sie streiten offenbar überhaupt nicht; sie sind immer noch voller kindlicher Unschuld und Neugier. Die drei sind sehr aufgeweckt, ständig fragen sie, kämpfen, streiten miteinander und schubsen sich herum. Was soll ich mit ihnen machen? Wenn ich diese drei Kinder in die Schule schicke, werden sie natürlich sehr viel lernen, Prüfungen bestehen und durch die anderen Kinder, durch den Lehrer, das Wissen und ihre jeweilige schulische Umgebung geprägt werden. Sie werden die Universität besuchen und in der bestehenden Gesellschaftsstruktur aufgehen. Im Hinblick auf die anderen beiden habe ich große Angst, dass sie verletzt werden, seelisch und körperlich, dass sie sich immer mehr in sich zurückziehen, sich vielleicht völlig verschließen und als Sonderlinge gelten. Ich weiß nicht, wie weit sie schulisch kommen werden. Welche Bildung soll ich ihnen ermöglichen, wo ich doch um die Gefahr, die zerstörerische Wirkung von Schulen, die schreckliche Unzulänglichkeit von Universitäten und anderen Hochschulen weiß, so viel wissenschaftliches Wissen, Fachkenntnisse und Möglichkeiten sie ihnen auch vermitteln? Ich möchte nicht, dass sie kaputt gemacht werden. Ich liebe meine Kinder sehr. Jeden Morgen beim Frühstück schaue ich sie mir an, und ich komme extra nach Hause, um sie zum Mittag- und zum Abendessen zu sehen. Ich verbringe sehr viel Zeit mit ihnen, wache über sie, rede und spiele mit ihnen, und fühle mich ihnen sehr nahe. Sie werden die Gefahren der Schulbildung, das Konkurrenzdenken, die rücksichtslose Welt von Ehrgeiz und Erfolg und die ganze herrschende Brutalität erleben. Wie kann ich ihnen helfen, dies alles zu umgehen?“

*Können Sie ihnen wirklich helfen, diese wahnsinnige Brutalität und Gewalt zu umgehen? Oder können Sie ihnen beibringen, intelligent mit alledem umzugehen?*

„Ja, aber wie soll ich ihnen diese Intelligenz vermitteln, wie ihnen helfen, dass sie die Fähigkeit erlangen, von der Sie so oft sprechen, nämlich sich selbst und die Welt zu beobachten; und sich selbst nicht als getrennt von der Welt zu sehen, sondern als die, die die Welt *sind*? Wie kann ich ihnen vermitteln – nein, nicht vermitteln oder helfen – wie kann ich dafür sorgen, dass sie sehen?"

*Wenn Sie sie zur Schule schicken, was Sie unweigerlich tun müssen, werden sie von anderen Kindern beeinflusst, die konditioniert sind wie Ihre Kinder auch. Absichtlich oder unmerklich werden sie sie beeinflussen. Der Lehrer wird sie beeinflussen, und allmählich werden sie ihr Einfühlungsvermögen, ihre Neugier, ihren fragenden Geist verlieren. Sie werden ans Mittelmaß angepasst, und ihr Leben wird dem Muster folgen, das die Gesellschaft vorgibt.*

„Ich fürchte, ich werde sie zur Schule schicken müssen; ich kann sie nicht privat unterrichten lassen. Das wäre schlecht für sie; sie müssen anderen Kindern begegnen und mit ihnen spielen; und sie werden beeinflusst, geprägt werden und daran zerbrechen. Ich weiß wirklich nicht, was ich tun soll. Meine Frau und ich haben sehr viel darüber gesprochen, und anscheinend können wir keinen Ausweg finden. Manchmal bereue ich es, dass ich überhaupt Kinder habe.

Kann ich ihnen zu Hause helfen, dem Einfluss der Schule und der anderen zu widerstehen, und kann ich ihnen auch helfen, sich von meinem Einfluss und dem meiner Frau freizumachen, damit sie sich wirklich frei und intelligent bewegen können? Sie sind bereits konditioniert; sie haben ihre ureigenen Eigenschaften, Neigungen, Tendenzen, ihren begrenzten Charakter, ihre Widerstände und besonderen Ansprüche."

*Sie sind konditioniert, und diese Konditionierung ist das Resultat vieltausendjähriger Einflüsse. Wenn Sie von Freiheit sprechen, so ist Freiheit nur möglich, wenn diese Beeinflussung aufhört. Seien Sie gewahr und seien Sie frei von dieser Konditionierung; nur dann können Geist und Herz frei sein.*

*Bildung heißt nicht nur, ihnen Wissen zu vermitteln, sondern gerade bei der Wissensvermittlung durch Diskussion die*

*Intelligenz zu wecken oder zu fördern. Ganz gewiss bedeutet sie auch, sie ihre eigenen Vorurteile, Neigungen und Tendenzen, also ihre Konditionierung, erkennen zu lassen und ihnen Gelegenheit zu geben, ihre Konditionierung auszuprobieren, die darin liegende Gefahr zu erkennen und bedingungslos davon frei zu sein. Auch die gesamte Kultivierung des Menschen gehört zur Bildung.*

„Aber solche Schulen gibt es doch auf der Welt gar nicht. Niemand interessiert sich doch, in einem vertieften Sinne, wirklich für die Kinder; es fehlt die Zeit, die Energie, die Geduld oder vielleicht die Liebe. Was soll ich also tun? Wo bin ich in alledem? Was soll ich mit meinen Kindern machen? Kann ich zu Hause mit ihnen überlegen und diskutieren, um zu sehen, wie andere Kinder sie beeinflussen? Mir scheint, mehr kann ich nicht tun. Oder eine Schule finden, die das Kind nicht vollständig konditioniert. Gibt es solche Schulen überhaupt? Dies ist ein großes Problem, und ich habe sehr viel darüber nachgedacht. Ich weiß nicht, wohin ich mich wenden soll.

Mir scheint", fuhr er fort, „dass in allen Teilen der Welt solche Schulen gebraucht werden, und vielleicht kann ich zusammen mit ein paar Freunden eine gründen. Aber dies erfordert sehr viel Geld, Raum, ein Gebäude und so weiter, und wir sind keine sehr reichen Leute. Also stehe ich wieder ganz am Anfang. Ich weiß wirklich nicht, was ich tun soll, welche Bildung ich ihnen vermitteln soll. Ich sehe, wie wichtig es ist, die ganze Struktur der Gesellschaft, in der ich lebe, zu verändern, und mir scheint, man muss mit den Jüngsten anfangen, sie völlig anders erziehen und bilden, ihnen helfen, sich selbst und dann vielleicht die Gesellschaft zu verändern. Dies bedeutet sehr viel Arbeit und erfordert eine Menge Energie. Ich wünschte, es gäbe solche Schulen überall auf der Welt, nicht nur an einem oder zwei Orten."

Die Sonne wurde heller und das Himmelsblau tiefer. Die Vögel waren bereits fort; jetzt, da der Winter nahte, saßen nur noch sehr wenige Vögel auf dem Rasen. Es gab den Fasan, das Kaninchen und die Tauben. Und wie es die Kultur verlangt, wird man sie jagen und töten.

Die Essenz von Intelligenz ist Einfühlungsvermögen.

## 8
## Was kann den Verfall auf der Welt aufhalten?

Warum erkennen wir nicht, dass das Haus brennt? Nicht Ihr Haus oder meines, Ihr persönliches Eigentum oder das eines anderen, sondern *das* Haus, *das* Eigentum. Liegt es daran, dass wir zu gefühllos sind, um das brennende Haus überhaupt zu bemerken – das heißt, Ihr Haus, mein Haus, das Haus des anderen, wo immer wir gerade sind? Liegt es daran, dass wir kein Gefühl mehr haben? Sind alle unsere Gefühle, unsere tiefen Leidenschaften erschöpft, vergeudet, auf Irrelevantes verschwendet? Sind wir abgestumpft, haben wir unsere Energie, unser Mitgefühl, unsere Zuneigung für Dinge aufgebraucht, die keinerlei Wert haben, und sind jetzt erschöpft und ausgelaugt? Oder liegt es daran, dass unsere Augen nie über unser eigenes kleines Haus, unsere eigenen kleinen Interessen, unseren eigenen kleinen Schutz hinausgeblickt haben? Wir haben keinen Glauben mehr, weil wir unseren Glauben, unser Vertrauen hingegeben haben und es uns weggenommen und vernichtet wurde, sodass wir jetzt träge und gleichgültig sind.

Oder liegt es daran, dass wir in uns – als Menschen, nicht als einzelner Mensch – leer sind und versucht haben, diese Leere mit Belanglosigkeiten wie Überzeugungen, Meinungen oder Urteile, mit politischen, sogenannten religiösen oder künstlerischen Aktivitäten zu füllen? Der Mensch, der leeren Herzens ist, schreibt sehr viel über die Liebe; der Mensch, der nicht sehen kann oder unglücklich ist, komponiert Musik über Liebe und Schönheit. Der Künstler, innerlich leer, muss sich ausdrücken, muss etwas auf die Leinwand bringen. Diese Leere und das Gefühl äußerster, völliger Einsamkeit, das zu dieser Leere dazugehört, lässt uns im Inneren wie im Äußeren Dinge tun, und die Folge all dessen ist, dass wir müde werden, verbittern oder in großer Verzweiflung leben.

Wenn das Haus wirklich brennt, was es gerade tut – das weitläufige Haus, das der Mensch erbaut hat, stürzt ein, wird zerstört – sehen wir dies entweder nicht oder vermögen das Feuer nicht zu löschen. Wir haben kein Vertrauen zueinander und auch kein Vertrauen zu uns selbst, keine Zuversicht wiederaufzubauen, eine neue Welt entstehen zu lassen, weil wir innerlich leer sind. Wir entdecken, dass wir das Resultat all dessen sind, was der Mensch bisher gewesen ist, und dass wir unserer Vergangenheit nicht entrinnen können. Wir können dagegen rebellieren, Drogen nehmen, neue Gemeinschaften gründen, neue Ausdrucksformen erfinden, aber es ist immer noch dasselbe alte, müde, abgestumpfte, leere Gefühl, nur in einer anderen Ausrichtung.

Was bringt uns dazu, dass wir das Feuer sehen, es löschen und im Akt des Löschens eine neue Welt aufbauen, die völlig anders ist? Was kann diesen Verfall aufhalten, der überall auf der Welt im Gange ist? Kann ein echter religiöser Geist ihn aufhalten? – Womit nicht die Glaubensformen, die Rituale, die organisierte Propaganda gemeint sind, die man als Religion bezeichnet. Organisierte Bürokratien mit ihren eigennützigen Interessen, ihrer Macht und ihrer Position, mit ihrer hierarchischen Einstellung, all dies ist nicht Religion. Wenn wir das tiefe innere Gespür für das Ehrwürdige, das Heilige verlieren, dann müssen Aufsplitterung, Verfall und Zerstörung in jeglicher Form eintreten. Der Mensch hat diese wesentliche Schönheit offenbar vollständig verloren. Diese wesentliche Schönheit, diese bleibende Energie ist der einzige Faktor, der eine andere Welt herbeiführen kann.

Zu beobachten – nicht intellektuell zu formulieren oder verbal zu konstruieren – dass die Welt brennt, den Verfall tatsächlich zu sehen, mit unserem Geist, mit unserem Herzen, mit unserem ganzen Wesen – in eben diesem Sehen liegt die Bewegung des Neuerrichtens. Sehen, Zuhören und Handeln sind *eine* Bewegung, nicht voneinander getrennt. Sehen und Zuhören bedeutet, Geist und Herz von den alten Irrtümern, dem alten Unheil, dem Leid zu befreien, die in Geist und Herz liegen. So intim, so aus der Nähe zu beobachten, dies ist der Akt der Liebe.

# 9

# Sie haben den Geist zum Sklaven der Worte gemacht

Es war ein entzückender Morgen, mild, sanft und erfüllt vom Morgenlicht. Alles war sehr lebendig. In den Büschen, den Bäumen und der langen Hecke sangen die Vögel. Die Sonne schimmerte zwischen den staubbedeckten Blättern hindurch, und in der Luft lag – wenn man das Wort verwenden darf – Liebe. Das Gras, das Sandkorn, das Gefühl, das in dir und außerhalb von dir war, sie waren innerhalb dieses Gefühls außergewöhnlicher Liebe. Dir war, als liebtest du zum ersten Mal wirklich und habest so etwas noch nie zuvor verspürt. Es war nicht emotionale Sentimentalität oder Einbildung oder die Aufgeregtheit, die einen an einem schönen Morgen befällt; es war ein unglaubliches Gefühl, das sich unmerklich einstellt, ohne jede alte Erinnerung, mit dem Empfinden, dass jeder Teil von dir – wie der Grashalm und das Sandkorn und die zwitschernden Vögel – daraus beschaffen war, unzerstörbar.

Wie du so den Vögeln zuhörtest und die Blätter beobachtetest, war alles in Bewegung, du selbst eingeschlossen, eingebunden in die große Bewegung des Lebens, die endlos schien und keinen Anfang hatte. Zwischen den Bäumen, den duftenden Büschen und den staubfarbenen Blättern lag an jenem Morgen ein Gefühl großer Reinheit, eine Welt der Unschuld.

„Ich habe ausführlich darüber nachgelesen, was Sie über Angst gesagt haben. Ich habe versucht, es so tiefgreifend zu verstehen, wie ich nur konnte, und doch bin ich immer noch von Angst besessen. Es geht nicht nur um Kleinigkeiten, um oberflächliche Dinge, sondern tief in mir sitzt eine große Anspannung, ein Angstempfinden, das einfach nicht weggehen will. Ich habe versucht, es nicht zu benennen, mit ihm zu leben, ihm nicht zu entfliehen, wie Sie gesagt haben. Viele Monate lang habe ich versucht, mit ihm in Kontakt zu kommen, wirklich in Kommunikation mit ihm zu sein, aber dennoch geht es nicht weg. Was also soll ich tun?"

*Was ist nur los mit den Menschen? Warum wachsen wir nicht glücklich und unbeschwert auf, mit einem tiefen Empfinden für Schönheit und Liebe? Warum lebt der Mensch nicht ohne jeglichen Konflikt? Warum lässt man sich verdrehen? Warum leben und bewegen wir uns nicht frei ohne alle Hindernisse und Widerstände, warum leben wir nicht mit einem Gefühl großer innerer Freiheit? Was ist nur los mit uns? Wir haben Angst, sind angespannt, besorgt, verwirrt, lassen uns von Sorgen erdrücken, reden über Gott, leisten soziale Fürsorge, haben Überzeugungen – was alles so von Grund auf unnötig erscheint. Warum machen wir dies alles? Was ist schiefgegangen?*

*Die Psychologen sagen, es ging schief, als deine Mutter dich an der falschen Brust gestillt hat, oder die Auseinandersetzungen zwischen deinem Vater und deiner Mutter haben dir geschadet, oder als man dich auf dem Spielfeld als Weichei beschimpft hat, oder als du es mit etwas Bestimmtem übertrieben hast. Dies alles erscheint doch aber zu belanglos, um den gesamten Lauf des Lebens zu beeinflussen. Sind dies die wirklichen Gründe, die sich auf uns auswirken, oder gibt es einen viel tieferen, wahren Grund? (Nicht die „Erbsünde", die die Christen immer dann hervorholen, wenn es auf eine Frage keine andere Antwort gibt.) Warum wächst man nicht auf und führt ein Leben, das keinen Konflikt hat, das nicht bruchstückhaft ist, das unversehrt ist? Gibt es darauf eine Antwort oder gibt es überhaupt keine Antwort?*

*Man kann viele Erklärungen dafür anführen, warum der Mensch so lebt wie er es nun einmal tut, aber Erklärungen und Beschreibungen sind nie das Erklärte, nie das Beschriebene. Erklärungen lösen, klären und begradigen nicht, was krumm geworden ist. Sie müssen dies alles anschauen, es in Ihrem Inneren beobachten, nicht versuchen, eine Antwort zu finden, sondern es beobachten, es sehen und dem Raunen lauschen. Dann entdecken Sie vielleicht, dass Sie die Vergangenheit ablegen können. Oder vielmehr, die Vergangenheit verblasst – die Verfälschung, die Konditionierung, die Schiefheit, die Verzerrungen. Hinsehen, Hinhören, nicht auf eine Antwort warten, sondern nur mit Ihrem ganzen Sein beobachten und lauschen, dann entsteht eine neue Bewegung, die nicht vom Alten ist.*

*Sie sagen, mein Herr, dass Sie sich Ihrer Angst und auch Ihrer Untersuchung von deren Wesen und Aufbau bewusst, aber dennoch nicht frei davon sind. Ist Angst das Hauptthema oder etwas ganz anderes? Ist die Frage der Angst Ihr eigentliches Problem oder geht es darum, wie die gesamte Bewegung des Lebens betrachtet wird, die eben Angst, Anspannung, Verzweiflung, Lust und all das viele, das uns beschäftigt, einschließt? Können wir all dies als ein Ganzes betrachten, nicht als einzelne Dinge, abgespalten und aufgeteilt? Können wir dies alles als freie Bewegung sehen, als miteinander in Beziehung stehend und nie voneinander getrennt?*

„Aber ich weiß nicht, wie man das Leben so betrachtet. Ich habe das Leben, mich selbst oder praktisch alles noch nie auf diese nicht-dualistische Weise betrachtet, und ich weiß nicht, wie das geht. Ich weiß, wenn ich frage, wie, sagen Sie, dass es kein ‚Wie' gibt, keine Methode, kein System. Auch das verstehe ich, denn es erscheint mir logisch und schlüssig. Tatsache ist aber, dass ich es so nicht sehen kann."

*Bitte sagen Sie nicht: „Ich kann nicht." Wenn Sie solche Worte verwenden, bauen Sie bereits eine Hürde auf. Sie ver-*

*fallen dann in die alte Gewohnheit, sich zu sagen, etwas sei nicht möglich oder es sei möglich. Man blockiert sich, man hält sich selbst vom Hinschauen ab. Können Sie aus der Stille heraus schauen? Dann ist diese Bewegung Teil der Stille. Können Sie aus dieser Stille heraus die Angst anschauen? Nicht fragen, was Sie damit machen sollen, wie sie zu unterdrücken oder zu überwinden ist, sondern sie aus der Tiefe der Stille heraus anschauen? Den Baum, die Wolke, Ihren Nächsten oder sich selbst aus dieser umfassenden Stille heraus ansehen.*

„Wieder verlangen Sie das Unmögliche von mir."

*Wir haben Ihnen gerade gesagt, dass Sie die Worte* unmöglich *oder* möglich, können *oder* nicht können *nicht verwenden sollen. Entfernen Sie diese Worte von sich. Verfangen Sie sich nicht in Worten. Hören Sie, was gesagt wird. Hören Sie mit dem Herzen, mit dem Geist, nicht mit dem kleinen Teil des Verstandes. Hören Sie, was Sie gesagt haben, nämlich dass es nicht möglich sei. Mit der Verwendung dieser Worte behindern Sie sich selbst. Sie haben den Geist zum Sklaven der Worte gemacht.*

Die Sonne gewann jetzt an Kraft, und die Schatten wurden tiefer. Auf der Straße rief der fliegende Händler und pries lautstark seine Waren an. Ein Bus ratterte vorüber. Die Vögel machten nicht solchen Lärm; sie hatten sich in den Schatten zurückgezogen. Der Tag fasste Fuß in Lärm, Streit, Ehrgeiz, Gier und Neid. Und der Tag vergeht ohne jedes Hinsehen, ohne jedes Hinhören.

## 10
## Aus Lust wird bald Schmerz

Der Fluss war golden an diesem Morgen. Die Sonne stieg eben über die Baumwipfel, und ein Zug querte die Brücke. Das Wasser und das Licht darauf füllten deinen gesamten Horizont aus. Es ist der heilige Fluss Indiens, verehrt von Millionen und Abermillionen Menschen. Heilig ist er nicht erst seit ein paar hundert Jahren; anscheinend wurde er schon immer vom Menschen verehrt. Wenn man an diesem Morgen das Licht darauf beobachtete, verstand man, warum er ehrwürdig ist. Wie alle Flüsse hat er etwas Edles, Heiliges. Dieser Fluss, der sich bis zum Horizont zu erstrecken schien, war sehr breit. Man sagt, dass er in der Regenzeit, während des Monsuns, um mehr als zwölf Meter ansteigt und das kleine Dorf am anderen Ufer praktisch verdeckt. Doch jetzt waren die Wasser zurückgegangen, und es gab eine sanfte, in der Mitte jedoch starke Strömung. Es herrschte ein Gefühl großer Reinheit, obwohl Tausende sich darin wuschen, ihren Unrat hineinwarfen und ihn in vielfältiger Weise verschmutzten. Verkohlte Leichname wurden hineingeworfen, aber irgendwie schien all dies nichts zu machen. Als die Sonne höher stieg, wurde der Fluss zu flüssigem Silber. Das Licht war allmählich zu stark, das Funkeln auf dem Wasser zu blendend, und die Augen konnten nicht mehr unbeschadet hinsehen. Den ganzen Tag über würde die Sonne heiß herniederbrennen.

Gegen Abend machtest du dich auf, den kleinen Bach mit seiner klapprigen Brücke aus Schlamm und Bambus zu überqueren. Du gingst hinüber auf die andere Seite, vorbei an kleinen Dörfern, Mangohainen, Ziegen, einer Rinderherde, frisch gepflanztem Mais, Weizen und Erbsen. Das Land erstreckte sich bis zum Horizont, flach und übersät mit Dörfern und Bäumen. Und überall war Armut. Das kleine Kind würde immer Hunger leiden, und der Mann, der dort auf dem Boden saß, ständig Schmerzen haben. Die Frau, die ein Kind unter ihrem Herzen trägt, wird nie die Freude der Erde erfahren.

Lust ist das eine, Freude das andere. Lust hat einen Beweggrund; Freude, Ekstase nie. Aus Lust wird bald Schmerz, sie verwickelt sich in Angst. Lust kann sich vom einen ins andere verwandeln; das Ende der einen Lust und die Suche nach einer anderen. Lust an sich ist sehr zerstörerisch, und wenn man sie sucht, lebt man im Schatten der Angst.

Lust wird bald zur Knechtschaft; ohne Lust weißt du nicht mehr weiter, du fühlst dich leer und fragst dich: „Was ist der Sinn und Zweck des Lebens?" Du füllst dein Leben mit den Dingen des Verstandes, die dir Lust bereiten. Freude ist etwas völlig anderes; du kannst sie nicht herbeiführen, es gibt sie nicht auf Abruf. Du kannst sie nicht anstreben, nicht halten, nicht speichern. Wenn du dich daran erinnerst, wird sie zur Lust und ist keine Freude mehr.

Lust mit all ihren Werten und moralischen Grundsätzen, mit ihren Ängsten und Ambitionen, mit ihrem Konkurrenzdrang, mit ihren Erlebnissen, ihrem Wissen und ihren Erinnerungen, ist das „Ich", das Ego. Bei der Lust gibt es immer eine Trennung zwischen dem Ich und der Sache, die dem Ich Lust bereitet. Die Person, die Lust sucht, und die Sache, die ihr Lust bereitet, sind zwei getrennte Dinge, die im Konflikt miteinander stehen. Wo es Trennung gibt, muss es Konflikt geben; dies ist unvermeidlich. Freude gehört dir nicht. Du kannst sie nicht entwickeln, Lust hingegen schon. Der Freude kannst du nicht nachjagen; sie ist da, wenn du nicht da bist. Du und die Freude können nicht gemeinsam existieren. In der Freude gibt es keine Trennung. Ekstase ist nicht exklusiv; es gibt darin keine Aufteilung wie etwa in „du“ und „ich“, „wir“ und „sie“. Lust kann nie zur Freude werden. Es gibt keinen Weg, der vom einen zum anderen führt. Der Geist, der Lust sucht, kann nicht zur Freude gelangen; wenn es aber Freude gibt, dann hat Lust eine völlig andere Bedeutung.

Der Weg führte durch schmutzige Dörfer; Menschen saßen im Staub von tausend Jahren. Ziegen knabberten an Zweigen und Blättern, die von den Bäumen am Wegrand geschnitten worden waren. Bald würden diese Bäume absterben, denn täglich werden sie ihrer kostbaren Blätter beraubt. Aber den Dorfbewohner kümmert dies nicht, ihm geht es nur darum, die Ziegen zu füttern. Ein kleines Stückchen weiter stand ein tiefer Brunnen, und eine Frau schöpfte dort Wasser und sang. Sie war arm und schmutzig und hatte keinen Sinn für die Schönheit, die sie umgab, für den Reichtum der Erde und das Licht auf dem Blattwerk. Nie sah sie sich um, dazu fehlte ihr die Energie. Sie hatte gerade genug, um Wasser zu schöpfen und über einem kleinen Feuer eine Mahlzeit zu kochen, hungrig von morgens bis abends, bis zu ihrem Tod.

Offenbar kümmert dies niemanden. Es gibt viele Erklärungen, warum die Dorfbewohner so sind, warum die Menschen so sind, wie sie sind – das Klima, die Unterernährung, die Überbevölkerung. Es gibt viele nebensächliche Erklärungen, aber die Leidenschaft ist aus dem Leben gewichen. Die Leidenschaft, die sich kümmert, die arbeitet, die gibt, die erschafft, ist schlicht nicht vorhanden. Regierungen zanken sich kleinlich über ihre Theorien, ihre jeweiligen Systeme, und die Frau wird vergessen. Sie lebt und stirbt in Armut und Elend, ungebildet und krank, denn sie hat keine Hoffnung mehr. Es gibt nur düstere Verzweiflung und das Aufblitzen des Sonnenlichts auf dem Wasser.

## 11
## Vergleichen erzeugt Unzufriedenheit

Vier Geier saßen auf der hohen Tamarinde, riesige Vögel mit nacktem Hals und mächtigen Schwingen. Sie schauten auf den Fluss und warteten darauf, dass Kadaver vorüberschwämmen – menschliche Leichname ebenso wie tote Tiere. Zwei oder drei Geier würden dann auf ihnen landen und die Krähen fernhalten. Sie würden sich sattfressen und danach wieder auf einen Baum fliegen. An diesem Morgen aber saßen sie ganz ruhig, reglos. Prompt kamen fünf Krähen und fingen an, die Geier zu reizen. Sie kamen dicht an sie heran, rissen an ihren Schwingen oder schlugen sie mit ihren Flügeln, bis schließlich einer aufflog und eine Krähe versuchte, sich auf seinen Rücken zu setzen. So ging es mindestens eine halbe Stunde, bis die Geier über den Fluss davonflogen. Die Krähen kehrten zurück, hatten einen Riesenspaß und riefen einander zu.

Es war ein frischer, klarer, lichterfüllter Morgen. Die Wasser des Flusses waren von einer Lebendigkeit, in der das gesamte Licht des Alls enthalten schien. An diesem Morgen waren sie ganz besonders unbewegt, kein einziges Kräuseln, ganz still, reglos. Als sich die Sonne über die Bäume am anderen Ufer erhob, wurde der Fluss golden, und alsbald verwandelte er sich in Silber. Die Schönheit und Liebe der Erde waren unermesslich.

Wir überquerten die klapprige Brücke über den seichten, schmutzigen Bach und gingen am Ufer entlang auf dem jahrtausendealten heiligen Pilgerpfad bis dahin, wo der Buddha lehrte. Tamarinden, Mangos, kleine Dörfer und leere Schreine säumten den Weg.

„Ich bin so unzufrieden. Ich habe ein wenig Geld. Ich muss nicht Tag für Tag ins Büro gehen und mein Leben vergeuden, aber meine Unzufriedenheit frisst mich auf. Ich lese, ich meditiere, ich spreche mit Menschen, und es macht mir Freude, aber schon bald überkommt mich wieder diese Unzufriedenheit, diese tiefe Unruhe, und kein Buch, keine Meditation, nichts bringt mir innere Ruhe. Alsbald lässt diese Unzufriedenheit nach, ich bin wieder eifrig bei der Meditation, suche nach meiner Tiefe, erforsche meinen Geist, frage, hinterfrage, suche. Doch schon bald und ohne dass ich es will, überrollt mich diese Unzufriedenheit, diese Unruhe erneut und nimmt mir fast die Luft zum Atmen. Seit mehreren Jahren höre ich mir an, was Sie sagen, ich habe viele Vorträge von Ihnen besucht und mit anderen darüber gesprochen, doch irgendwie lastet nach all den Jahren die Bürde der Unzufriedenheit, die Unruhe immer noch auf mir. Ich weiß nicht, was ich tun soll."

Ein anderer sagte: „Seit zwei Jahren lebe ich hier. Ich war schon überall und habe viel Schönes in diesem Land gesehen, die Tänze, die wunderbaren Farben, die schöne Landschaft, die Hügel, die Berge und die Flüsse. Natürlich habe ich auch mit vielen Menschen gesprochen, aber durch all dies habe ich den Eindruck, dass dieses Land zerfällt, zusammenbricht, sich auflöst. Ich versuche nicht, dieses Land mit anderen zu vergleichen; ich betrachte es, wie Sie oft betont haben, mit Augen, die nicht verurteilen, die keine Vorurteile haben oder voreilige Schlüsse ziehen. Aber es gibt, meine ich, einen großen Niedergang. Wahrscheinlich war es schon immer so, vor den Briten und danach, und ich frage mich, was noch geschehen wird.

Die Politiker werden das Problem selbstverständlich nie lösen, ebenso wenig die Sannyasin oder die Experten. Schauen Sie sich nur jetzt diese Frau an, wie krank sie aussieht, schmutzig, ohne einen Funken Energie. Das Kind, das sie bei sich trägt, ist so klein, so verweint, es lacht kaum einmal. Krankheit, Armut und die damit verbundene Entwürdigung sind im ganzen Land verbreitet. Ich weiß nicht, was ich tun soll. Es gibt so viele Millionen in der Art. Offenbar scheren sich weder die Regierung noch die Menschen darum; alle sind so abgestumpft, so gleichgültig geworden. Oft sehe ich zu und habe Tränen in den Augen und im Herzen. Ich bin nicht depressiv oder sehe alles mit den Augen der Verzweiflung, aber ich frage mich oft, was noch passieren soll. Ich vermute, einige wenige wollen die Macht, wie andere überall auf der Welt auch. Wie alle Politiker der Welt, mit ihren Sprechblasen und ihren einander ausschließenden Parteien, mit ihren Ideologien, ihrer Schikane und ihrer Scheinheiligkeit, versprechen sie sehr viel, aber ihre Versprechungen sind leere Worte.

Da ich hier lebe, helfe ich ein wenig, jedem so viel ich kann, aber ich weiß auch, dass dies überhaupt nichts löst. Es ist wie ein breiter Fluss mit mächtigen Wassern und großer Tiefe, der zum Meer strömt. So ist dieses Land, aber die Landschaft, die Hügel, die Reisfelder, die schneebedeckten Berge sind etwas außergewöhnlich Schönes. Vielleicht bringen sie diesem hungrigen Land ein wenig Zufriedenheit."

Eine weitere Person sagte: „Auch ich merke, dass ich nichts tun will. Ich muss meinen Lebensunterhalt verdienen, aber ich kann mich zu nichts aufraffen. Ich habe Angst, dass ich dann mein Leben lang tippe oder stenografiere oder eine Maschine bediene oder in einer Schule unterrichte. Ich fürchte mich wirklich davor, so etwas zu tun. Mein Geld reicht vielleicht nicht mehr als ein Jahr, und danach habe ich keine Arbeit. Ich möchte die Verantwortung des Arbeitens nicht auf mich nehmen, ich möchte für nichts und niemandem verantwortlich sein. Ich habe gearbeitet, aber festgestellt, dass es mich langweilt. Nach zwei Monaten hatte ich solche Angst, dass ich alles hingeworfen habe."

Die Sonne ging hinter Wolken unter, und der Himmel war golden, violett und stellenweise grün, von jenem feinen, zarten, gelblichen Grün. Die Schönheit der Erde breitete sich vor dir aus, Feld um Feld, Baum um Baum, und in der Ferne waren die Berge.

*Warum sind Sie unzufrieden? Was hat diese Unruhe zu bedeuten? Liegt es daran, dass Sie Ihrem Geist etwas zu tun geben möchten, und dass er daher auf der Suche ist, Ausschau hält nach etwas, das ihn interessiert? Liegt es daran, dass er in einem Tun vollständig aufgehen möchte, dass er sich an etwas hingeben möchte, an einen Glauben, eine Tätigkeit? Ist dies der Grund für seine große Unruhe? Gibt es etwas, was Sie zutiefst und grundlegend interessiert, sodass dieses Interesse die Unruhe und Unzufriedenheit dämpft?*

„Ich glaube nicht, dass mich irgendetwas sonderlich interessiert. Ich habe gearbeitet, aber offenbar interessiert mich gar nichts. Ich werde es bald leid; es langweilt mich. Dann möchte ich alles hinter mir lassen und einfach weggehen. Und wenn ich tatsächlich weggehe, bin ich nach einer Weile schon wieder unruhig. Diese Flamme der Unzufriedenheit brennt und erreicht irgendwann den Punkt der Verzweiflung. Ich lese und entfliehe ihr, aber schon bald bin ich erneut soweit."

*Ist diese Unzufriedenheit entstanden, weil Sie in einer Welt des Vergleichs leben, weil Sie sich mit anderen vergleichen, in Kategorien von „mehr als" denken und sagen, dieses ist besser als jenes? Haben Sie sich in den Worten* mehr, besser *und so weiter verhakt? Erzeugt der Vergleich diese Unzufriedenheit, oder versuchen Sie, Mittel und Wege zu finden, diese Unzufriedenheit zu unterdrücken?*

„Ich versuche nicht, sie zu unterdrücken oder sie zu bemänteln; ich versuche, mit ihr zu leben, sie zu verstehen, herauszufinden, warum es sie gibt. Aber es gelingt mir nicht.

Vielleicht ist der wahre Grund wirklich, wie Sie sagen, dass ich mich mit jemand anderem vergleiche."

*Diese Konditionierung, die durch Vergleichen entsteht, beginnt in der Kindheit und setzt sich in der Grundschule, an den weiterführenden Schulen, an der Universität und immer so weiter fort. Ständig vergleicht man sich mit anderen, mit dem überlegenen Experten, mit dem Heiligen, mit dem Reichen oder dem Mächtigen. Oder Sie vergleichen sich mit einem Ideal oder einem Bild, das Sie sich gemacht haben. Dieses ständige Vergleichen muss Unzufriedenheit auslösen.*

„Ja, ich vergleiche mich schon lange mit Ihnen. Jetzt erkenne ich, dass auch dies verschwinden muss, das Bild, das ich mir von Ihnen gemacht und mit dem ich mich verglichen habe. Dann kann ich ich selbst sein."

*Ihr „ich selbst" ist das Resultat dieses Vergleichs. Sie sind der vergleichende Geist; und wenn Sie sagen, „wenn ich mich nicht vergleiche, bin ich ich selbst", dann ist dieses „ich selbst" immer noch das Resultat der Konditionierung durch den Vergleich. Ein Ich-selbst-Sein kann es nicht geben. „Ich selbst" ist das Resultat des Prozesses der Zeit, des Vergleichs, von Verzweiflung und Kummer, Lust und Angst. Es kommt also nicht darauf an, Sie selbst zu sein, sondern zu leben, ohne zu vergleichen. Wenn Sie dies tun, hat Ihr Geist eine andere Qualität, er lebt in einer anderen Dimension. Dann haben Sie enorme Energie. Die Bürde des vergleichenden Geistes ist abgelegt; Sie sind leichter, freier.*

*Ah, ich verwende die Worte* leichter, freier – *auch dies ist Vergleichen; das meinen wir nicht. Sie sind leicht, Ihr ganzes Wesen ist frei von der Bürde, die sich jahrhundertelang aufgetürmt hat. Können Sie einen Tag lang leben, ohne sich mit jemandem zu vergleichen, um einen nicht vergleichenden Geist zu haben, einen Geist der beobachtet, ohne zu vergleichen, ohne zu messen? Es liegt eine große Illusion im Mes-*

*sen, in dem Geist, der sagt: „Ich war schon immer mehr und werde dies auch wieder sein." Dieses Messen führt zu Täuschung, Scheinheiligkeit und Unfrieden in jeder Form. Wenn der Geist völlig frei ist von jeglichem Vergleichen, dann ist er wahrhaft frei.*

„Ja, das sehe ich ein. Mir wird schon leichter zumute. Ich erkenne, wo ich falsch abgebogen bin – schon wieder ‚leichter', ‚falsch'. Ich meine nicht falsch im moralischen Sinne. Ich erkenne, worin ich mich verhakt habe. Darüber habe ich noch nie nachgedacht, und jetzt tun sich weite Räume vor mir auf, und ich spüre viel freiwerdende Energie."

## 12
## Wodurch entsteht Wahrnehmung?

Die Aktion des Denkens ist eine Sache, die Aktion des Wahrnehmens eine andere. Die Aktion des Denkens muss unweigerlich zu Verwirrung und Gefangenschaft führen. Sie hat zeitbindende Qualität, wohingegen Sehen und Tun eine Bewegung in Freiheit sind. Das eine ist eine Form ständigen Widerstands, das andere das völlige Fehlen jeglicher Form von Widerstand, Abwehr oder aggressivem Streben. Das Denken erkennt, dass die Forderung nach einer bestimmten Einstellung Beziehungen zerstört, und gelangt zu dem Schluss oder der Entscheidung, dass es diesen Weg nicht beschreiten darf. Aber gerade in dieser Entscheidung besteht es fort.

Das Denken kann das Zerstörerische des Besitzanspruchs in einer Beziehung analysieren und die Vorstellung, dass es einen bestimmten Wunsch nicht weiterverfolgen darf, von sich wegschieben, tief hinunter ins Unbewusste. Aber dort bleibt er; das Denken hat den Wunsch nur weiter von sich weggedrängt. In diesem analytischen Prozess lässt das Denken keine richtige Beziehung entstehen. Es ist immer noch die Aktion des Denkens, die sich für Liebe hält. Das andere, das Sehen und Tun, ist völlig anders. Beim Sehen und Tun gibt es keinerlei gedankliche Schlussfolgerung oder Analyse.

Im umfassenden Sinn des Wortes kann das Denken nicht wahrnehmen. Analyse erzeugt nicht Wahrnehmung. Wodurch aber entsteht dann Wahrnehmung? Bringt Denken sie hervor oder die Abwesenheit von Denken? Wenn Wahrnehmung etwas ist, was durch das Medium des Denkens entstanden ist, dann ist sie immer noch nicht die Freiheit der Wahrnehmung – und Handeln erfolgt dann nach einem Muster, welches das Denken in Gegenwart oder Vergangenheit erschaffen hat. Deshalb ist dieses Handeln unvollständig und nicht frei.

Wie entsteht Wahrnehmung ohne Eingreifen des Denkens? Was ist das Wesen von Wahrnehmung? Was ist ihre Struktur? Was lässt den Geist, einschließlich des Herzens, etwas so klar erkennen, dass das bloße Sehen bereits Handeln ist? Bringt Analyse dies zuwege? Oder ist es so, dass der Geist nach der Analyse und der dadurch verursachten Erschöpfung still wird und Wahrnehmung stattfindet? Dies bedeutet, dass Analyse eine Grundvoraussetzung ist – aber ist sie dies? Oder ist alle Analyse vergeblich? Bei der Analyse gibt es immer den Analysierenden und das Analysierte und daher Dualität, Konflikt und Entscheidung, was eigentlich eine Form des Widerstands ist. Wird dies erkannt, ist völlig klar, dass Analyse in der Wahrnehmung keinen Platz hat. Sehen, Tun findet im Moment statt, aber in der Analyse ist immer ein Überrest aus der Vergangenheit. Wenn eine Entscheidung nach Maßgabe der Vergangenheit getroffen wird, befindet sie sich immer noch im Feld der Zeit, daher sind Idee und Aktion zwei verschiedene Zustände, zwei verschiedene Tätigkeiten, daher Dualität, Konflikt und Widerspruch.

Wie treten Wahrnehmung und unmittelbare Aktion ein? Hängt dies vom Einfühlungsvermögen des Geistes, des Herzens, des Hirns, der Nerven ab, damit die Intelligenz wach ist und aktiv und bei jeder Form von Krise oder Herausforderung sofort reagiert und handelt? Wenn es das Resultat früherer Wahrnehmungen oder früherer Aktion ist, reagiert das Gedächtnis, und die Aktion ist dann immer noch das Alte, immer noch das Produkt des Denkens. Wahrnehmung ist also eigentlich die Qualität des Geistes, der höchst einfühlsam und daher intelligent geworden ist. Diese Intelligenz ist am Werk, wenn eine Gefahr erkannt wird – die Gefahr des Nationalismus, des Aufschiebens, eines Eingreifens des Denkens. In alledem liegt eine schwerwiegende Gefahr. Wenn man also einfühlsam und daher intelligent ist, ist die Intelligenz die Sehende und Handelnde und keineswegs das Denken.

Intelligenz ist nicht das Produkt des Denkens, weil Denken Erinnerung ist, die Reaktion von Erfahrung, Tradition, Wissen, und diese unmöglich Intelligenz hervorbringen kann. Intelligenz ist Handlungsfreiheit: Die Freiheit, in einer völlig anderen Dimension, auf einer völlig anderen Ebene zu handeln. Die Vergangenheit, die Denken ist, hat darin keinen Platz und kann Intelligenz nicht hervorbringen.

Wie entsteht Intelligenz? Der Geist mit seinen Gehirnzellen – und *Geist* meint auch das Herz – erkennt die volle Bedeutung des Denkens, weil er die Gefahr der Analyse und deren dualistischen Zustand mit Analysierendem und Analysiertem sieht. Das Einfühlungsvermögen des Geistes erkennt dies, weil es beobachtet, weil es hingesehen hat; deshalb ist das Einfühlungsvermögen ohne Denken entstanden. Diese Eigenschaft des Einfühlungsvermögens nimmt wahr und handelt augenblicklich.

Dies tun wir, wenn wir auf große Gefahr, körperliche Gefahr, stoßen. Es ist wie die Begegnung mit einer Schlange; die Reaktion erfolgt sofort. Diese Reaktion ist die konditionierte Reaktion, konditioniert seit Millionen Jahren zum Schutz vor Gefahr. Dieser Schutz ist essenziell, und dieser Schutz ist die Aktion der Intelligenz, nicht der Angst. Die Intelligenz hat entdeckt, dass man vor Schlangen davonlaufen muss, wenn man überleben will. Angst widersetzt sich nur oder regt sich auf, begeht eine Dummheit. Bei Intelligenz hingegen tritt mit der Gefahr auch augenblicklich Handeln ein. Dieselbe Intelligenz kommt auch bei psychischer Gefahr zum Einsatz, wenn der Geist außergewöhnlich wach ist. Wenn für einen Geist, der hellwach ist, der beobachtet hat, eine psychische Gefahr besteht, wird augenblicklich gehandelt. Darin liegt keine Dualität, es ist eine chirurgische Operation, und daher gibt es keinen Konflikt, keine Überreste wie Widerstand oder Denken.

## 13

## Können die Gehirnzellen meines Kindes verändert werden?

Sie war eine junge Mutter voller Zuneigung, Fürsorglichkeit und Besorgnis um ihren Sohn. Mit ihrem langen schwarzen Haar, das im Licht glänzte, wirkte sie sehr hübsch, sympathisch. Sie setzte sich auf den Boden, genau wie die anderen, und sprach über ihr Kind.

Man konnte den Lärm von der Straße hören, den fliegenden Händler, die spielenden Kinder, das Auto, das sich den Berg hinauf quälte, und ein lautes Rufen. Hinter all diesem Lärm lag das Meer. Es war nicht blau, eher matt und trüb. Es war ein warmer Morgen, und es war Winter.

Sie sagte: „Mein Sohn ist fünfeinhalb Jahre alt und schrecklich egoistisch. Alles um ihn herum will er haben, klammert sich daran fest und streitet darum. Wenn ihm jemand etwas wegnimmt, weint er und besteht darauf, dass er seinen Willen bekommt. Ich habe mit ihm gesprochen, so gut dies bei einem Kind seines Alters eben möglich ist. Ich habe ihn ausgeschimpft. Oft bin ich versucht, ihn zu schlagen, aber bisher habe ich dem widerstanden. Dieses Ansichreißen, dieses Alles-für-sich-Habenwollen, dieser tiefsitzende Egoismus nimmt anscheinend noch zu. Bei Feiern mit anderen Kindern fängt er Streit an. Andere Kinder weinen, wehren sich, aber durch Beschwatzen oder durch Wut kriegt er dann irgendwie seinen Willen. Zumindest von allen Kindern seines Alters bekommt er, was er will. Ich weiß nicht mehr, was ich tun soll.

Ich habe Ihnen gestern Abend zugehört, und etwas, was Sie gesagt haben, hat mich besonders beeindruckt. Wenn ich mich recht erinnere, sagten Sie, die Hirnstruktur als solche müsse eine Mutation durchlaufen. Ich habe die halbe Nacht wachgelegen, darüber nachgedacht und überlegt, wie ich bei meinem Kind diese Mutation im Gehirn zuwege bringen könnte, damit er selbstlos werden und zu einem anständigen Menschen mit Zuneigung und Anteilnahme heranwachsen kann, damit er die Schönheit des Lebens und die große Güte der Erde zu schätzen weiß, anstatt alles haben zu wollen und eine Mauer um sich zu bauen. Deshalb wollte ich heute Morgen zusammen mit den anderen vorbeikommen, um diese Mutation der Gehirnzellen zu besprechen. Darf ich fragen, ob die Gehirnzellen meines Sohnes verändert werden können, damit er nicht mehr egoistisch ist, damit er ein glückliches Leben führen kann, statt immer nur zu wollen und noch mehr zu wollen, an sich zu reißen, zu streiten, mit Gewalt und dem übrigen Elend des Lebens?“

Laut rufend bat der Straßenhändler um alte Zeitungen, und sein Geschrei drang bis in den Raum. Ein Mann spielte Flöte. Er hatte an jenem Morgen schon sehr früh begonnen, noch vor vier Uhr. Da übte er, und nun ging er im strahlenden Sonnenschein die Straße mit den vielen Schatten entlang und spielte seine kleine Melodie.

*Meinen Sie nicht, dass Sie zuerst beobachten sollten? Beobachten Sie die Art seines Egoismus, seiner Gewalttätigkeit, das Unterschwellige, das er einsetzt, damit er bekommt, was er will. Wenn Sie beobachtet haben, dann sehen Sie zu, dass Sie als Mutter den Wunsch, den Jungen zu ändern, vollkommen ablegen und keinerlei Verlangen nach einer Veränderung, einem Fortwischen seiner egoistischen Bestrebungen mehr haben. Vergleichen Sie ihn nie mit jemandem, der weniger egoistisch ist. Bestrafen oder belohnen Sie ihn nie. Wenn Sie dies tun, hegen sie den instinktiven Wunsch, ihn zu verändern – nach ihrem persönlichen Muster, wie das Le-*

*ben oder der Junge zu sein hat, oder nach dem Muster, das die Gesellschaft oder ein Ideal vorgibt. Deshalb ist es sehr wichtig, dass Sie diesen Wunsch, ihn zu verändern, aus Ihrem Herzen und Ihrem Geist fortwischen. Erkennen Sie außerdem, dass jede Form von Strafe und Belohnung sich immer noch innerhalb des Feldes des Änderungswunsches befindet. Achten Sie sodann darauf, dass Sie ihm selbst kein Beispiel geben. Wenn doch, weil Sie ihm Geborgenheit, ein Gefühl der Sicherheit geben, verändert er sich zwar vielleicht, aber diese Veränderung wird sich erneut in Egoismus verwandeln. Durch Nachahmung, durch Anpassung können die Gehirnzellen nicht verändert werden. Auch eine Mutation in den Gehirnzellen kann nicht eintreten, wenn Sie ihm ein Beispiel geben oder darauf hinweisen, wie selbstlos andere Jungen sind, wie angenehm im Umgang und so weiter. All dies beinhaltet den tiefen Wunsch Ihrerseits, ihn zu verändern. Auch wenn dieser Wunsch nicht ausgesprochen wird, beeinflusst er ihn bewusst oder unbewusst und macht ihn noch unsicherer. Diese Unsicherheit, diese Ungewissheit wiederum lässt ihn stärker empfinden, mehr fordern, sich rechtfertigen, sich wehren, egoistischer werden.*

*Sie, als die Mutter, die den Jungen beobachtet, müssen also jeden Wunsch nach Veränderung aus Ihrem Geist und Ihrem Herzen fortwischen, jeden Wunsch, er solle durch Beispiel, durch Strafe, durch Belohnung, durch ein Ideal und so weiter werden, was er nicht ist; denn dies erzeugt in ihm ein Gefühl der Unsicherheit, und diese Unsicherheit ist es wahrscheinlich, die ihn so egoistisch, so selbstsüchtig macht.*

„Aber was *soll* man dann tun? Wenn ich ihn nicht zurechtweisen soll, wenn ich ihm nichts sagen, ihn nicht kontrollieren oder strafen und alles nicht tun soll, was Sie aufgeführt haben, was bleibt dann noch? Wie kann ich mit dem Jungen umgehen?“

*Wie gehen Sie mit dem Jungen um, wenn er sich wegen irgendeiner Kleinigkeit die Augen aus dem Kopf weint, wenn er schluchzt, herumschreit, leidet? Nehmen Sie ihn dann nicht auf den Schoß und in den Arm, streicheln ihn, sprechen zärtlich mit ihm und geben ihm das Gefühl, dass er immer zu Ihnen kommen kann, dass er bei Ihnen Geborgenheit findet, dass Sie seine Mutter sind, die ihn versteht und ihn liebt? Verstehen Sie, was ich meine?*

*Wie ist Ihnen im Geist und im Herzen zumute, wenn Sie all dies fortgewischt haben, die Verurteilungen, Rechtfertigungen, Bewertungen und Formeln? Welches Gefühl, welche Eigenschaft ist dann in Ihrem Geist und in Ihrem Herzen? Ist es nicht das Empfinden von Liebe? Wenn dieses vorhanden ist, dann nehmen Sie ihn in den Arm und auf den Schoß, sprechen Sie zärtlich mit ihm, nicht im Sinne von Belohnung und Strafe. Sprechen Sie mit ihm über den Sonnenuntergang, über dieses und jenes, vermitteln Sie ihm völlige Geborgenheit. Weil Liebe vorhanden ist, wird er ihre Freiheit spüren. Verurteilung dringt gar nicht bis zur Liebe vor. Eben diese Liebe bewirkt eine Mutation in den Gehirnzellen. Sie wirkt wie ein Schock – wenn man denn das Wort* Schock *überhaupt in einem Atemzug mit Liebe nennen kann. Vielleicht vollziehen dann die Gehirnzellen eine Veränderung ganz ohne Druck, ohne Mühe, ohne Gehorsam und Autorität. Es ist, als wenn man strahlendem Sonnenschein ausgesetzt wird.*

*Widerstand und Abschottung sind eine Form der Unsicherheit und erzeugen daher Konflikt; und dieser drückt sich in egoistischem Handeln aus – wie im Fall des Kindes, das Dinge an sich reißt und weint, wenn es etwas nicht haben kann. Jede Form einer unterschwelligen Bedrohung oder Belohnung erzeugt ein Gefühl der Unsicherheit. Wenn das nicht da ist, entfaltet Liebe ihre Wirkung. Wenn Geist und Herz vollkommen frei sind von Verurteilung oder Rechtfertigung, entsteht ein Gefühl völliger Sicherheit, sowohl psychisch als auch physisch. Dies bedeutet nicht, dass man eine Abwehrmauer um sich herum baut oder sich völlig abschottet. Liebe ist etwas ungemein Großes, und* sie *handelt. Dies ist das einzige Handeln, das möglicherweise eine Mutation in den Gehirnzellen herbeiführt.*

## 14
## Eine Wahl gibt es nur, wenn der Geist verwirrt ist

Der Geruch des Regens lag über dem Land. Es war ein guter Monsun gewesen, und die Bäume und die grünen Reisfelder waren voller Leben. Seit Jahren hatte es keinen so guten Monsun mehr gegeben, und wenn man ins Tal kam, konnte man spüren, wie das Land auflebte. Das Tal war abgelegen, unberührt und nicht durch die explosionsartig anwachsende Bevölkerung überfüllt. Die Dorfbewohner waren noch Dorfbewohner, arm, fröhlich, klaglos und tanzfreudig, wenn Feiertage es erforderten. Sie arbeiteten Tag und Nacht. Sie tranken auch ein wenig; und nach ein paar Gläsern stand ihnen der Sinn nach Tanz und Gesang mit Trommeln, Pfeifen und Zimbeln. Der Regen hatte die Brunnen und den See gefüllt, und die Dämme hielten nun das Wasser. Die Freude der Erde war deutlich zu spüren. Jedes Blatt glänzte und erzählte davon, wenn das Licht der Morgensonne darauf fiel. Alles Licht der Erde war zugegen und bei Nacht das Mondlicht. Auch das Licht deines eigenen Herzens war da, wenn du mit dem Herzen dabei warst.

Wie du so auf dem Podest saßest, konntest du durch eine Lücke zwischen den Bäumen in der Ferne einen wie gemeißelt wirkenden Hügel mit einem einzelnen Felsblock darauf erkennen, als sei er durch eine riesige Maschinerie und harte menschliche Arbeit vorsichtig dorthin geschafft worden. Er musste schon seit vielen, vielen Jahrhunderten dort stehen. Es heißt, diese Hügel seien die ältesten der Welt, und merkwürdigerweise haben sie die Form von Tempeln, eigenartige Formen, als habe sie ein großer Architekt sehr sorgfältig zusammengestellt. Du sahst die Schönheit des Landes, die geschwungene Linie der Hügel und die grünen Felder, die sich bis an ihren Fuß hinaufzogen. Die rote Erde, die sehr alt war, barg eine große Stille.

Es war ein Morgen großer Freude und Schönheit. Das Tal schien erfüllt von Tamarinden, Palmen und Mangos, und jedes Blatt glitzerte. Aus Bougainvilleen, der Rose und den vielen Tausend kleinen Blumen barsten die Farben. Man konnte den Blick kaum abwenden. Das Auge war erfüllt von ihrer einladenden Schönheit, und du sahst nichts und hörtest nichts als was sie zu sagen hatten. Es war wirklich ein wunderbarer Morgen voller Reinheit, großer Stille und tiefer Ruhe. Kaum wagtest du, dich zu rühren, geschweige denn zu dem Pulk wartender Menschen zu sprechen.

Noch ein wenig früher an jenem Morgen hattest du beim Blick aus dem Fenster Affen gesehen, die kleinen mit den roten Gesichtern und dem gelbbraunen Fell. Sie hatten es auf alles abgesehen. Sie kamen in kleinen Gruppen, schnappten sich, was sie konnten, und verschwanden wieder. Kleine Affenbabys mit weißem Bauch klammerten sich nicht mehr an ihre Mütter, sondern sprangen unruhig von Ast zu Ast. Sie vollführten fast menschliche Gesten. Zwei von ihnen saßen ganz dicht beieinander und beobachteten den Mann hinter dem Fenster. Sie waren ganz ruhig, genau wie der Mann. Bei seiner kleinsten Bewegung würden sie wegrennen, und doch waren sie auf Armeslänge an ihn herangekommen. Sie wirkten unerschrocken, schrecklich neugierig. Etwas weiter oben im Baum saß jemand, offenbar ihre Mutter, und schaute zu. Das ganze Tal, die Hügel und die wunderbaren alten Bäume, alle warteten und sahen zu.

„Mir ist, als hätte ich mein Leben lang gewählt zwischen dem, was richtig ist, was sein sollte, was ich tun musste und was ich nicht tun durfte. Es war ein großer Kampf, stets die richtige Wahl zu treffen. Es gibt Wünsche und Begierden, alte Erinnerungen und Neigungen, die es abzuwehren gilt. Seit ich denken kann, bin ich offenbar ständig am Auswählen. Nicht nur, welche Kleidung ich anziehe und welche Farben ich trage, sondern auch zwischen richtig und falsch, ob ich ins Büro gehe, zwischen Tätigkeit und Untätigkeit, zwischen Faulheit und Aktivität, zwischen dem eintönigen Leben und angenehmer Einsamkeit.

Beim Autofahren erwische ich mich dabei, dass ich wähle, ob ich diese oder jene Straße nehmen soll, obwohl ich beide Straßen sehr gut kenne. Ständig wäge ich ab zwischen diesem und jenem. Ich glaube, die meisten Menschen tun dies, wenngleich es bei manchen eine bewusste, absichtliche Entscheidung ist, bei anderen eine unbewusste Bewegung. Aber diese Bewegung des Unterteilens ist bei uns allen ständig vorhanden. Sie ist ein unendlicher Korridor der Gegensätze, und ich bewege mich offenbar ständig vom einen zum anderen.

Neulich war ich per Zufall bei einem Ihrer Vorträge, und Sie haben darüber gesprochen, dass Auswählen Energieverschwendung ist und zu noch größerer Verwirrung und Konflikt führt. Sie haben klar gesagt, dass Auswahl Konflikt ist. Haben Sie dies als Denkanstoß geäußert oder als Wahrheit festgestellt? Darüber würde ich gerne mit Ihnen sprechen, wenn Sie gestatten. Warum sind Sie so sehr gegen Wahlmöglichkeiten?

Freiheit beinhaltet Wahlmöglichkeit. Wahlfreiheit ist die große Hoffnung des Menschen. Wenn ich nicht wählen kann, habe ich keine Freiheit. Wenn ich nicht zwischen dieser oder jener Arbeitsstelle wählen oder nicht von dieser Stadt in jene ziehen kann und ständig von der Verwaltung oder dem Gesetz gemaßregelt werde, dann endet die Freiheit. Wenn ich nicht zwischen diesem oder jenem Glauben wählen kann, bin ich kein frei Handelnder, oder auch wenn ich keine politische oder religiöse Führung wählen kann.

Wenn ich also darüber nachdenke, scheint mir Wahlmöglichkeit eine der großen Errungenschaften zu sein, die die Menschen durch alle Zeiten entwickelt haben. Aber Sie sagen, Wahlmöglichkeit sei gerade die Verweigerung von Freiheit. Ich bin kein Mensch, der ohne Weiteres akzeptiert, was andere sagen. Ich muss wählen können, was mir vernünftig erscheint, und das Gefühl haben, dass es wahr ist, die dumme Akzeptanz eines Gefolgsmanns brauche ich nicht."

*Wenn man sehr klar sieht, worin besteht dann die Notwendigkeit einer Wahl? Eine Wahl gibt es nur, wenn der Geist verwirrt ist. Tatsache ist, dass eine Wahl getroffen wird, wenn man unsicher, verwirrt und daher nicht in der Lage ist, klar zu sehen. Ihre Führung wählen Sie gemäß Ihrem Vorurteil, Ihrer Verwirrung, sei es in politischer oder anderer Hinsicht. Sie wählen entsprechend Ihrem Temperament, Ihren jeweiligen Eigenheiten und Ihrem Geschmack. Ihr Geschmack, Ihre Eigenheiten und Neigungen sind die Ursache der Verwirrung. Sie haben Ihre Verwirrung, und der andere hat seine. Er wählt seine Führung, und Sie wählen diejenigen, denen Sie folgen möchten. Also besteht eine Trennung zwischen Ihrer Wahrheit und seiner Wahrheit, zwischen Ihrer Führung und seiner. Und wo Trennung ist, ist Konflikt.*

*Konflikt ist seinem Wesen und seiner Struktur nach Verwirrung. Wir sagen, „dies kennzeichnet mich, dies ist mein Charakter" und legen großen Wert auf Charakter, auf unsere Eigenschaften, auf unser jeweiliges Verhalten, unser jeweiliges Denken und Empfinden. Dies bezeichnen wir als unsere Individualität. Diese Individualität wird in einzelne Bruchstücke aufgesplittert. Diese vielen bewussten oder unbewussten Bruchstücke werden dann als die Charakteristika oder Merkmale des Einzelnen bezeichnet. Aber schon das Wort*

Individuum *bedeutet unteilbar, nicht bruchstückhaft und daher nicht verwirrt. Wenn ein Individuum aufgesplittert wird, wie es ja tatsächlich geschieht, und daher kein Individuum mehr ist, stehen diese vielen Bruchstücke im Gegensatz zueinander und führen in ihrer Gegensätzlichkeit zu Verwirrung. Aus dieser Verwirrung heraus wählen Sie, daher müssen Ihre Führung, Ihre Überzeugungen und Vorurteile ebenfalls verwirrt sein. Sie wählen aus Verwirrung. Wichtig ist nicht die Wahl, sondern die Klärung der Verwirrung oder vielmehr deren Beendigung, damit klare Wahrnehmung eintritt. Auf Wahrnehmung also kommt es an, nicht auf Auswahl. Wo es klare Wahrnehmung gibt, besteht keinerlei Notwendigkeit zur Auswahl. Auswahl erfordert Abwehr, die Durchsetzung eines Willens und einen unterschwelligen Isolationsprozess, der alle Beziehung und Liebe beendet.*

*Die Erkundung betrifft also nicht das Gebiet der Wahl, sondern das Gebiet des Sehens, Hörens und Lernens – die eigentlich eins sind. Es geht darum, ohne jegliche Verzerrung zu sehen, ohne Aufsplitterung, ganzheitlich zu sehen, in heiler Weise, mit allem, was das Wort* heil *bedeutet, nämlich heilig. Es geht darum, die Wahrheit dessen zu sehen, nicht gemäß Ihrer Wahrheit oder Ihren Eigenheiten oder meinen Eigenheiten, sondern ohne jegliche Verzerrung zu sehen. Dies setzt aller Wahl und daher aller Anstrengung ein Ende. Ein Protestant, ein Kommunist oder ein Hindu und so weiter vermag die Dinge nicht so zu sehen, wie sie sind, in heiler Weise, weil er konditioniert ist. Eben diese Konditionierung wird als Charakter bezeichnet, was eine Form der Abwehr ist, die in einer bestimmten Kultur oder Gesellschaftsstruktur kultiviert wird.*

*Ohne jegliche Wahl zu leben, ist daher wahre Freiheit. Sie liegt nicht innerhalb der Grenzen einer bestimmten Kultur und errichtet keine eigenen Grenzen. Sie bewegt sich, ohne die Uferbefestigungen zu bauen, welche die Bewegung eingrenzen. Letzten Endes ist das Liebe. In der Liebe gibt es keine Wahl, keine Anstrengung, keinen Widerspruch. Wenn Liebe als Lust, Verlangen und das Streben nach schönen Erinnerungen übersetzt wird, entstehen dadurch die engen Uferbefestigungen, zwischen denen der kleine Bach fließt, unter dem Lärm von Verzweiflung und Leiden.*

„Jegliche Kritik ist unmöglich. Was Sie sagen, erscheint so absolut richtig. Es läuft auf etwas ganz Einfaches hinaus: Entweder ich sehe oder ich sehe nicht. Wenn ich nicht sehe, bin ich verwirrt, geblendet von meiner Sorge."

## 15
## Kontrolle in jeglicher Form ist Verzerrung

An jenem Morgen war der Fluss fließendes Silber. Aus dem Eis, geschmolzen in den Bergen, strömte er hinab durch die Ebenen ins Meer. Da der Morgen leicht dunstig war, färbte das goldene Licht der Sonne, als sie über den Baumwipfeln aufging, das Wasser rot und golden. Es war ein überwältigender Fluss, breit und tief. Es war ein heiliger Fluss, aber seine Schönheit lag nicht darin, dass er heilig war, sondern dass ein solches Gewässer dem Land eine Atmosphäre des Friedens, der Stärke und der Lebendigkeit verlieh. Am Abend war es anders; die Sonne hinter der großen Stadt färbte ihn wieder golden, aber völlig anders als am Morgen. Er veränderte sich ständig, seine Stimmung war niemals die gleiche. Zehnmal am Tag schautest du ihn an, und jede Stunde verlieh ihm etwas Neues. An beiden Ufern war er mit Unrat beschmutzt, und du wolltest ihn nicht anrühren, aber in der Mitte, wo eine starke Strömung herrschte, waren die blauen Wasser überraschend sauber. Die wolltest du berühren, trinken, darin schwimmen. Im Licht der aufgehenden Sonne vergegenwärtigten dir die funkelnden Wässer an jenem Morgen den Frieden, der über dem Land lag.

Die Sonne wurde warm, und wir zogen uns ins Zimmer zurück, wo es dunkler war, setzten uns still auf den Boden, betrachteten die Tamarinde und den blauen Himmel und lauschten Stimmen in weiter Ferne. Er sprach offenbar recht gerne über sich, und es war ihm keineswegs peinlich, mit einem völlig Fremden über seine Probleme zu reden. Er war ein stattlicher Mann, gut genährt. Es bereitete ihm Schwierigkeiten, sich auf den Boden zu setzen, aber er schaffte es, und nachdem er sich einmal eingerichtet hatte, bewegte er sich nicht mehr.

„Es hat mich sehr überrascht", sagte er, „als ich Sie neulich morgens fragen hörte, warum man sich überhaupt beherrschen solle". Sie sagten: ‚Warum sollte man Disziplin haben; wozu braucht es Konformismus und Anpassung?' Es war ein ziemlicher Schock für mich, Sie so zu hören. Sie haben es sehr sorgfältig erklärt, aber ich bin über den reinen Wortlaut nicht hinausgelangt. Ich habe mich immer beherrscht, in unterschiedlicher Weise, und wenn einem dann plötzlich gesagt wird, dass Beherrschung oder selbst auferlegte Disziplin Energieverschwendung ist, eine dumme Form der Befriedigung, ist das schon ein wenig verstörend.

Ich halte mich für modern in meiner Lebensauffassung. Ich war im Ausland, habe die moderne Bewegung gesehen, die Revolte der Jugend, die Eigenheiten der Generation, die sich für völlig anders hält als die ältere Generation. Aber sie sind sogar noch konformistischer; sie sehen fast alle gleich aus, sie kleiden sich ähnlich, und man kann kaum einen Jungen von einem Mädchen unterscheiden. Doch sie behaupten ständig, sie revoltierten. Ich glaube nicht, dass ich in dieser Weise modern bin. Die Jungen beklagen sich über die Alten, und die Alten verurteilen das Verhalten der Jungen. Das geht schon seit vielen Tausend Jahren so. Auch Sokrates hat darüber geklagt.

Ich habe die Universität besucht und einen Abschluss gemacht. Ich war enthusiastisch und idealistisch und wollte Veränderung, nicht nur auf der politischen Ebene, sondern auch Veränderung in der Gesellschaft. Ich habe jugendliche Experimente mit dem Kommunismus hinter mir, und ich revoltiere, nicht nur gegen die Kultur, in der ich aufgewachsen bin, sondern ich revoltiere auch gegen mich selbst.

In Ihrem Vortrag waren Sie revolutionärer als die extreme Linke oder Rechte. Das hat mir einen ziemlichen Schock versetzt. Haben Sie es wirklich ernst gemeint, als Sie sagten, dass Beherrschung in jeglicher Form Verzerrung ist und jedes Handeln, das daraus hervorgeht, unweigerlich Disharmonie und Elend erzeugen muss? Dies ist so überraschend, dass ich meinen Ohren nicht traue. Soll ich also meine ganze Selbstbeherrschung, meine Willenskraft, alle Regeln, die ich mir auferlegt habe, aufgeben? Dann wäre ich völlig orientierungslos. Ich wäre im Chaos. Was mich aufrechthält, ist ein Gefühl von Kontrolle, Richtungsweisung, Selbstbeschränkung. Ich hoffe, Sie verstehen, wo meine Schwierigkeit liegt."

*Sie sagen, ohne Richtungsweisung und Kontrolle wären Sie verloren; das Leben wäre in Unordnung, und die Gesellschaft würde zerfallen. Gehen wir diesem komplizierten Thema Freiheit und Kontrolle gemeinsam auf den Grund. Wir sprechen von Kontrolle. Offensichtlich gibt es dabei den Kontrollierenden und das Kontrollierte. Der Kontrollierende hat durch Erfahrung und Überlieferung Wissen angesammelt. Er weiß, dass der Umgang mit der Gegenwart konfliktträchtiger wäre, wenn er nicht aufgrund von Informationen aus der Vergangenheit denken, handeln und wirken würde. Daher gelangt er zu der Überzeugung, dass Kontrolle das Höchste und Wichtigste ist. Er sieht die Trennung nicht, die zwischen ihm und dem zu Kontrollierenden, zu Prägenden oder Anzuleitenden eingetreten ist. Er ist einzeln, und seine Wünsche, Begierden und Triebe sind etwas von ihm Getrenntes, das er unter Kontrolle haben muss. Er ist der Zensor mit der Peitsche in der Hand. Wenn es eine solche Trennung gibt, kommt es ganz von selbst zum Konflikt – das eine muss das andere beherrschen.*

„Ja, ich verstehe, dass dem so ist. Ich bin etwas anderes als der Impuls, das Verlangen, die Gier. Ich kann meine nagenden Begierden, von denen ich gesteuert werde, nicht kontrollieren, und deshalb entsteht Angst, denn weiß der Himmel, wo sie mich hinführen würden."

*Daher verlangt die Angst Kontrolle; die Angst vor dem, was passieren könnte. Dem Kontrollierenden steht schmerzlich vor Augen, was seiner Meinung nach sein sollte. Auch hierin liegen wieder eine Trennung und die Fortsetzung der Angst. Deshalb fragen wir, warum es überhaupt einen Kontrollierenden geben sollte, oder Widerstand oder ein Ziel. Kontrolle beinhaltet nicht nur die Trennung zwischen dem, der kontrolliert, und dem, was kontrolliert werden soll, sondern es entsteht auch Verdrängung mit ihren leeren Frustrationen, ihren neurotischen Gedanken und Handlungen. Wenn nicht verdrängt wird, dann wird versucht zu sublimieren, aus dem Weg zu gehen. Das Objekt dieses Entrinnenwollens wird weitaus wichtiger als die Lösung.*

*Die unausgesprochene Frage lautet, warum es überhaupt Trennung gibt. Kontrolle bedeutet Trennung. Trennung besteht nicht nur auf der äußeren Ebene der eigenen Existenz, sondern auch im innersten Kern des eigenen Seins, an der tiefsten Wurzel eigenen Handelns. Trennung setzt das „Ich" und das „Nicht-Ich" voraus. Das „Ich" versucht ständig zu kontrollieren, zu beherrschen; und das „Nicht-Ich" muss sich der vorgegebenen Form des „Ich" anpassen. Dies ist der Kampf zwischen Menschen, Nation gegen Nation und so weiter. Wir akzeptieren diese Trennung als naturgegebene menschliche Eigenschaft – das Erhabene und das Menschliche.*

*Wenn Sie die Wahrheit darüber erkennen, was diese Trennung bedeutet – die Wahrheit, nicht die intellektuelle Vorstellung von der Wahrheit – wenn Sie sie sehen, sogar schmecken, fühlen, nicht als Meinung oder Übereinkunft oder Urteil, welches wiederum von Umwelteinflüssen abhängt und so weiter, dann sorgt diese Wahrheit, die absolute Tatsache dieser Wahrheit, dafür, dass der Geist den Kontrollierenden ablegt, seine Vorstellungen, was sein sollte, verwirft, damit es nur noch gibt,* was ist, *und nicht, wie es zu kontrollieren ist. Ein Geist, der frei ist vom Zensor, hat kein Problem mehr mit dem,* was ist. *Er erzählt seine eigene Geschichte, und das Lauschen auf die Geschichte ist die Handlung dieser Geschichte. Handeln entsteht also im Akt des Zuhörens, nicht in der Tätigkeit des Zensors oder des Kontrollierenden. Die Tätigkeit des Zensors oder des Kontrollierenden wird leer und fruchtlos, aber die Aktion des Lauschens auf die Geschichte dessen,* was ist, *ist die Liebe zum Handeln ohne Belohnung oder Strafe.*

*Der Kontrollierende hat immer einen Beweggrund; beim Lauschen auf das,* was ist, *gibt es keinen Beweggrund. Wo es keinen Beweggrund gibt, ist das Handeln der Liebe. Wird Liebe kontrolliert, ist sie Lust mit all ihrer Qual. Liebe ist also nichts, was vom Denken mit seinen Kontrollmechanismen, Sanktionen und Anweisungen, die die Liebe leer und bedeutungslos machen, gezüchtigt oder kontrolliert werden sollte.*

## 16

## Einsamkeit bedeutet Freiheit

Wir waren schon seit mehreren Wochen hier oben. Die Hütte war einfach, grob zusammengezimmert; die Fenster hatten keine Scheiben, und Ratten und Vögel gingen ein und aus. Nach einer Woche fraßen uns die Haarvögel aus der Hand. Rosinen liebten sie über alles, und es war die reine Freude, ihnen dabei zuzusehen, wie sie sich daran gütlich taten. Wenn man sie fütterte, fraßen sie praktisch den ganzen Tag; und die Ratten stahlen unsere Briefe. Gut versteckt in einem Loch, sodass gerade noch das blaue Papier herausschaute, fanden wir einen Brief, der noch unbeantwortet war. Zum Glück hatten sie ihn nicht aufgefressen oder tiefer hineingezogen, sodass wir ihn herausholen und beantworten konnten.

Es war warm, fast heiß in dieser Höhe. Wolken zogen sich zusammen, und diese riesigen, dunklen, bedrohlich schweren Regenwolken boten einen herrlichen Anblick. Es regnete Tag um Tag, und der Geruch der Erde war frisch, duftend und voller Freude. Jetzt war der Himmel blau, reingewaschen vom Regen, und die Berge, die fast zehn Tage lang verborgen gewesen waren, traten nun klar hervor. Manche Gipfel waren über siebeneinhalbtausend Meter hoch. Sie waren voll frischem Schnee und glitzerten im Morgenlicht. Unter uns lag ein Tal, dunkel und tief, erfüllt von einem blauen Dunst. Man konnte, so hieß es, über fünfhundert Kilometer weit schneebedeckte Gipfel sehen. Es war wirklich ein großartiger Anblick an jenem Morgen. Es war atemberaubend, und nun hatten die zehn Tage Regen die Erde grün gemacht und den Staub des Sommers von den Blättern gespült. An praktisch jedem Baum und jedem Busch sprossen junge Blätter, und jeder Grashalm war prall und frisch.

Bald kamen sechs Mönche in die Hütte, frisch gewaschen. Auch ihre safrangelben Gewänder waren an jenem Morgen gewaschen worden. Wir setzten uns auf den Boden. Sie saßen mit dem Rücken zur Aussicht und hatten wahrscheinlich gar keinen Blick für die Herrlichkeit und Schönheit dieser Berge, die in ihrer Einsamkeit und Ferne unglaublich anzusehen und zu spüren waren. Die Mönche waren ziemlich intellektuell und daher recht emotional. Wahrscheinlich sind die meisten Intellektuellen sehr emotional, weshalb sie sich so leicht in Theorien, Utopien und ideologischen Fantasien verstricken. Da saßen sie nun, mit sauberem Gesicht; einige waren ziemlich dick, andere schlank, mit scharfem Blick. Sie verfügten anscheinend über eine außerordentliche Vitalität, denn sie befanden sich auf einer Bergwanderung in großer Höhe, um ihren Guru zu besuchen, der, wie sie sagten, alleine lebte und sehr weise war. Einsamkeit und Weisheit schienen hier oben zu Hause zu sein. Seit Tagen waren sie aufgestiegen, unterwegs vom Süden in den Norden, und jetzt hatten sie sich überlegt vorbeizukommen und ihm die Ehre zu erweisen, wie sie es nannten.

Befindet sich der Guru wirklich in Einsamkeit oder ist er erfüllt von Wissen, erfüllt von der Überlieferung und Weisheit anderer? Als ihnen diese Frage gestellt wurde, wirkten sie alle sehr überrascht. Einer sagte: „Wir hätten nie gedacht, dass Einsamkeit etwas ist, das frei sein könnte von Wissen und Überlieferung, von den Veden und den Upanishaden."

Wenn Sie die Veden und die Upanishaden und alle Lehren in Ihrem Geist mit sich tragen, sind Sie nie wirklich in der Einsamkeit, oder? Sie leben immer mit anderen und durch andere. Einsamkeit bedeutet Freiheit, Freiheit, vollständig allein zu sein, unbelastet von der Vergangenheit, ohne die Zukunft gegenüber dem Abgrund oder hinter diesen schönen Bergen.

Die Mönche wirkten zutiefst bestürzt, denn sie waren hier hinaufgestiegen, um den Guru zu besuchen, seine Weisheit mitzunehmen und an andere Menschen weiterzugeben, was sie gelernt hatten, sie die Weisheit zu lehren, die sie mit sich trugen. Und nun waren sie hier, saßen feierlich und mit betretener Miene da; denn sie konnten nicht erkennen, dass Freiheit und Einsamkeit den Zustand des Alleinseins bedeuten, in dem der Geist völlig arglos ist und gar nicht in der Lage, sich mit Wissen verletzen zu lassen. Je mehr man mit ihnen sprach, desto bestürzter, unglücklicher und unsicherer wurden sie, denn ihre Pilgerreise bedeutete ihnen sehr viel, und das Gesagte machte alles zunichte, was sie um sich herum und in sich aufgebaut hatten. Als sie gingen, waren sie ein unglückseliges Häufchen, aber sowie sie in ihren hell leuchtenden Gewändern den Berg hinunterstiegen, konnte man sehen, dass die Vergangenheit sie wieder einholte. Was wir gesagt hatten, war bloß nebensächlich, etwas, das man hinter sich lassen konnte, als sei zwar vielleicht etwas Wahres dran, gelte aber nicht für sie.

Sie gingen den steilen Pfad hinunter, vorbei an den grünen Matten, überquerten eine kleine Brücke über einen Gebirgsbach und verschwanden hinter einer Biegung. Im Herzen wusstest du, dass sie nie wieder in deine Nähe kommen würden, denn es war zu viel. Aber die Berge und das tiefe Tal und die grüne Wiese und der Gebirgsbach verstanden, was es heißt, vollkommen allein zu sein, unberührt von allem, was der Mensch zusammengeschustert hat – Charakter, Tugend, Handeln und Gott.

## 17

## Kann der Geist seine Last ablegen?

Eine kleine Gruppe kam zur Hütte. Sie baten um Segen und setzten sich auf die grobe Matte auf dem Boden, ohne einen Blick für die herrlichen Bäume in voller Blüte, die Schmetterlinge, die Hirtenstare und Haarvögel, die auf einem Ast saßen und sangen. Es war ein bezaubernder Morgen, erfüllt von zartem Sonnenschein; die Luft trug den Duft der Berge, der Kiefern und den Geruch satter Erde.

Einer von ihnen sagte: „Man muss eine lange Reise unternehmen, vielleicht über viele Leben hinweg. Zumindest in diesem Leben ist die Reise sehr lang. Man macht so vieles durch, so viele Erfahrungen, so viele Ereignisse, dass alles zur Bürde wird. Es ist nicht wie bei einem Bergsteiger, der beim Klettern kaum etwas bei sich hat. Aber wir sind keine Bergsteiger, wir sind Menschen, und Tag für Tag, Jahr für Jahr tragen wir alle Lasten, nicht nur die unserer Vorväter, sondern auch unsere eigenen, die Traditionen, die Gewohnheiten, die wachsenden Sorgen. Schwerfällig schleppen wir uns dahin und glauben vorwärtszukommen. Ich weiß in meinem Herzen, nicht nur mit Vernunft und Logik, dass diese Lasten abgelegt werden müssen, damit man leicht und frei unterwegs sein kann. Was ich eigentlich fragen will, ist Folgendes: Müssen diese Lasten eine nach der anderen abgelegt werden oder gibt es einen bestimmten Moment, in dem sie komplett abfallen und man vollkommen frei ist? Ich weiß nicht, ob ich meine Frage verständlich formuliert habe"

*Ich glaube, sie ist ziemlich klar. Sie sagen, dass die Lasten, wie Sie es nennen, die Dinge sind, die man angehäuft hat, die vielen, vielen Schichten, die der Mensch auf sich, um sich und in sich angelegt hat, nicht wahr. Sie fragen, ob sie nach und nach abgelöst, weggemeißelt werden sollten, oder ob sie insgesamt mit einem Mal abgelegt werden können, sodass man ohne die geringste Last, ohne das geringste Hindernis aus der Vergangenheit weiter voranschreitet.*

„Ich habe gesehen, wie fruchtlos es ist, wenn man endlos versucht, den Dingen auf den Grund zu gehen, wenn man versucht, verschiedene Probleme nacheinander abzulösen, immer wenn sie sich stellen; dabei ist es sehr schwierig, entweder die Wurzel finden zu wollen, den Ursprung der Probleme, und dort anzusetzen, jenseits aller Erscheinungsformen, oder ein großes Ganzes erkennen zu wollen, welches das Problem ausmacht, sodass nichts anderes mehr übrigbleibt. Dann verrenne ich mich hoffnungslos irgendwo zwischen diesen beiden Versuchen und kann weder das eine noch das andere finden."

*Ist das wirklich ein Problem? Geht es darum, ein Thema nach dem anderen zu verschieben, abzulegen oder zu analysieren? Oder möchten Sie etwas ganz anderes fragen? Sie müssen selbst recht deutlich erkannt haben, dass der analytische Prozess nirgendwohin führt.*

„Es wirkt wie ein Perlenstrang, eine Perle führt zur nächsten, und dieser Prozess hört niemals auf. Aber man hofft, sozusagen zu einer Wurzelperle zu gelangen, einer einzelnen Perle, aus der alle anderen hervorgehen."

*Aber wenn es die eine einzelne Perle ist, die durch den Strang mit anderen, kleineren Perlen verbunden wird, so ist sie doch immer noch Teil des Rosenkranzes.*

„Ich vermute, ich hoffe eine zentrale Bedeutung in der Wurzelperle zu entdecken, wie wir sie gerade genannt haben, und wenn ich diese eine, allerwichtigste Perle verstehe, lösen sich alle übrigen auf. Aber dies ist offenbar eine höchst unvollkommene Vorgehensweise, oder vielleicht sogar eine unmögliche. Können Sie etwas mehr über den Blick für das Ganze sagen? Mir kommt dies als etwas so Gewaltiges vor, dass man gar nicht weiß, was man tun soll, wenn man vor einem solchen Vorhaben steht. Wann weiß man, dass man das Ganze erkannt hat? Wir kennen die Dimension des Ganzen doch gar nicht."

*Mein Herr, ich frage mich, ob das wirklich die Frage ist – das Ganze zu sehen, Schicht um Schicht abzulösen, der analytische Prozess, das Zeitelement in alledem.*

„Aber behaupten Sie nicht, dass es beim Blick auf das Ganze kein Zeitelement und kein Ablösen mehr gibt; dass die Wahrnehmung eines Ganzen die Sache an sich ist? Wenn man über so etwas nachdenkt, ohne es schon einmal getan zu haben, ist es verwirrend. Es ist schwer zu erkennen, was ein Ganzes in diesem Leben wirklich ist. Was meinen Sie mit dem Ganzen von etwas? Darf man das fragen?"

*Sie haben zu Beginn gesagt, dass Sie eine Reise unternehmen wollen und wissen, dass Sie auf einer wirklich langen Reise wenig Gepäck bei sich haben dürfen. Sie sagten, Sie trügen eine große Last. Eigentlich lautet die Frage doch, ob diese Last vollständig abgelegt werden kann, nicht wahr? Ich frage wirklich nur, ich möchte Ihnen keine Frage aufzwingen. Nicht die Wahrnehmung des Ganzen wird Ihnen helfen, die Last abzulegen, sondern die geistige Qualität, die dazu in der Lage ist oder die diese Last froh und leicht von sich wirft.*

„Meinen Sie damit, dass man richtigerweise nicht nach dem erforderlichen Handeln fragen sollte, sondern nach der Geistesverfassung, die handelt und nicht fragt?"

*Ja, nicht nach dem Handeln, sondern nach der Qualität des Geistes, der handelt. Ich glaube, die beiden unterscheiden sich grundlegend.*

„Gut, darf man dann fragen, was Sie mit Geistesverfassung meinen?"

*Ich würde das Wort Verfassung noch nicht einmal benutzen.*

„Oder Qualität, Sie haben Qualität gesagt."

*Ich denke Qualität, denn sie ist etwas Lebendiges – eine Verfassung ist mehr oder weniger statisch.*

„Aber in gewissem Sinn haben Sie eine Frage nach dem Handeln ausgeschlossen. Deshalb versuchen wir jetzt, nach einer Qualität zu fragen."

*Ja, denn das Handeln findet statt, sobald wir die Qualität des Geistes verstanden haben.*

„Im Moment also, zum Zweck dieser Untersuchung, lassen wir alle Fragen nach dem Handeln außer Acht. Ist das richtig, im Moment, nur in diesem Moment?"

*Nein, es ist nicht* im Moment – *so würde ich es nicht sagen. Man kann das Handeln nicht außer Acht lassen, denn Leben* ist *Handeln, jeder Augenblick ist Handeln. Der Geist ist wichtiger als das Handeln, das der Qualität des Geistes entspringt. Deshalb müssen wir gemeinsam an die Qualität des Geistes denken, welche die älteste Last ablegen kann. Das Ablegen ist das Handeln dieser Qualität des Geistes.*

„Wie macht man das? Wo fangen wir an?"

*Das ist der springende Punkt. Es geht nicht darum,* wo wir anfangen. *Dies ist eine gefährliche Frage, denn wo ist dann der Anfang und wo das Ende? Wenn wir sagen, dass es einen Anfang und ein Ende gibt, dann gibt es eine Entfernung, eine Zeit, ein Intervall, eine Reise zwischen Anfang und Ende; wohingegen gilt: Der Anfang* ist *das Ende, das Mittel* ist *der Zweck.*

„Ja, ja, das verstehe ich. Und doch, wo sind wir?"

*Wo sind wir? Ich kann nicht anders, als Sie zu bitten, sich die Berge anzusehen. Drehen Sie sich um und schauen Sie! Sehen Sie den frisch gefallenen Schnee und das dunkle Tal in der Tiefe, und die Vögel in den Bäumen und die blühenden Büsche. Sehen Sie dies alles! Wenn Sie dann dies alles sehen, welche Beziehung hat dieses Sehen zu der Last, die Sie tragen?*

„Wenn ich die Berge und die Vögel betrachte, dann ist die Last weg, und in diesem Moment verspüre ich weder Interesse noch einen Gedanken daran. Aber sobald ich mich von den Bergen abwende, ist die Last wieder da."

*Als Sie diese Berge angesehen haben, hatten diese eigentlich keinerlei Beziehung zu Ihnen. Sie haben sie angeschaut als ein Beobachter, der objektiv oder emotional etwas betrachtet, was nichts mit seinem Alltag zu tun hat. Die Lasten aber sind Teil von Ihnen, Teil Ihres Lebens, Teil Ihrer alltäglichen Bewegungen. Und wir fragen: Was ist die Beziehung zwischen dem Sehen dieser Berge und der Last, die Sie tragen? Wie betrachten Sie diese Last? Sie betrachten Sie als ein Mann, der sie loswerden möchte, als ein Mann, der sie als unerträglich empfindet, der meint, dass er sie verdrängen, vernichten, ablegen sollte. Bei Ihrer Betrachtung der Last liegt also Widerstand in Ihrem Blick, Verurteilung. Widerstand und Verurteilung gibt es nicht, wenn Sie diese Berge betrachten.*

„Wenn ich die Berge anschaue, empfinde ich Freude; wenn ich die Last anschaue, empfinde ich Schmerz."

*Ganz offensichtlich.*

„Ist es denn aus meiner Sicht eine so andere Betrachtungsweise?"

*Wenn Sie die Last betrachten, sehen Sie dann nicht mit den Augen der Erfahrung, mit den Augen, die Wissen über die Last haben?*

„Aber die Last ist Erfahrung. Es gibt keine objektive Last, die meine Augen sehen, wie es sie gibt, wenn ich einen Berg anschaue. Es gibt etwas in mir, das Schmerz auslöst und das ich als Last oder Bürde bezeichnet habe. Wahrscheinlich haben Wissen und Erfahrung es geschaffen. Aber für mich ist es so real wie der Berg."

*Eigentlich stellen Sie eine ganz einfache Frage; machen wir sie nicht schrecklich kompliziert. Sie fragen, ob Sie diese*

*Lasten mit einem Mal froh und frei ablegen können und sich nicht einem Untersuchungs- und Analyseprozess und allem Übrigen unterziehen müssen. Ist dies Ihre Frage?*

„Ja."

*Wenn dies Ihre Frage ist, und wenn Sie es damit wirklich ernst meinen – und das nehme ich an, denn Sie haben sich sehr viel Mühe gemacht, hier heraufzukommen – dann fragen Sie, ob dies möglich ist. Nein, das Wort* möglich *trifft es nicht. Kann dies ohne das ganze Ankämpfen dagegen geschehen, ohne all die damit verbundenen Anstrengungen? Kann es ganz natürlich, wie von selbst geschehen, dass diese Last von Ihnen abfällt? Man sollte nie nach einer Methode fragen – nie! Weil auch Methode wiederum eine Last bedeutet. Wenn Sie sehr viele Lasten durch eine Methode loswerden wollen, dann wird Ihnen eben diese Methode zur Last. Das ist ziemlich klar. Bitten Sie deshalb nie jemanden um eine Methode, um ein System zur Befreiung des Geistes von seinen selbsterzeugten Lasten.*

*Wenn dies wirklich verstanden worden ist, was ist dann die Qualität Ihres Geistes, der vor einem Problem steht, ohne eine Methode zu haben, ohne sich zu fragen, was er damit machen soll? Ist der Geist frei von Zeit, Analyse, Widerstand, einer Richtung, die er einzuschlagen versucht, oder von der Behauptung, die Last müsste weg?*

„Aber wenn der Geist so wäre, dann gäbe es keine Last, und deshalb …"

*Deshalb ist dies die einzige Frage, nicht die Last.*

„Kann der belastete Geist diese Frage stellen?"

*Er fragt doch gerade. Kann der Geist, der bereits so schwer belastet ist, über Jahrhunderte hinweg konditioniert, seine Last abwerfen? Dies fragen Sie, nicht wahr?*

„Ja, das habe ich gefragt. Aber wenn ich Sie nicht missverstanden habe, dann fragen Sie, ob der Geist ohne dies alles fragen kann."

*Ja, denn wenn er mit alledem fragt, dann gibt es keine Antwort. Dann sitzt der Geist in einer Falle und sagt, er kann nicht hinaus.*

„Aber, mein Herr, es ist, als sagten Sie, man müsse heraus aus der Falle, um eben die Frage zu stellen, durch die man aus der Falle herauskommt. Das wird zur Zwickmühle, eine verwirrende Lage für den Geist, der in der Falle sitzt."

*Nein, zuerst einmal fragen wir: Was ist die Qualität des Geistes, der die Last betrachtet? Nur danach fragen wir; nach der Qualität, nach der Natur des Geistes, der die Last betrachtet, die er erschaffen hat. Wenn die Qualität dieses Geistes so beschaffen ist, dass er immer noch darüber nachdenkt, wie er die Last loswerden, wie er sie ablegen kann, dann bedeutet dies Widerstand, Zeit und Analyse. Wenn der Geist sieht, dass dies ein falscher Ansatz ist – es nicht verbal sieht, sondern wirklich sieht, schmeckt, riecht – gibt es dann die Last überhaupt?*

„Wollen Sie damit sagen, dass man aufhören muss, sich mit der Last zu identifizieren?"

*Nein, wir sagen nicht, dass man die Identifikation mit der Last beenden muss.*

„Ich bin versucht zu sagen, Sie behaupten, man müsse gesund sein, um seine Krankheit zu überwinden. Sehen Sie, der gesunde Geist wird keine kranke Frage stellen. Aber hier wird der kranke Geist gebeten, dies zu erkennen. Verstehen Sie?"

*Der kranke Geist ist ein belasteter Geist; der kranke Geist hat gemerkt, dass er belastet ist, und der kranke Geist fragt: „Was soll ich tun?" Wenn der kranke Geist merkt, dass er krank ist, ist er bereits gesund. Der Geist, der nicht merkt, dass er krank ist, trägt die Last. Wenn aber der Geist sieht, wie schwerkrank er mit all seinen Lasten ist, und dass die Krankheit ein Hinweis auf die Schwere der Last ist, dann ist er sich seiner Krankheit vollständig gewahr.* Gewahr, *was bedeutet, dass es keine Wahlmöglichkeit zwischen Krankheit und Gesundheit gibt – er ist krank. Dieses Gewahrsein hat dann seine eigene Aktivität, die völlig anders ist als die Aktivität der Krankheit.*

„Aber es gibt viele kranke Geister, denen klar ist, dass sie krank sind."

*Genau – ein Teil von ihnen glaubt, sie seien gesund, ein anderer Teil glaubt, sie seien krank. Es ist kein vollständiges Gewahrsein der Krankheit. Vollständiges Gewahrsein ist kein Gewahrsein einer Wahlmöglichkeit zwischen Gesundheit und Krankheit.*

„Ist es vielleicht so, dass wir uns an dem kleinen Stückchen festhalten, das wir uns zur Insel der Gesundheit gemacht haben?"

*So ist es, ganz genau.*

„Und indem wir dieses Stückchen von der Masse abtrennen, die der kranke Teil ist, verstetigen wir die Krankheit."

*Das ist das ganze Problem. Das ist vollkommen richtig.*

## 18

## Wir biegen falsch ab und verirren uns

Was läuft nur schief bei den Menschen? Sie beginnen, wenn sie noch ganz klein sind, mit so großen Hoffnungen, voller Begeisterung und mit großem Interesse, doch wenn sie älter werden, verläuft offenbar alles im Sande; ihr Ehrgeiz schwindet und wird sichtlich unsinnig, wollen sie sich doch auf die eine oder andere Weise einen Namen in der Welt machen. Körperlich geraten sie aus der Form, und geistig stumpfen sie immer mehr ab. Was läuft nur schief?

Er war eher klein und hatte die sonderbare Eigenschaft, allen gefallen zu wollen. Er beherrschte mehrere Sprachen, war sehr belesen und einst auch sehr wohlhabend. Jetzt, mit Ende fünfzig, hatte er stark zugenommen, ließ die Schultern hängen und wirkte älter, als er war. Wenn man ihm begegnete, versuchte er stets, kerzengerade zu stehen, aber es kostete ihn Mühe, und schon nach wenigen Minuten verfiel er wieder in seine übliche Haltung.

Aus seinen Räumen hatte er einen schönen Blick auf einen großen Garten mit einer Baumallee und dahinter den glitzernden Fluss. Es war ein tropischer Fluss, und er war von Palmen gesäumt. Aus dieser Höhe überblickte er die sich im Wind wiegenden Palmen, das Wasser und eine gewundene Straße, die an der lauten Stadt, einem Tempel und einer Schule mit lärmenden Kindern vorbeiführte.

Früher, als du ihn zum ersten Mal gesehen hattest, interessierte er sich sehr für Religion, war hochintelligent und ein heller Kopf. Seine religiösen Ansichten waren nicht orthodox, sondern in gewisser Weise revolutionär. Zu erkennen, dies war sein tiefster Wunsch. Damals hättest du gesagt, dass er dem wohl sein ganzes Leben widmen würde, denn er hatte vieles aufgegeben, was anderen lieb und teuer gewesen wäre. Auch auf eine aussichtsreiche Karriere hatte er deswegen verzichtet, eine Karriere, die ihm einiges Geld eingetragen hätte. Er war verheiratet, aber dies spielte in seinem Leben offenbar keine große Rolle. Er hatte sieben Kinder, aber sie waren wie etwas, das er im Traum gezeugt hatte. Du spürtest, dass er keine Verbindung zu ihnen hatte; obwohl er sich durchaus für sie interessierte, aber dies war eher etwas Intellektuelles, nichts, was er tief empfunden hätte. Inzwischen hatten diese Kinder eigene Berufe, ein eigenes Leben und eigene Kinder. Wahrscheinlich sah er sie nun nur sehr selten. Es war wie ein Mann, der die Hand ausstreckt, um ihnen auf die Schulter zu klopfen, eine Art zärtlich-distanzierter Anerkennung, dass sie bei einem dunklen Vorfall in ferner Vergangenheit aus ihm hervorgegangen waren.

Als er älter wurde, schien sein religiöser Eifer nachzulassen. Die Welt ergriff von ihm Besitz. Du konntest sehen, dass sie in ihn hineinkroch. Er merkte es kaum. Er wollte jemand sein in der religiösen Welt, was immer dies heißen mochte. Wahrscheinlich wäre er gern Erzbischof geworden, ein Stellvertreter Gottes oder irgendeines Mysteriums, aber dies war ihm zwischen den Fingern zerronnen und entschwunden. Wie ein Traumbild hatte ihm geschmeichelt, was er in einer spirituellen Welt hätte sein können, die er einst für lohnend gehalten hatte. Aber jetzt lag dies in weiter Ferne, ziemlich ausgedörrt und fast vergessen.

Er schrieb hochanspruchsvolle Bücher, in denen er dieses und jenes in sehr kompliziertem Stil erörterte, Zitate auf Sanskrit einflocht und in vergessenen Dingen neue Bedeutungsnuancen entdeckte. Die Bücher verkauften sich recht gut, doch einen Namen machte er sich damit nicht. Ihn hungerte nach den Reichtümern des Ruhms, und wieder wollten sie sich nicht recht einstellen. Du sahst ihn zwischen den Phasen religiösen und literarischen Lebens, und dann verlegte er sich auf mysteriöse Malerei, sehr farbintensiv und zutiefst bedeutungsvoll. Der Berg im strahlenden Licht der Abendsonne war für ihn nicht bloß ein Berg, sondern das, was dahinterstand – das Mysterium, das Symbol und die verborgene Herrlichkeit. Ein Baum war kein schlichter Baum mit schönen Ästen und Blättern – sie waren das Produkt von „Mutter Erde mit schwerem Leib und vollen Brüsten". Und eine Frau war die Mutter aller Mütter, angetan mit fantastischen Gewändern in allen Farben; ein Bild, das nur einige wenige Auserwählte verstanden. Und so ging es weiter. Er sagte, die Menschen schätzten die Schönheit seiner Gemälde nicht. Er hätte sie gerne verkauft; er sagte: „Ich gebe sie Ihnen in beliebiger Anzahl, wenn Sie sie verkaufen."

Ein paar Jahre später sahst du ihn wieder. Er hatte noch mehr zugenommen, war in sich noch rätselhafter geworden und beschäftigte sich nun mit einem bestimmten Aspekt, einem bestimmten Geheimnis, das er in heiligen Sanskrit-Schriften entdeckt hatte. Er schrieb Bücher darüber, aber der Hunger war immer noch da. Seine Freunde waren diejenigen, die dies alles mitmachten. Allmählich nahm es tragische Züge an. Selbst wenn das Haus brennen würde, wäre er immer noch bereit, jedem, der es wissen wollte, die Deutung eines uralten, in unbekannten Schriften versteckten Rätsels zu erklären. Das Haus stünde in Flammen, und er würde über all dies sprechen. In seinen Augen aber lag der hungrige Blick, der frustrierte Kummer und der Schmerz schwindenden Lebens, was ihm wahrscheinlich noch nicht einmal bewusst war; oder wenn er sich dessen bewusst war, war er doch in der Welt gefangen, die ihm nichts gegeben hatte.

Was also läuft schief mit uns? Wir beginnen so vielversprechend, biegen einmal falsch ab und verlieren uns in Dingen, die eigentlich überhaupt nicht wichtig sind. Was ist bei diesem Mann schiefgelaufen? Vielleicht ist das Wort *schief* nicht das richtige. Was hat ihn vernebelt? Was hat ihm die Augen verschlossen, sodass er nichts anderes mehr sehen konnte als die Verwirklichung seiner eigenen Wichtigkeit? Welcher Kummer hatte sich so sehr in sein Herz gefressen, dass er in seinem eigenen Schatten das Licht erkannte? Er wollte nicht mit dir sprechen und sich dem aussetzen.

War es der Stolz seiner Ethnie, den er nie hatte ablegen können und der ihn jetzt wieder einholte? War es der leere Brunnen seines Hauses, aus dem er zu trinken versuchte? Oder war es irgendein fantastisches Ideal? Er hatte mit dem Kommunismus herumexperimentiert, mit gesellschaftlichen Utopien gespielt. Oder lag es daran, dass er nie jemanden geliebt hatte? Das ist es; das ist das Zerstörerische. Ohne dies trinkst du aus einem Brunnen, dessen Wasser deinen Durst niemals löschen. Er hatte sich auf das Geheimnis und seine eigene kluge Auslegung des Wortes verlassen, und nun stand er mit leeren Händen da, sichtlich gealtert, und schaute aus der Höhe seiner Position auf ein Leben herab, das nie an sein Herz gerührt hatte. Das ist es; eben dies sorgt dafür, dass alles so kolossal schiefläuft, so erschreckend destruktiv wird.

Klugheit, Technik und die Begeisterung für gesellschaftliche Reformen werden ohne dieses Eine zur Reife eines kleinen Kindes. Ohne das Eine, das man nicht in Büchern, in keinem Gemälde und in keinem Geheimnis eines Symbols finden kann. Und wenn du dies nicht hast, geht alles schief. Dann tue, was du willst, nichts gelingt.

## 19
## Der Intellekt ist sehr begrenzt

Er war Viktorianer und hatte an einer der besten Universitäten studiert. Er war ein stattlicher Mann mit einem scharfen Blick, in dem, auch wenn er freundlich schaute, immer eine gewisse Grausamkeit lag. In ferner Vergangenheit war er Priester gewesen, und jetzt lebte er im tropischen Klima, weit weg von seiner Gemeinde, von den Dingen, die er für wichtig gehalten hatte. Er war zu einem ganz bestimmten Zweck nach Indien gekommen. Er mochte die Inder, hielt sie aber auf Distanz. Einige wenige ertrug er in seinem Zimmer. Wenn er ihnen draußen begegnete, war er sehr freundlich, höflich, grüßte sie nach ihrer Weise, aber mit einer gewissen Unnahbarkeit. Man konnte eigentlich nicht sagen, dass er ein grausamer Mensch war, aber ein Anflug davon war in ihm. Er war sehr ehrerbietig, ein königstreuer und autoritärer Mann.

Seine Ehrerbietung stieg oder sank gemäß seinen hierarchischen Ansichten. Er hatte große Hochachtung vor den Königen und Königinnen dieser Welt, war aber freundlich und nachsichtig gegenüber den Dienern, gegenüber den gewöhnlichen Menschen, denen er auf der Straße begegnete. In seiner Gegenwart achtete man sehr darauf, nur ja nichts Falsches zu sagen, nichts, was auch nur ansatzweise unpassend war. Man war auf der Hut, und das gefiel ihm. Er arbeitete den ganzen Tag am Schreibtisch, schrieb, diktierte, hielt Besprechungen ab und empfing Menschen, aber es bestand immer eine Distanz zwischen ihm und anderen, eine Distanz, die sich wahrscheinlich nie würde überbrücken lassen. Psychologisch war er völlig unbedarft, würde man sagen. Diese Ahnungslosigkeit verlieh ihm einen gewissen Charme. Er war stark konditioniert, und man fragte sich oft, wie es wohl in seinem Inneren aussah, wenn er denn überhaupt ein inneres Leben hatte, obwohl er sehr viel darüber sprach.

Das innere Leben ist etwas Seltsames. Es steht in keinem Verhältnis zum äußeren Leben, wenngleich sich Äußeres und Inneres begegnen. Man kann äußerlich sehr weit gekommen sein, viele Erfahrungen gemacht, Sinneseindrücke gesammelt haben und gut informiert sein, aber das innere Leben steht in keinem Verhältnis dazu. Auch wenn Äußeres und Inneres eine Bewegung sind, betrifft die äußere Pilgerreise doch das tiefe innere Leben nicht und dringt nicht bis zu ihm vor. So viel Wissen über die vielen Dinge der Erde und des Menschen man auch erwerben mag, so gut man alles zueinander in Beziehung setzen kann und so sehr man in der Lage ist, dies in einem Buch oder auf einem Podium oder im alltäglichen Gespräch widerzugeben – man fragt sich doch, ob dieses umfassende Wissen und diese große Erfahrung je die Tür zu etwas öffnet, das nicht in den Büchern steht und das der Geist nicht einkalkuliert hat.

Der Intellekt ist sehr begrenzt, denn er ist nur ein Bruchteil des ganzen weiten Lebensfelds. Die Grausamkeit und Bestimmtheit des Intellekts sind nicht das innere Leben. Er hatte das innere Leben, von dem er sprach, akribisch ausgearbeitet, sogar in Diagrammen. Man musste sie nur noch befolgen, und schon würden die Himmelstore aufgehen.

Es gab viele wie ihn. Etwa jener Mann, der im Radio viel von Wissenschaft sprach; er garantierte, wenn man bestimmte Dinge tue, werde man Gott innerhalb von zwölf Jahren finden. Tue dies und tue das und voilà, der Zauber wirkt. Es war alles so schablonenhaft, wurde aber mit großer Andacht vollzogen. Wenn es Konflikte gab, dann wurden sie einfach unterdrückt – im Namen des Höchsten. Alles, was nicht richtig war, packte man einfach weg, verschloss es mit dem Schlüssel der Entschlossenheit, und schon würde es nie wieder auftauchen. Wille, Entschlossenheit und der Ausschluss allen Begehrens waren der Weg zur Schönheit des Lebens.

Aber irgendwie mochtest du ihn, doch alles, was er sagte, hatte nicht viel zu bedeuten. Wahrscheinlich hatte er dies ebenfalls erkannt, und schon bald würde er dich fallenlassen. Wenn er dir begegnete, erwies er dir Respekt, aber die Mauer der Entschlossenheit, die euch trennte, war unüberwindlich; du warst auf der einen Seite und er auf der anderen. Als er älter wurde, kam auch alles Alte wieder, die Kirche, der Viktorianismus, der Ritualismus. Der Krieg machte es nur schlimmer. Er hasste den Feind mit echtem Hass und sprach doch darüber, nicht zu hassen. Man würde noch nicht einmal von Scheinheiligkeit sprechen; wenn man Skorpione oder die Giftschlangen hasste, dann tötete man sie eben, und noch beim Töten sagte man: „Es vergiftet, deshalb muss es vernichtet werden". Alles passte ins Muster der Entschlossenheit. Er war ein guter Mensch im herkömmlichen Sinne dieses Wortes, aber es war keine Güte, die aufblühte.

Er hatte einen sehr klaren Verstand, effizient wie eine gute Maschine, aber es fehlte etwas, jenes Eine, das einen himmelweiten Unterschied bewirkt hätte. Was war das? Er war sehr gebildet, weit gereist, kannte die Welt aus der Ferne, lebte das Leben eines Asketen, war mit sehr wenig zufrieden, genügsam und geläutert, rein und enthaltsam, nicht grob. Und doch fehlte etwas. Es muss schon seit früher Kindheit gefehlt haben, wie bei jenem Mann, der Wissenschaftler und nun religiös geworden war und die Schönheit Gottes garantierte, wenn man nur in einem bestimmten Zeitraum bestimmte Dinge tat. All diese Menschen, wenn man sie ansah, mit ihnen sprach, mit ihnen unterwegs war – was war es, das ihnen fehlte, welcher Duft?

War es das Verlangen nach Macht, das sie zerstörte und das Leben verzerrte? War es diese Achtung vor dem Höheren? War es der Gehorsam gegenüber einem ganz bestimmten Prinzip, einer Idee oder Formel? War es der tiefsitzende, mit den geschliffenen Worten der Vornehmheit übertünchte Egoismus? War es „das Bessere“ im Prozess des Werdens, die Selbstoptimierung, die zeitbindende Qualität des Erfolgs? War es die Hingabe an ein Ideal, gleich ob personifiziert oder nicht? War es gerade der Wunsch nach Selbstvergessenheit, der das Selbst stärkte? Oder war es die selbst erdachte psychische Entwicklung und die Schäbigkeit des eigenen Seins, die sich angeblich zu etwas Wunderbarem entwickelten; der Stolz auf den Fortschritt?

Du hast die Schönheit der Erde gesehen und das Licht über dem Fluss und einen Fischer, der vorüberging, nackt bis auf sein Lendentuch. Du hast aus dem Fenster gesehen, aber du bist nie neben dem Fischer gegangen. Du kannst dich mit dem Guten identifizieren und das Böse ablegen, aber diese Trennung und die Mauer der Entschlossenheit verderben dein ganzes Leben.

## 20
## Die positive Lebensanschauung ist destruktiv

Sie war mit einem sehr reichen Mann verheiratet und wohnte im Ritz. Man hätte sie wohl als mondäne Frau bezeichnet, gebildet, katholisch. Sie hatte sich stark sozial engagiert, wahrscheinlich eine Unmenge Bücher gelesen, war im herkömmlichen Sinne des Wortes ziemlich intelligent und sehr seriös. Es ist merkwürdig, wie so ein intelligenter Geist mit einer exakten Formel oder einer eindeutigen Methode versuchen sollte, etwas zu erkennen, dem man sich niemals auf intellektuelle oder emotionale Weise nähern kann.

Dieses Phänomen gibt es überall auf der Welt. Es sind sehr ernsthafte Menschen, die viel gearbeitet und wahrscheinlich zugunsten der Gesellschaft auf bestimmte Dinge verzichtet haben. Sie arbeiten unermüdlich, angetrieben von ihren Interessen und der Erkenntnis, dass etwas getan werden muss. Sie sind absolut überzeugt, dass man eine Methode braucht, so wie man in der Wirtschaft eine Methode hat, in einem politischen Wahlkampf, in einem gut organisierten religiösen Bezugssystem oder wenn man sich für soziale Belange einsetzt. Alle diese Tätigkeiten haben eindeutige Formeln, die auf wohlbekannten Prinzipien beruhen – klar, konkret und zweckmäßig. Bei allen gibt es eine Richtung, eine positive Aussage und Aufklärung. Diese Menschen bewegen sich immer vom Bekannten zum Bekannten, sie fühlen sich bei jedem Schritt sicher, wissen, wohin ihr Weg sie führt, sind positiv in ihrem Tun und in ihrem Ziel. Schließlich ist Bildung das Einpflanzen von Bekanntem in Bekanntes, eine Bewegung von Tatsache zu Tatsache, ohne Abwege, ohne grundlegendes Hinterfragen.

Sie sind nicht materialistisch, auch wenn sie sehr reich sein können. Sie hegen die Vermutung, dass es mehr gibt als körperliches Wohlbefinden, und sind nicht vollständig die Sklaven ihres Umfelds. Sie haben hart gearbeitet, sie haben hart gekämpft, und auch ihr Weltbild ist hart. Solchen Menschen begegnet man überall auf der Welt, nicht nur in Gestalt hochkultivierter Personen, sondern in Gestalt aller, die wach sind für die Katastrophen, die sich abspielen, für das Chaos, das die Politiker anrichten, aus persönlicher Eitelkeit oder um der Bedeutung ihrer Partei willen. Sie sind auch der großen Unruhe gewahr, die sich innerhalb des Musters religiöser Organisationen abspielt, sowie der allgemeinen Verwüstung, die Krieg und Engstirnigkeit anrichten. Sie sind hochintellektuell oder verheerend emotional, bewegen sich aber in dieselbe Richtung: Erneuerung der Welt und vage Sehnsüchte nach einem spirituellen Leben.

Dies ist die positive Lebensanschauung. Es ist ein Geist, der auf seinem Weg bis zum Ende alles sehr deutlich sehen muss. Das Ende muss ebenso klar, deutlich und präzise sein wie der Anfang. In dieser positiven Klarheit wird Disziplin eine subtile Form der Anpassung, die Freiheit verneint. Doch sie glauben, diese sehr positive Einstellung böte ihnen Freiheit. Diese Einstellung ist eigentlich materialistisch – ihre Götter, ihre Utopien, ihre gesellschaftlichen Reformen und Aktivitäten richten sich auf das Gute. Güte, die erkannt, Tugend, die geübt werden muss. Evolution ist die letztgültige Bewegung des Lebens; das ewige besser und immer besser werden.

Diese positive Einstellung, die so viel verspricht, ist im Grunde die destruktivste, denn in ihr gibt es keinerlei Freiheit, weder am Anfang noch am Ende. Die völlige Verneinung all dessen ist mit am schwierigsten zu verstehen. Alle Systeme und Methoden, die Freiheit versprechen, zu verneinen, ist Freiheit. Den Geist vom Positiven zu entleeren, von der Formel, dem Ideal, dem Erstreben einer Utopie, ist die positivste Handlung, in der allein eine grundlegende Revolution stattfinden kann. Die darin liegende Schönheit ist nicht unmittelbar erkennbar. Unmittelbar erkennbar sind für einen positiven Geist nur die Stufen der Leiter, und wo es keine Leiter gibt, die er erklimmen könnte, ist er verloren. Die Angst, auf der Leiter den Halt zu verlieren, sorgt dafür, dass immer neue Leitern erfunden werden. Man hört dies allenthalben – unter Hindus, unter Katholiken und unter Kommunisten. Sie beginnen mit einer zentralen These oder einem Glauben. Darum herum weben sie ihr Tuch, und eben dieses Tuch macht sie blind.

Es gibt eigentlich keine Trennung zwischen Positivem und Negativem. Nicht der Übergang vom einen zum anderen, sondern das Gewahrsein der Folgen des Positiven bringt unweigerlich das andere hervor; die vollständige Wahrnehmung des sogenannten Positiven, wozu auch Systeme, Methoden, Selbstoptimierung, der schrittweise Erfolgsprozess, die Bewegung von Bekanntem zu Bekanntem gehören. Die vollständige Wahrnehmung des sogenannten Positiven ist dessen vollständige Verneinung, und diese Verneinung hat ihre eigene radikale Bewegung.

## 21
## Das Leben ist nicht durch Ideen beherrschbar

Man begegnet ihnen überall auf der Welt, an Orten, an denen man nie damit gerechnet hättet, und wenn, dann ist man ziemlich überrascht. Sie sprechen mehr oder weniger im selben Jargon, mit derselben Autorität, erklären alles mit denselben Worten, und es wartet eine lange Liste von Patientinnen und Patienten auf sie. Man begegnet ihnen in einer abgelegenen Ecke Indiens, wo sie eine Gruppe führen, die völlig begeistert wirkt. Auf einen Rasen unter einem Baum kommen sie und setzen sich zu dir und diskutieren über Psychoanalyse. Erstaunlicherweise sind sie mehr oder weniger vom selben Schlag, ein wenig sonderbar, und zumeist gut situiert.

Sie haben ihre Gurus, ihre Ärzte, die sehr viele Menschen analysiert haben, und auch sie selbst haben sich einer Analyse unterzogen, im Allgemeinen sehr entschlossen. Sie sind aufgrund eigener Verwirrung dazu gekommen, und man hat den Eindruck, sie sind immer noch durcheinander, obwohl sie nun neue Formeln haben, und damit möchten sie anderen helfen. Wenn man ihnen begegnet, spürt man ihre Zuversicht. Sie sind sich sicher. Mit Worten und Erklärungen sind sie rasch bei der Hand. Sie strahlen eine gewisse Autorität aus, erworben durch langes und hartes Ringen, Erfahrung und Selbsterforschung, und in gewisser Weise sind sie Meister ihrer selbst geworden. Es scheint, als erwarteten sie, dass du ihnen Ehre erweist; sie erwarten deine aufmerksame Anerkennung ihrer Überlegenheit, deine Hochachtung für ihre Autorität und Reife. Es ist wie bei einem schönen Gebäude mit sehr wenig Licht im Inneren; ein Bauwerk aus Worten, Erklärungen und Erfolgen. Sie haben alle Erfolg; ihre Patienten machen sie zu dem, was sie sind, und ohne sie wären sie verloren. Die Fassade, die sie präsentieren, ist nicht sehr stabil; dahinter erkennst du ihre Anspannung, ihre Aggressivität, ihre Ängste und die Halsstarrigkeit der Wut. Sie sind wie alle anderen auch, nur haben sie ein neues Instrument in der Hand, und dieses Instrument hat große Bedeutung erlangt.

Noch einmal, man begegnet ihnen in allen Teilen der Welt, auf der sonnenbeschienenen Straße zum Fluss, würdevoll, allein, in safrangelbem Gewand, sauber, nur einmal am Tag Speise zu sich nehmend, und gelegentlich predigend oder still von Dorf zu Dorf ziehend; oder sie unterrichten die Gita und chanten Mantras vor großem Publikum; oder sie haben Ashrams, wo sie ihre Schüler im Meditieren, sozialer Arbeit, Geldsammeln und Bücherdrucken ausbilden; oder sie leben alleine in einem abgelegenen Dorf in den Bergen und sprechen fünfzehn Jahre lang kein Wort. In ihrer Einsamkeit sind sie physisch allein, in sich aber sind sie es nie. Man begegnet ihnen in Klöstern, angetan mit dunklen Gewändern und hellen Schärpen, wo sie sehr früh am Morgen aufstehen und beten, die Felder und Weingärten bestellen und die Gelübde, die sie abgelegt haben, streng einhalten.

Oder es sind die, die all dies hinter sich gelassen haben und aus dem Kloster, den religiösen Orden ausgeschieden, aber immer noch als Mönch konditioniert sind. Dann gibt es noch den Priester, der in seiner Gemeinde gute Arbeit leistet, sich aufrichtig um die Armen bemüht und versucht, ihnen das Leben etwas schöner zu machen. Der Missionar, der Mönch, der Priester und der Sannyasi sind mit ihren Formeln verheiratet, durch die Kultur ihres Umfelds konditioniert. Innerlich aber sind sie wie andere Menschen auch, unvollständig und in Verzweiflung und Einsamkeit lebend. Sie sind aggressiv, unbeweglich in ihrem Glauben, getrieben von Ideen. Man begegnet ihnen überall, dem Intellektuellen, der versucht, die Welt nach einer neuen politischen oder religiösen Theorie umzuformen. Häufig sind sie groß, dünn, nervös und entflammt von der eigenartigen Energie eines Geistes voller Ideen. Der Korridor der Ideen führt in die Finsternis, und die Intellektuellen erkennen dies hin und wieder. Dann treten sie der Kirche bei oder schließen sich einer östlichen Philosophie oder einem entsprechenden Glauben an, was für sie eine Art Suizid darstellt. Andere hingegen setzen ihrem Leben tatsächlich ein Ende.

Du beobachtest dies alles, den Psychologen, den Mönch und den Intellektuellen, und du siehst, dass Idee und Theorie dominieren. Was sein sollte, ist am wichtigsten; die verbale Struktur und die enorme Bedeutung, die dem Verständnis des Wortes beigemessen wird. Die Seichtigkeit des Wissens erkennen sie erst, wenn es zu spät ist, und als Ausweg aus ihrer verbalen Verwirrung wenden sie sich dann einem Glauben zu. Dies ist der merkwürdige Aspekt; die Harmonie des Lebens liegt nicht in der verbalen Aussage, in der endlosen Theorie dessen, was sein sollte, oder im Ideal. Sie leben in einer anderen Welt, auch wenn sie über diese Welt sprechen. Irgendwie spürst du, dass Leid in ihnen ist. Ihre Meditation, ihre Analyse, ihre intellektuellen Fähigkeiten können es nicht vertreiben. Sie malen, sie schreiben Bücher, sie lieben Musik, sie kennen die Künstler und schreiben wunderschöne Gedichte, aber die Last des Leids ruht auf ihnen. Sie leben in einer Welt der Ideen, Formeln und Theorien.

Dies ist nicht das Leben. Das Leben ist nicht durch Ideen beherrschbar oder nach Ideen gestaltbar. Deshalb hält das Leid an. Weisheit liegt nicht in der Welt der Formeln und Theorien, sondern nur im Beenden des Leids.

## 22
## Ist Schöpfung etwas anderes als Ausdruck?

„Ich würde gerne eine ganz einfache Frage stellen. Ich kenne viele Künstler ziemlich gut, nicht nur Maler und Musiker, sondern auch Schriftsteller und Bildhauer. Sie sprechen von Ausdruck, davon, etwas zu Papier zu bringen, mit den Händen Marmor zu behauen oder ein Gedicht zu schreiben. Für sie ist Ausdruck Teil der Schöpfung. Für sie ist er Schöpfung, und ohne diesen Ausdruck sind sie frustriert. Sie sind nicht mit dem zufrieden, was sie gestern gemalt haben, sie möchten etwas Neues schaffen und ausdrücken. Folgendes ist meine Frage: Ist Ausdruck Schöpfung, oder hat Schöpfung überhaupt nichts mit Ausdruck zu tun?"

*Selbstausdruck ist die Verneinung von Schöpfung. Wenn das Selbst Ausdruck verlangt, ganz gleich, in welcher Form, ob in der Kunst, in der Wirtschaft oder in der Familie, dann ist dies nicht Schöpfung. Es ist eine Form egoistischen Handelns, des Eigeninteresses, welches das „Ich" vergrößern, verherrlichen kann, und dies ist nicht Schöpfung.*

*Selbstausdruck verlangt Anerkennung durch die Gesellschaft, und die Gesellschaft ist, wenn man genau hinsieht, der Selbstausdruck von Millionen. Wenn es einem Künstler um Selbstausdruck geht, dann geht es ihm eigentlich um die gesellschaftliche Anerkennung dessen, was er auf die Leinwand bringt oder dem Muster einer bestimmten Gesellschaft angepasst hat. Selbstausdruck spielt sich nie auf dem Feld der Freiheit ab, und ein Künstler, der nicht frei ist, ist kein Künstler mehr.*

„Was also ist der Unterschied zwischen Selbstausdruck und Schöpfung?"

*Beschäftigen wir uns zunächst mit dem Wort* Schöpfung *– erschaffen, aufbauen, zur Welt bringen. Falls dies einen Hauch oder Anflug des Selbst hat, ist es keine schöpferische Bewegung mehr, denn das Selbst ist immer begrenzt, isoliert. Es trennt. Wo es Trennung gibt zwischen mir und dir, zwischen uns und ihnen, gibt es kein gemeinsames Aufbauen. Wenn es eine Bewegung ohne Aufsplitterung in „ich" und „du", in Ausdruck und Nichtausdruck oder in Schöpfung und Nichtschöpfung gibt, dann ist dies Schöpfung. Dies ist wahre Schöpfung.*

*Vielleicht sollten wir dieses Wort gar nicht verwenden; es ist etwas, das alle Worte und jegliches Maß übersteigt. Doch der Gebräuchlichkeit und des verbalen Verständnisses wegen werden wir es verwenden. Was hat Schöpfung mit einem Künstler zu tun, der sich mit Gedanken an Selbstverwirklichung, Frustration, Anerkennung, Wert, Position, Prestige, Eifersucht oder Ruhm trägt? Was hat dies mit dem anderen zu tun? Wie können die beiden zusammenkommen? Wie kann Dunkelheit ins Licht kommen oder Licht in die Dunkelheit? Gar nicht. Der Künstler, der sein Instrument sich selbst zu Ehren, für seinen eigenen Ruhm oder zum Geldanhäufen benutzt, braucht Selbstausdruck, ob er sich nun in völliger Isolation oder im Rampenlicht der ganzen Welt befindet.*

*Man fragt sich, warum es überhaupt dieses Verlangen nach Ausdruck gibt. Leben, in dem Sinne, von dem wir sprechen, ist Teil des Ausdrucks. Leben und Ausdruck sind nicht zu trennen. Wenn Sie nicht leben – im vollständigen Sinne der Bewegung in diesem Wort – dann hängen Sie an Ausdruck; dann wird Ausdruck außerordentlich wichtig. Wo es aber diese vollständige Bewegung des Lebens und Lebendigseins und den Sinn für Schönheit, Liebe und Tod gibt, wird Ausdruck ein ganz unbedeutender Teil davon; Sie mögen ausdrücken oder nicht ausdrücken. Wenn Sie aber großen Wert auf Entfaltung legen, dann verlieren Sie sich in der Welt des Konflikts.*

*Betonung des Ausdrucks ist die Verneinung von Schönheit. Das Wort* Individuum *bedeutet unteilbar, ganz, integral, aber die Betonung des Ausdrucks und das Verlangen nach Ausdruck kommt von jemandem, der in sich aufgesplittert ist, bruchstückhaft, unterteilt. Teilung ist keine Individualität. Wo es keine Teilung gibt, was die wahre Bedeutung des Individuums ist, gibt es kein Leid und nicht dieses unaufhörliche Verlangen nach Ausdruck oder Selbstentfaltung. Wo das Selbst nicht ist, wird die Frage nach Ausdruck oder Nichtausdruck außerordentlich trivial.*

## 23

## Wie verschwenden wir doch unser Leben!

Sie marschierten in einer langen Prozession, die Generäle mit ihren Auszeichnungen, strahlenden Uniformen, gefiederten Hüten, Messing-Brustharnischen, Schwertern und Sporen; die Dame in feierlicher Kleidung in ihrer Kutsche, umringt von Soldaten, dahinter weitere Uniformen, Zylinder. Die Menge bestaunte sie. Zu gerne wären sie selbst in dieser Prozession gewesen. Nimmt man diesen Menschen jedoch ihre Uniform, ihre Federn und ihre wohlklingenden Namen weg, dann sind sie wie die Leute am Straßenrand, gaffende Niemande. Es ist überall dasselbe: Name, Position, Prestige, darauf kommt es an. Der Schriftsteller, der Künstler, der Musiker, der Direktor, der Chef eines großen Unternehmens – wenn man ihnen den äußeren Pomp und ihr bisschen Status wegnimmt, was ist dann noch übrig? Es gibt zwei Dinge: Funktion und Status. Die Funktion wird ausgenutzt, um Status zu erlangen. Verwirrung entsteht, wenn wir einer Funktion einen Status zumessen, dennoch überlappen sich beide auch stets. Auf den Koch schaut man herab, und der Mann in Uniform wird geachtet. In dieser Prozession sind wir alle gefangen, Missachtung für den einen und Hochachtung für den anderen.

Man fragt sich, was übrig wäre, wenn man sich selbst den Status, den Glanz von Titeln, das Mobiliar, die toten Erinnerungen wegnähme. Wenn man Fähigkeiten hat, die nicht herabzumindern sind. Wenn solche Fähigkeiten allerdings dazu benutzt werden, Rang, Macht und Status zu erlangen, dann beginnt das Unheil. Die Fähigkeit wird ausgenutzt für Geld, Rang oder Status. Wenn man keine Fähigkeit hat, dann hat man vielleicht aufgrund von Geld, Familie, angestammten oder gesellschaftlichen Umständen dennoch Status. Dies alles ist Vulgarität. Und wir gehören dazu. Was macht uns so vulgär, so gewöhnlich und billig? Diese Hässlichkeit verhält sich direkt proportional zur Höhe des Status. Jeder, der diese endlose Prozession bestaunt, sind wir. Der Zuschauer, der staunt, erschafft erst den Status, den er bewundert, genau wie die Königin in ihrer goldenen Kutsche. Beide sind gleichermaßen vulgär.

Warum sind wir in diesem Strom gefangen? Warum beteiligen wir uns daran? Das Publikum ist für das Spektakel ebenso verantwortlich wie die, die auf der Bühne herumstolzieren. Wir sind die Schauspieler und das Publikum. Wenn wir uns gegen die Zurschaustellung von Status wenden, dann nicht, weil wir Status ablehnen, sondern vielmehr, weil wir ihm Bedeutung beimessen; wir wären gerne selbst auf der Bühne – „oder zumindest mein Sohn …". Wir lesen dies alles und lächeln vielleicht ironisch oder verbittert und denken über die Eitelkeit des Spektakels nach, aber wir schauen uns die Prozession an. Warum können wir beim Zuschauen nicht herzlich lachen und dies alles von uns werfen? Um es von uns zu werfen, müssen wir es innerlich von uns werfen, nicht nur äußerlich.

Deshalb entsagt man der Welt und wird Mönch oder Sannyasi. Auch aber dort gibt es in eigener Weise Status, Rang und Illusion. Die Gesellschaft macht den Sannyasi, und der Sannyasi ist die Reaktion auf die Gesellschaft. Auch hier gibt es die Vulgarität und die Parade. Gäbe es den Mönch, wenn es keine Anerkennung für den Mönch gäbe? Ist diese lobende Anerkennung etwas anderes als die Anerkennung für die Generäle? Wir sind alle Teil dieses Spiels, und warum spielen wir es? Liegt es an der großen inneren Armut, an der völligen Unzulänglichkeit in uns, die weder Bücher noch Priester noch Güter oder ein Publikum je füllen können? Weder Ihr

Freund noch Ihre Frau können sie füllen. Liegt es daran, dass wir Angst haben, mit der Vergangenheit zu leben, mit dem Tod?

Wie verschwenden wir doch unser Leben! Ob in der Prozession oder an ihrem Rande, solange diese schmerzende Leere bleibt, sind wir immer Teil von ihr. Dies macht uns vulgär und ängstlich, deshalb binden wir uns und werden abhängig. Der ganze Wettstreit der Prozession geht weiter, ob Sie nun mitmarschieren oder sie von der Tribüne aus bewundern. Dies alles sein zu lassen, heißt, frei zu sein von dieser Leere. Wenn Sie versuchen oder beschließen, sie zu verlassen, können Sie dies nicht, denn sie ist Sie. Sie sind aus ihr, deshalb können Sie nichts dagegen tun. Die Verneinung dieser Vulgarität, die Sie sind, ist Freiheit von dieser Leere. Diese Verneinung ist der Akt völligen Nichthandelns im Hinblick auf die Leere.

## 24
## Alles Suchen entspringt aus Leere und Angst

Man findet ihn an den Ufern des Ganges, schmutzig, nackt, ausgemergelt, wild, schlammverkrustet und behängt mit Holzperlen. Er hat gelobt, sich nie zu waschen, nie zu sprechen und sein langes, verfilztes Haar nie zu kämmen. Er ist zu kaum mehr als einem Tier geworden, wütend und gerissen.

Man findet ihn etwas weiter oben am Fluss, sauber, elegant in Seide gewandet, seriös, in gewisser Weise kultiviert und gelehrt, wie er Vorträge vor einer ekstatischen Gruppe von Jüngern hält.

Man findet ihn allein, sehr sauber, gekleidet in eine safrangelbe Robe und mit einem Stab in der Hand, sich von allem fernhaltend, würdevoll, schlank und von strahlender Gesundheit. Er wird kaum mit einem sprechen, und wenn doch, dann liegt etwas Gewisses in seiner Stimme. Seine Augen sind klar und haben etwas Distinguiertes. Um ihn sind Strenge, Enthaltsamkeit und Schönheit.

Man findet ihn in dem großen Haus mit Hunderten Schülerinnen und Schülern aller Art – Anwälten, pensionierten Richtern, berühmten Filmstars aus Ost und West. Er spricht Sanskrit und kann aus den uralten Veden zitieren, er kann erklären, was die Wahrheit ist und wie man meditiert. Ohne es ausdrücklich zu sagen, gibt er doch deutlich zu verstehen, dass er täglich mit Gott kommuniziert. Er kann ein gutes Wort für einen einlegen. Außerdem gibt es einen ungeschriebenen Vertrag, wonach er einen, wenn man bestimmte Dinge gemäß seiner Anweisung tut, nach sehr vielen Jahren zu Gott führen kann.

Man findet sie in einem anderen großen Haus mit Tausenden Anhängerinnen und Anhängern aus aller Welt. Ihre Schülerinnen und Schüler behängen sie mit Blütenkränzen und baden und füttern sie auch. Sie schieben ihr das Essen in den Mund, denn sie ist zu weltenthoben, um selbst zu essen, und lebt auf einer anderen Bewusstseinsebene. So sagen sie zumindest. Ist dies Ekstase, ist es Hysterie, ist es Halluzination? Die Anhängerinnen und Anhänger befinden sich in heller Aufregung und umschwirren sie mit Obst, Blumen, Räucherwerk, Zimbeln und Trommeln. Stundenlang chanten sie hypnotisch ihren Namen und klatschen dabei in die Hände.

Man findet ihn in einem schmutzigen Zimmerchen, wo Ratten und Mäuse sich unter dem Bett tummeln, auf dem er sitzt, eine aufgequollene Gestalt, unrasiert, schmutzig. Auf seinem Gesicht liegt ein ungesunder entrückter Ausdruck. Er ist ein großer Gelehrter. Brahmanen kommen von überallher, um zu seinen heiligen Füßen zu sitzen. Er kennt die Schriften in- und auswendig und kann stundenlang aus ihnen zitieren. Zwischen den Büchern auf dem Boden liegt Schokoladenpapier, und Mäuse knabbern die Krümel auf.

Man findet ihn in einer Höhle sitzend. Sein Gesicht strahlt etwas Schönes aus. Er ist geistreich, hat aber offenbar wenig zu sagen. Anhänger sitzen in der Stille um ihn herum, und diese Stille scheint alle ihre Probleme zu lösen. Natürlich tobt neben dem großen Mann auch immer der Kampf um Macht und Positionen.

Man findet sie in ihrer sehr effizient geführten, florierenden Kolonie von Anhängerinnen und Anhängern. Menschen kommen von weither, um die Schule, die Wasserwerke und die Druckerpresse zu sehen. Sie wirkt sehr zerbrechlich, aber alle fürchten sie und gehorchen ihr. Mit eisernem Besen regiert sie ihr Leben bis ins Intimste hinein.

Man findet ihn in Schwarz oder strahlendes Scharlachrot gekleidet in Rom, wo er in seinem Glauben, seiner Praxis, seinen Ritualen und Dogmen langsam vor sich hin stirbt. Er betreibt Gottes Geschäft. Gott wird sich nicht undankbar erweisen, eines Tages wird er ihn zum Bischof oder zum Papst machen. All die herrlichen Rituale, die Juwelen, die Entbehrungen und die stille Gewissheit, in dieser fest etablierten Tradition den einzig richtigen Weg gefunden zu haben, sind ihm sicher. Es gibt Wohlstand, Macht, Wissen und die Heiligkeit der Zeit. Er steht in den Kathedralen, den lokalen Pfarrkirchen, auf einer protestantischen Kanzel, im großen Haus an der Park Avenue. Er ist über die ganze Welt verstreut und bekehrt, weist zurecht, überredet. Je nach den politischen Möglichkeiten seiner Zeit und seines Ortes hat er mehr oder weniger gewaltsam überredet. Er gründet Schulen, Krankenhäuser und verschiedene andere gute Werke.

Es gibt ihn in allen Farben und Schattierungen in allen Teilen der Welt, und er versucht mit jedem nur erdenklichen Trick, Gott für sich zu vereinnahmen. Er wird Hindu oder Katholik oder Buddhist oder geht in ein Kloster, um über Worte zu meditieren. Oder er fragt sich endlos, wie eine gewisse Gans in eine gewisse Flasche gekommen ist. Er ist immer auf der Suche nach Gott, der Wahrheit, einem versprochenen Himmel, einer Schönheit nicht von dieser Welt, einer nicht nachlassenden Ekstase, einer transzendenten Erfahrung, einem Frieden, der höher ist als jeder Verstand, einer Liebe, die alles umfasst.

Und das Leben geht vorüber.

Merkwürdigerweise scheinen alle diese Menschen mehr oder weniger dieselbe Person zu sein, nur in unterschiedlichem Gewand, mit anderen Phrasen auf den Lippen, anderen Tricks im Repertoire und mit anderen Formeln oder Glaubenssystemen.

Und das Leben geht vorüber.

Was ist es, was sie alle wollen? Sie wollen etwas erkennen, das nicht von dieser Welt ist; denn diese Welt hat sie einsam, leer, unglücklich und mittelmäßig gemacht. Manche glauben, sie haben etwas erreicht, erkannt oder erfahren; und sie sind bereit, dies für einen pekuniären oder psychischen Preis an einen weiterzugeben. Sie wissen – und man selber nicht. Ihr Wissen ist ihr Untergang. Diejenigen, die zu wissen behaupten, ob in Rom, Benares, Mekka, Tokio, New York oder Moskau, sind alle das Produkt ihres Umfelds, und was sie wissen, ist das, was ihre Unwissenheit zu wissen verlangte. Was sie wissen, ist deshalb ihre Unwissenheit. Die Erkenntnis ihres Atmans ist das bereits Bekannte. Das Wort Christi hat für sie nur Gültigkeit, weil sie darauf konditioniert worden sind, es zu glauben. Der Muslim mit seinem starrsinnigen Dogmatismus ist undurchdringlich, und der Hindu und der Buddhist und der Christ ebenso.

Finden wir so die Wahrheit? Ist dies der Weg zum Erhabenen?

Woran liegt es, dass sie alle so schlau und hochintellektuell sind, mit außergewöhnlich raffinierten traditionellen Argumenten? Woran liegt es, dass sie dies alles nicht hinterfragt haben? Woran liegt es, dass sie Autorität überhaupt akzeptieren? Dem Weg eines anderen zu folgen, heißt, in seinem Schatten zu gehen. Im Schatten oder im Symbol kann man niemals Licht finden. Sie setzen sich mit dir auseinander, aber ihre Verankerung werden sie niemals loslassen, denn dann bricht die gesamte Struktur, die sie beieinander hält, in sich zusammen. Sie fürchten sich. Diese Angst ist es, die sie glauben, praktizieren, meditieren lässt, die sie dazu bringt, sich mit der Liebe und der Suche nach Gott zu beschäftigen. Diese Angst ist also überall. Angst ist diese Leere, die in uns allen ist, und wir versuchen, sie mit zahllosen Rezepten zu füllen – für Gott, gute Werke, göttliches Wissen, weltliches Wissen, Vergnügen und Unterhaltung in religiöser und anderer Hinsicht. Aber sie ist immer da, diese Leere und Angst.

In ihrer Leere praktizieren sie also etwas, das ihre Angst als großartig empfindet, und verbleiben in der Leere. Wenn man ihnen ihren Jargon, ihre Gewänder, ihre Formen und heiligen Gewissheiten nimmt, was bleibt dann noch? Dumpfe, schmerzhafte Leere und die Angst, nichts zu sein. Die Schönheit des Lebens geht vorüber. Können Sie und ich über dieses Suchen, diese Qualen, dieses Tun aus Leere und Angst hinausgelangen? Wenn nicht, sind wir dazu bestimmt, unseren Weg in der Finsternis zu gehen. In der Finsternis gibt es kein Licht der Erkenntnis. Licht ist nicht am Ende von Furcht und Finsternis; es ist da, wenn man hinzuschauen weiß. Dies zu sehen, ist das Größte.

Alles Suchen entspringt aus Leere und Angst. Dies zu sehen, heißt, alles abzulegen. Die Hoffnung auf das Finden ist weniger wichtig als der Grund, warum wir suchen. Wenn wir erkennen, dass dieses Suchen von Leere und Angst herkommt, hat es keine Bedeutung mehr; aber kommt diese Leere und Angst dann in anderer Form zum Ausdruck? Wenn ja, dann stehen Sie wieder an den Ufern des Ganges, wenn auch dieses Mal vielleicht in einem Nachtclub. Wenn Leere und Angst in keiner Weise mehr zum Ausdruck kommen, ist dann noch irgendetwas davon übrig? Weglaufen und Verstecken sorgen dafür, dass sie weiterbesteht.

Gibt es ein anderes Handeln, das nicht aus Leere und Angst entspringt? Gibt es eine Lebensweise, die aus sich heraus heilig ist? Wenn sie zu finden ist, dann *hier*, in dem Handeln in Beziehung, das unser Leben ist, und nicht im Jenseits. Liebe ist hier, nicht dort. Und die Schönheit des Blattes ist Liebe.

## 25
## Kann ich den Verfall in mir aufhalten?

Da war er, der graue Mann. Er war durch und durch grau. In seinem Gang, in seiner Körperhaltung, in der Art, wie er den Kopf hängen ließ, stimmte etwas ganz und gar nicht. Man sah Anspannung, Wut, Arroganz und Gerissenheit. Psychisch war er wie ein Tier, das sich im Zaum hielt, sich sprungbereit duckte. Um ihn war Angst, Erschöpfung und Wut. Er kam aus einer uralten indischen Kaste und war sehr stolz darauf. Irgendwie brachte er es fertig, die spezielle Arroganz dieser Herkunft in seine westliche Umgebung und Kleidung mit hinüberzunehmen. Seine Hosenbeine waren hochgekrempelt, und er schlurfte in seinen Hausschuhen. Der Blick war hart, und der Tonfall jammernd. Sein Ton vermittelte subtilste Schmeicheleien oder Drohungen, je nachdem, wer man war und was er im Moment von einem wollte. Er behandelte einen mit einem festen Repertoire geistiger und körperlicher Haltungen, und man wusste, dass jeweils eine ganz bestimmte Reaktion von einem erwartet wurde. Sein ganzes Wesen war verhärtet und spröde.

Man konnte über nichts mit ihm sprechen, ohne dass er wütend wurde. Er war ein äußerst frustrierter Mann. Gelegentlich, vielleicht nach ein paar Gläsern, wurde seine Haltung vertraulich und sentimental. Als er jung war, muss er ziemlich nett gewesen sein. Es hieß, er habe gerne Witze gemacht, aber selbst die seien etwas eigenartig gewesen. Sie hatten etwas Grausames, Quälendes und Schikanierendes. Dieses Bild von einem Mann war Härte, Kälte, Berechnung, Grausamkeit und Verbitterung. Außerdem konnte man sehen, dass er auch selbst viel gelitten hatte; es war, als trage er nun die Spuren all seiner Aggressionen. Seine Augen, die einst gefunkelt hatten, waren jetzt grau und leblos. Er war ein gebrochener Mann und brachte es fertig, einem recht deutlich zu vermitteln, dass man die Schuld daran trug.

Wie ist dies geschehen? War es sein Fehler oder deiner? Lag es am Umfeld, oder war die Saat des Verderbens bereits angelegt? Was ist schiefgegangen? Lag es an seinen großen Hoffnungen, die sich nicht erfüllten? Nur sehr wenige Menschen hatten je so viele Chancen, so viel Unterstützung, Bildung und Freiheit. Er wollte immer der Erste sein. Jetzt war er der Letzte von allen. Was war geschehen? Wie verschwenden wir doch unser Leben! Wir machen Fehler, erzählen Lügengeschichten, werden wütend, laufen Frauen hinterher, aber dies zerstört uns nicht. Dies alles können wir ändern, sollten wir ändern und tun dies auch. Aber dieser Mann war unverbesserlich. Was war schiefgelaufen?

Wir zerstören uns mit unseren Stimmungen, unserem Hochgefühl, unserer Niedergeschlagenheit. Wir sind zu stolz, um uns zu hinterfragen oder von anderen hinterfragen zu lassen. Wir verweigern uns der Kritik. Wir verschließen uns jeder Beziehung, die die Tür zu unserem Geist und unserem Herzen öffnen könnte. Wir werden so gerissen in unserem Widerstand, dass er uns mit dem Alter immer leichter fällt. Wir bringen es fertig, stets anderen die Schuld zuzuschieben. Wir hacken auf den Fehlern anderer herum, um unsere eigenen zu vertuschen. Wir werden zutiefst argwöhnisch, und jede Bemerkung, jede Tat wird zweideutig. Man wird immer verschlossener, einsamer, isolierter. Wäre dies alles zu verhindern gewesen? Und wer soll es verhindern? Die Welt, Sie oder ich?

Kann ich meine eigene Zerstörung verhindern? Kann ich mich nicht zerstören? Wenn ich mich selbst nicht zerstöre, zerstöre ich auch niemand anderen. Wie kann ich den Verfall in mir aufhalten? Diese Welle der Degeneration ist ständig hinter mir her, es gibt nicht die kleinste Atempause. Wie ist dies aufzuhalten? Stellt man sich diese Frage überhaupt irgendwann, oder stellt man sie erst, wenn einem die Stunde bereits geschlagen hat? Dann ist es natürlich zu spät. Wann ist der richtige Moment, diese Frage zu stellen? Der Unverbesserliche kann diese Frage nicht stellen. Er kann beichten, alle nur vorstellbaren Götter besänftigen, Wiedergutmachung leisten, tiefe Reue zeigen, aber all dies ist das Verhalten eines Mannes, der bereits tot ist. Es ist zu spät. Also fragt man sich, wann ist der richtige Zeitpunkt, um das Verderben aufzuhalten? In der Jugend? Wann ist es zu spät?

Es hat nichts mit Alter, Zeit oder Umständen zu tun. Gerade weil wir uns auf Alter, Zeit und Umstände verlassen, werden wir zerstört. Diese Abhängigkeit ist die Saat der Zerstörung.

Wir verlassen uns auf äußere Dinge, um Erfüllung zu finden. Diese Erfüllung kommt nie. Stattdessen kommt dieser graue Mann. Die Schuld an dieser Grauheit geben wir der Welt, denn die Welt ist grau. Aber sie ist grau, weil Sie und ich und wir alle sie dazu gemacht haben. Wir geben uns selbst die Schuld. Ich gebe mir äußerlich die Schuld für das, was ich innerlich bin. Es gibt nur ein Wesen, nicht zwei. Ich gebe mir die Schuld, aber ich weiß es nicht. Ich bin für meinen Ruin selbst verantwortlich. Daher verfluche ich mich, und dies zurecht, aber ich weiß nicht, dass ich es bin! Was also soll ich tun?

Der Ruin ist da und schreit mir ins Gesicht. Anscheinend kommt er von außen, aber das Äußere wird vom Inneren gemacht und ist dasselbe. Ich bin der Erzeuger von allem. Was kann ich tun? Was können Sie tun? Können Sie sich diese Frage wirklich allen Ernstes für sich selbst stellen? Wenn Sie diese Frage stellen, haben Sie die Kraft und den Ernst. Wenn Sie diese Frage stellen, schieben Sie alle anderen Umstände beiseite – Zeit, Alter, die Welt. Hier gibt es keine Morbidität, Niedergeschlagenheit oder Hoffnung. Sie stehen vor etwas Gewaltigem. Wenn Sie vor einer so gewaltigen Herausforderung stehen, haben Sie die Energie, sie anzugehen. Weil Sie absolut sicher sind, dass Sie selbst für alles verantwortlich sind, halten Sie Ihren Verfall auf.

Sie haben der Welt und anderen die Schuld gegeben. Dies hat viel Energie gekostet und Sie ruiniert. Sie hören auf, anderen die Schuld zuzuschieben. Diese Energie ist nun da. Diese Energiekonzentration ist der Anfang vom Ende des Niedergangs. Diese Energie ist nicht meine oder die der Welt. Sie ist Intelligenz.

## 26
## In welcher Tiefe möchten Sie Ordnung?

Es war ein bezaubernder Morgen. Nach starkem Regen war der Himmel von einem intensiven Blau. Mit einem lauten Rauschen, welches das ganze Tal erfüllte, strömte der Fluss dahin. Die schneebedeckten Berge hoben sich außergewöhnlich klar vom blauen Himmel ab. Es herrschte eine unglaubliche Frische, als sei die Erde eben erst geboren und als schautest du mit Augen, die diese Berge noch nie gesehen haben. Die Wiesen, die Hügel und die Berge schienen Himmel und Erde auszufüllen und sich endlos weiter auszudehnen. Eben berührte die Sonne die Berggipfel, und hoch oben verfärbte der Schnee sich rosa.

Das Tal lag im Schatten im Gedenken an gestriges Licht. Schon bald würde die Sonne es erfüllen und der Lärm des Tages beginnen. Aber während du die Sonne auf diesen Gipfeln beobachtetest, so leicht und zart, wurdest du ebenso leicht und zart, und ihre Schönheit erfüllte dich. Du warst Teil von allem und nicht getrennt von dem Licht auf den Gipfeln und vom Rauschen des Flusses. Es war wirklich ein außergewöhnlich schöner Morgen, ein großes Versprechen.

Eine Elster flog vom Baum auf und gesellte sich zu ihrem Partner auf dem Feld unmittelbar unter dir. Sie waren sehr scheu, untereinander aber sehr redselig. Wenn man sich ihnen näherte, flogen sie entweder davon oder verstummten. Sie waren ziemlich grausame Vögel, töteten sie doch kleine Mäuse und Vögel.

Er war ein jüngerer Herr, gut gekleidet und von sparsamer Gestik. Er hatte eine angenehme Stimme und eine gute Ausdrucksweise, was ihm wahrscheinlich mehr Freude bereitete als ein gutes Essen. „Ich glaube, das verstehe ich nicht“, sagte er. „Sie verwenden Worte, die eine besondere Bedeutung haben und für mich womöglich gar keinen Sinn ergeben. Sie geben den Worten offenbar eine bestimmte Nuance oder Gewichtung, die mir entgeht. Während ich noch versuche zu verstehen, was Sie sagen, sind Sie bereits bei neuen Worten und Ideen. Vielleicht wäre es eine Hilfe, wenn Sie bei einer oder zwei Ideen oder Themen bleiben und vertieft auf sie eingehen könnten.

Ich bin ein schwer gestörter Mensch, vielleicht noch ein wenig mehr als andere, aber ich war bei keinem Analytiker. Mich verstört meine Familie, die Beziehung zu meiner Frau, mein Beruf, und ich bin allgemein unzufrieden mit dem Stand der Dinge. Wie kann ich angesichts dieser wachsenden Unzufriedenheit und des damit verbundenen Unglücks Ordnung in mein Leben bringen? Ich möchte, wenn möglich, in dieser verrückten Welt ein geistig gesundes und ordentliches Leben führen.“

*In welcher Tiefe möchten Sie Ordnung? Möchten Sie sie auf einer oberflächlichen Ebene oder an den Wurzeln Ihres Wesens? Möchten Sie Ordnung bei der Arbeit, getrennt von der Ordnung in der Familie, welche sich wiederum von der Ordnung in Ihrem Inneren unterscheidet? Möchten Sie eine bruchstückhafte oder eine vollständige Ordnung? Auf bruchstückhafte oder aufgesplitterte Ordnung folgt Unordnung.*

*Was bedeutet das Wort* Ordnung*? Es gibt Ordnung, die einem Befriedigung, Trost und ein Gefühl der Sicherheit verschafft. Es gibt die Ordnung des Widerstands, hinter der Unordnung stecken kann. Es gibt Ordnung in der Umgebung, dort draußen, und Ordnung hier in Ihrem Inneren. Eine feste Ordnung wird zur Gewohnheit, und man lebt mechanisch.*

„Für mich ist Ordnung eine Geistesverfassung, die sich nicht so einfach aus der Ruhe bringen lässt; ein regelmäßiges, ordentliches, wohlausgewogenes Leben zu führen. Ordnung bedeutet nicht, dass jeder Tag einem bestimmten Muster folgt, sondern sie ist aktiv, treibt einen an und überwindet Schwierigkeiten, emotionaler oder anderer Art. Ich möchte Ordnung im Äußeren, und ich hätte auch gerne einen Anflug von Ordnung im Inneren. Ich verwende das Wort Anflug, weil ich wirklich nicht weiß, was es heißt, ein ordentliches Leben zu führen, ohne dass es monoton, stumpfsinnig und wertlos wird. Ein ordentliches Leben nach einer Vorlage ist offensichtlich eine dumme Lebensweise. Ich habe Unordnung, Widerspruch und die Gemeinheit des Lebens kennengelernt."

*Je unordentlicher, widersprüchlicher und verwirrender ein Leben ist, desto größer der neurotische Zustand des Gehirns. Das Gehirn braucht Ordnung, aber nicht die Ordnung der Angepasstheit. Nur wenn es frei funktionieren kann, ohne Störung, ohne Widerspruch, errichtet das Gehirn seine eigene Ordnung. Ein solches Gehirn ist gesund, objektiv und unemotional; es lebt mit Tatsachen und nicht mit Meinungen oder toten Erinnerungen an gestern. Ein solches Gehirn lässt in seinen Beziehungen eine ordnende Qualität entstehen, die gerade nicht Verwirrung, Unordnung und Leid erzeugt.*

*Kann es soziale Ordnung geben ohne Ordnung im eigenen Inneren? Die gesellschaftliche Unordnung mit ihrer Ungerechtigkeit ist das Produkt unserer eigenen Unordnung, unserer eigenen inneren Verwirrung.*

*Es wird die innere Unordnung nicht beseitigen, wenn man den Schwerpunkt auf gesellschaftliche Ordnung legt. Gewiss, die beiden müssen sich gemeinsam entwickeln, nicht als getrennte Bewegungen. Wie wir gefragt haben: Auf welcher Ebene seines Wesens möchte man Ordnung?*

*Dieses Wort ist ziemlich hässlich, militaristisch und tyrannisch. Diktatoren wollen Ordnung und das Militär ebenso – präzise, regelmäßig, respektabel und angepasst. Alles, was nicht in dieses Muster passt, gilt als unordentlich. Der Tyrann, der Diktator vernichtet diejenigen, die Unordnung in das bringen können, was er als Ordnung betrachtet, als soziales Gut, und unterdrückt damit jegliche Form der Freiheit, die ja Unordnung bringen könnte.*

*Kann sich das Gehirn, das sich in Verwirrung entwickelt hat und darauf konditioniert ist, das Chaos und das Leid zu akzeptieren, angesichts all dessen – der verschiedenen Anforderungen und Ausdrucksformen von Ordnung, der außergewöhnlichen Ordnung des Universums und der großen Unordnung der Menschen – befreien und gerade in dieser Selbstbefreiung aus der Unordnung seine eigene Ordnung entwerfen?*

*Unordnung kann niemals Raum geben, in dem Güte erblühen kann. Das innerste Wesen oder die Wurzel der Unordnung ist egozentrische Bewegung oder Aktivität – das „Ich", das sich ständig isoliert, das um sich herum eine Abwehrmauer aus Anpassung, Akzeptanz und Verneinung baut. Dieses nachgiebige „Ich" mit seinen Ambitionen, seinen Vergleichen, seinen Ansprüchen, seiner Aggression und seinem Konkurrenzdenken erzeugt mit seinem egozentrischen Verhalten Unordnung. Dies geschieht äußerlich in der Gesellschaft und auch innerlich innerhalb der Strukturen unseres eigenen Denkens, unserer Erinnerungen und unserer Absichten. Wo dieses Treiben ist, ist kein Raum für die Entstehung von etwas Neuem. Freiheit und Raum werden zu einer Idee, etwas, was ein „Ich" erreichen oder wonach es streben muss. Dies zerstört eben jene Freiheit, in der allein Ordnung sein kann.*

*Das Gehirn braucht Ordnung, damit es ohne Verzerrung und ohne Widerstand frei und vollständig funktionieren kann. Um funktionieren zu können, braucht es Raum, und dieser Raum wird ihm verweigert, wenn das Ich am Werk ist.*

„Ich bin hierhergekommen, um eine gewisse Ordnung zu finden, und Sie bieten mir etwas an, das für mein tägliches Leben so zerstörerisch ist, dass ich Angst davor habe und mir keineswegs sicher bin, dass ich es überhaupt will. Was ich wirklich möchte, ist ein gewisser Halt im Leben, ein normales Bild von mir, mit dem ich mir etwas vormachen kann. Aber Sie beseitigen alle diese Bilder und weisen darauf hin, dass jedes Bild ein Produkt des Denkens ist. Wahrscheinlich werde ich in meiner Unordnung mit meiner Unzufriedenheit weiterleben, in der Hoffnung, dass die Saat, die Sie mir gezeigt haben, aufgeht, ohne dass ich es merke. Wenn es soweit ist, weiß ich, dass ich mich damit auseinandersetzen muss."

*Sie versuchen, etwas auf einen künftigen Zeitpunkt aufzuschieben, was jetzt angegangen werden kann und muss. Im* Jetzt *gibt es keine Zukunft. Es ist da, damit Sie hinschauen. Erfinden Sie nicht die Zukunft, sondern seien Sie vielmehr ehrlich und sagen Sie: „Ich will nicht hinsehen". Das ist wesentlich gesünder und vernünftiger, als sich zu sagen: „Ich hoffe, ich habe künftig einmal den Mut, den Tatsachen ins Auge zu sehen", was nur zu einer großen Selbsttäuschung und Scheinheiligkeit führt.*

## 27
## Übung macht keine Weisheit

Er hatte diesen merkwürdigen Stolz, erreicht zu haben, was er sich vorgenommen hatte. Hinzu kam der Stolz darauf, dass er ein achtbares, rechtschaffenes Leben führte. Er sagte, er sei schon sein Leben lang Vegetarier, habe noch nie getrunken oder geraucht, und sein Sexualleben beschränke sich auf seine Frau. Er war recht gut gekleidet und wirkte wohlhabend. Als er sich setzte, nahm er eine Haltung ein, die ihm ziemlich gut entsprach. Er war in gewisser Weise respektvoll, aber mit einem angedeuteten Anflug von Herablassung. Er sprach wort- und gestenreich, mit jenem merkwürdigen Hauch von Arroganz, der sich bei großem Wissen und Erfolg einstellt. Er sagte, er habe Bücher geschrieben, und war überrascht, dass wir sie nicht gelesen hatten. Für ihn war es selbstverständlich, dass man ihn kannte.

„Ich bin Buddhist. Ich halte mich an die Lehren; ich war in mehreren Klöstern und praktiziere Meditation und Achtsamkeit. Ich sehe, dass Sie viel über Achtsamkeit und Aufmerksamkeit sprechen. Ich nehme an, Sie praktizieren beides ebenfalls, und möchte fragen, wo Sie dies gelernt haben oder welchem Buch Sie entnommen haben, worüber Sie sprechen. Ich habe einen Ihrer Vorträge besucht, und das hat mich durchaus interessiert. Was bedeutet Achtsamkeit für Sie?“

*Bevor wir darauf eingehen – ist es nicht merkwürdig, dass wir nie fragen, warum wir uns Buddhisten, Sufis oder Christen nennen? Warum gehören wir überhaupt irgendetwas an, einer Gruppe, einer Nationalität oder Glaubensrichtung? Wir sind Menschen mit all ihren Problemen und ihrem Leid. Es liegt Stolz in der Behauptung, zu etwas zu gehören, offen oder insgeheim, dies hebt uns von anderen ab, trennt uns von ihnen. Es ist wie bei einem Mann, der sagt, er sei Kommunist, als wäre dies die größtmögliche Errungenschaft. Es erzeugt eine gewisse Abgrenzung. Damit wird das Etikett weitaus wichtiger als der Mensch. Dies ist verheerend für alle zwischenmenschlichen Beziehungen, denn es leugnet die Liebe.*

*Die Achtsamkeit von der Sie sprechen, habe ich nicht bei jemand anderem gelesen, geübt oder erlernt. Dies sage ich nicht mit Stolz, sondern schlicht als Tatsache. Vielleicht sind Sie so freundlich zu erklären, was Sie mit Achtsamkeit meinen, was Sie aus Ihren Büchern und Ihrer Praxis gelernt haben. Dann können wir vielleicht gemeinsam die Wahrheit oder Falschheit dessen erkennen, was Achtsamkeit ist.*

„Was ich durch Üben und Lesen gelernt habe, ist die Aufmerksamkeit für körperliche Vorgänge, von der Beobachtung der Bewegung der Zehen bis zu der der Augen und des Denkens; zu beobachten, wie ich einen Schritt mache, wie ich sitze und wie ich esse; meine Redeweise zu beobachten und so weiter. Man übt dies mehrere Stunden am Tag und schläft dabei vielleicht ein, wird dann aber grob aufgeweckt. Nach einigen Wochen oder sogar Monaten wird man nach und nach des Organismus‘ und der Wesenheit, die den Organismus steuert, gewahr, der übergreifenden Wesenheit, die der Beobachter des Beobachteten ist. Es vermittelt einem ein fantastisches Gefühl von Genauigkeit und Kontrolle sowie die Freude, hochdiszipliniert zu sein. Wenn man tiefer vordringt, erlangt man das merkwürdige Gewahrsein äußerster Stille, das ich persönlich bis jetzt noch nicht zu erlangen vermochte. Dies ist nur ein Teil der Achtsamkeit, die ich praktiziere, aber natürlich gibt es breitere und tiefere Aspekte, die im Zen und anderen Meditationsformen vorkommen. Dies alles mag verbal sehr wenig vermitteln, aber ich bin mir sicher, Sie werden dem größtenteils zustimmen."

*Zustimmung und Meinung sind das eine, aber das Tatsächliche ist etwas anderes. Das eine führt zu Bindung und Verwirrung, das andere zum Erblühen der Güte. Wir müssen uns mit den Tatsachen beschäftigen, nicht damit, was jemand gesagt hat, ganz gleich, wer es ist. Wichtig ist, dass wir selbst erkennen, nicht, dass wir in die Fußstapfen anderer treten und hoffen, dass sie zum Höchsten führen. Einem anderen zu folgen, so groß er auch sei, ist das Ende von Gewahrsein und von der Schönheit der Liebe. Könnten wir zumindest heute Morgen einmal die Autorität anderer beiseitelassen und ohne Worte – obwohl wir Worte benutzen müssen, um zu kommunizieren – selbst herausfinden, was es heißt, achtsam zu sein, und schauen, wohin uns dies führt? Es muss Freiheit geben um wahrzunehmen, nicht das Bild der Wahrnehmung.*

„Bitten Sie mich tatsächlich, mein ganzes Wissen abzulegen, meine Buchlektüre, die Autoritäten, die ich verehrt habe, auch die heiligen?"

*Selbstverständlich. Sonst wiederholen Sie ja nur, was jemand anderer gesagt hat, wenn wir Sie darauf aufmerksam machen dürfen. Achtsamkeit ist Bestandteil der Ablehnung von Autorität, so vielversprechend und befriedigend sie auch erscheinen mag.*

„Ist das nicht ziemlich frevlerisch? Und angenommen, ich wäre dazu fähig, würde dann nicht das ganze Wissen, das ich erworben habe, ständig die Wahrnehmung des Tatsächlichen überlagern?"

*Selbstverständlich würde es das, deshalb ist es wichtig, dass man sich dieses überlagernden Wissens gewahr ist.*

„Wie kann ich seiner gewahr sein und mich zugleich davon lösen?"

*Dies hängt davon ab, wie Sie seiner gewahr sind. Entweder Sie sind sich seiner als ein Beobachter gewahr, und das Wissen ist das Beobachtete, worin Trennung liegt, oder es be-*

*steht Achtsamkeit ohne Trennung zwischen Beobachter und Beobachtetem. Über diese Achtsamkeit sprechen wir, nicht über die Achtsamkeit eines Beobachters, der sagt: „Dieses Wissen überlagert die Beobachtung, was soll ich daher damit tun? Wie kann ich es unterdrücken, es abwehren oder mit ihm leben?" Dies erhält die Trennung aufrecht. Man muss anfangen, sich dieser Trennung gewahr zu werden und ihre volle Bedeutung erkennen. Eben dieses Erkennen ist das Ende der Trennung. Solange der Beobachter getrennt ist, ist die Achtsamkeit aufgeteilt in den Beobachter, der untersucht, und das Beobachtete, mit dem es ringt, das es unterdrückt oder überwindet, womit es die Trennung mit ihren Konflikten aufrechterhält. Die meisten Menschen verbleiben auf dieser Ebene. Dies sage ich ohne jede Geringschätzung.*

„Sagen Sie damit, die Trennung ist die Wurzel allen Übels?"

*Dies ist nur ein Teil dessen, was es heißt, achtsam zu sein, noch dazu ein ziemlich naheliegender. Die Existenz dieser Trennung, sich ihrer gewahr zu werden und sie zu beenden sind Teil der Achtsamkeit. Wenn dies geschieht, dann nicht als Vorstellung, dass es geschehen sollte, um größere Achtsamkeit zu erlangen – denn Achtsamkeit ist nicht gestaffelt; Sie ist nicht zuerst dieses und dann jenes. Wenn Achtsamkeit für diese Trennung und ihre Folgen eintritt – Konflikt, Wahlmöglichkeit, Verwirrung und so weiter – dann besteht die Wahrnehmung, dass der Beobachter das Beobachtete ist. In dieser Wahrnehmung liegt ein vollständiger Umbruch in der Achtsamkeit. Dann gibt es ein weites Meer der Achtsamkeit, nicht als Ihre Achtsamkeit oder als meine, sondern als eine Achtsamkeit unter völliger Abwesenheit des „Ichs" und des Gedankens an das „Ich" und das Denken, das das „Ich" projiziert hat – es gibt kein Ufer, von dem aus der Beobachter das Meer beobachten könnte.*

„Aber dies kann ich unmöglich erreichen, weil ich mir noch nicht einmal der ersten Trennung bewusst bin."

*Und doch haben Sie viele Jahre lang Achtsamkeit geübt. Man sollte meinen, die erste Frage müsse lauten: Wer ist achtsam und wessen ist er gewahr? Zeigt dies nicht die Absurdität von Systemen, Methoden und Praktiken? Intelligenz ist wesentlich wichtiger als die Methode. Eine Methode kann auch der Unintelligenteste praktizieren und bleibt dabei doch dumm. Übung macht keine Weisheit. Intelligenz wird nicht in der Routine täglicher Praxis geschärft. Zu erkennen, was Praxis und Methode bedeuten, ist der Anfang von Intelligenz, die Erkenntnis ist.*

*Also legt man alle Etiketten wie Buddhist, Christ, Hindu ab und stellt sich der Realität des Menschseins – dem Kummer, den vergänglichen Freuden, der Anspannung, der Angst und so weiter – die im Licht der Achtsamkeit enden. Solange man dies in der Vorwärtsbewegung der Energie tut, die unterschiedliche Formen destruktiven, aggressiven, egozentrischen Handelns annimmt, ist Achtsamkeit nur ein Spielzeug für diejenigen, die religiöse oder philosophische Unterhaltung suchen.*

„Wissen Sie, durch meine Studien bin ich sehr ernst geworden. Ich gelte wohl als ein ernsthafter Mensch. Aber was ich gehört habe, bringt mich in Verlegenheit. Ich stelle fest, dass ich nichts habe. Ich dachte, ich hätte nach all den Jahren des Ringens viel erreicht, jetzt aber stelle ich fest, dass ich da bin, wo ich angefangen habe, ohne die geringste Ahnung von mir selbst und meiner Arroganz und der Finsternis meines Geistes, in dem es keine Liebe gibt. Von jetzt an werde ich mich nicht mehr als etwas bezeichnen und werde anfangen, ohne je ein Ende anzustreben."

## 28
## Das Gehirn braucht völlige Sicherheit

Du gingst über die klapprige Brücke und schlugst einen Weg ein, der an dem uralten Brunnen vorbeiführt. Dieser Brunnen ist angeblich schon viele Tausend Jahre alt. Ein paar Frauen schöpften Wasser daraus und plapperten unaufhörlich. An dem Brunnen vorüber gingst du weiter unter den Tamarindenbäumen, einem gewundenen, gut ausgetretenen Pfad durch die Felder folgend, vorbei an Mangohainen, verfallenen Tempeln und einem Mönch, der ganz in der Nähe in einem gut erhaltenen Tempel lebt. Ein wenig weiter entfernt liegt ein uraltes Dorf. Man sagt, dieses Dorf habe es schon vor dem Buddha gegeben, es sei über 3000 Jahre alt. Jetzt ist es vernachlässigt, schmutzig und heruntergekommen. Kinder spielen auf den staubigen Straßen, und am Rand verläuft die offene Gosse. Es gab Zellen, in denen Pilger auf Wunsch übernachten konnten. Durch sein hohes Alter gilt dieses Dorf als etwas sehr Heiliges; es liegt an einem Pilgerweg.

Dies alles ließest du hinter dir und folgtest einem anderen Weg, vorbei an weiteren uralten Tempelruinen, Mangohainen, Tamarinden und grünen Feldern. Überall war Armut und die damit verbundene Entwürdigung; die äußerste Gefühllosigkeit der Menschen gegenüber ihrer Umwelt, der Schönheit des Landes und dem außergewöhnlich offenen Himmel. Unmittelbar dahinter lag der Fluss. Man zögert, ihn als Fluss zu bezeichnen – Flüsse sind etwas so Gewöhnliches, es gibt so viele, überall auf der Welt fließen sie durch Städte, sind verschmutzt; und jeder Fluss hat einen Namen. Dieser hier ist in gewisser Weise die Mutter aller Flüsse. Er sollte keinen Namen tragen. Er kommt aus dem Himalaya, fließt Täler hinab, vorbei an Städten und Dörfern und offenen Flächen.

Hier, während du ihm zusahst, während du die Strömung vorüberziehen sahst, war er vollständig anonym geworden. Er ist bloß Wasser mit einer großen Tiefe, das vorüberfließt, vorüberströmt. Als du ihn an jenem Abend beobachtetest, war dir, als gingst du mit ihm weit fort; und Himmel und Erde waren Teil des Flusses. Seine Schönheit ließ dich völlig still werden.

„Ich bin seit vielen Jahren Sozialist. Ich arbeite dafür. Es ist sehr wichtig, dass die ganze Welt eine sozialistische Gesinnung entwickelt. Ich gehöre nicht zur extremen Linken; ich bin kein Kommunist, auch wenn ich Marx gelesen habe. An dem, was er sagt, ist viel Wahres dran. Ich bleibe überzeugter Sozialist: Mein Vater war Sozialist, meine Freunde sind es, mein ganzes Umfeld.

Ich habe Sie in Ihrem Vortrag sagen hören, dass Systeme, einschließlich meinem, die Menschen nur in organisierte Gruppen unterteilen, die miteinander streiten und ihre Energien auf Auseinandersetzungen darüber verschwenden, welche Theorie oder welches System am besten sei. Außerdem haben Sie gesagt, dass das System und die Beschäftigung mit dem System die Menschen nicht satt, den Dorfbewohner nicht glücklich macht, ihm weder Nahrung noch Bildung schenkt. Ich glaube, Sie haben unrecht. Wir brauchen Systeme. Wir brauchen eine Art Handlungsmuster, eine Leitlinie, ein Ideal, um das die meisten Menschen sich sammeln und für das wir uns engagieren können. Offensichtlich sind Sie gegen alle Systeme."

*Systeme trennen Menschen; Sie haben Ihr System, ein anderer hat seines. Der eine ist Kommunist, der andere Sozialist oder Kapitalist, und jede Gruppe ist davon überzeugt, dass ihr jeweiliges Muster oder ihre Formel wichtiger ist als die andere. Das wichtigste Ziel wird in diesem Kampf nicht nur vergessen, sondern völlig außer Acht gelassen. Das System wird wesentlich wichtiger als die Menschen. Warum können Sie, die Sie zu verschiedenen Gruppen gehören, hier in diesem Land mit seiner riesigen Bevölkerung, mit Unwissenheit, Krankheiten und verzweifelter Armut, nicht alle Ihre Systeme fallenlassen, Ihre jeweilige Ideologie, Ihren Dünkel und Ihren Ehrgeiz – das Verlangen nach Macht, Prestige und alledem – und sich zusammenschließen und dafür sorgen, dass die Menschen Nahrung, Kleidung und ein ordentliches Dach über dem Kopf haben? Dies ist leistbar, wenn wir alle unseren Ehrgeiz, unsere persönliche Identifikation mit einem System vergessen und all dies hintanstellen. Warum können wir, jeder Einzelne von uns, nicht daran arbeiten, dass die Menschen auf dieser schönen Erde glücklich sein können, sodass wir mit Schönheit und Liebe im Frieden leben können?*

„Genau dies wollen wir ja tun. Auch wir wollen das, wovon Sie sagen, dass wir es haben müssen; und unser System ist das beste. Der Kommunismus mit seiner Tyrannei und Bürokratie zerstört die Menschen; es gibt keine Freiheit. Und die extreme Rechte wird unweigerlich faschistisch. Deshalb glauben wir, dass wir besser dazu in der Lage sind, den Menschen die Chance auf Arbeit zu geben, auf Leben und auf Frieden."

*Genau das ist es. Sie haben Ihre Methode, und an dieser Methode halten Sie fest, und der Kommunist tut genau dasselbe. Er hat sich alles gut überlegt; er bietet seine Methode an, und schon haben wir's. Für Sie ist die Methode, das System, weitaus wichtiger, weitaus bedeutender, als Ihren Sozialismus, Kommunismus oder Kapitalismus zu vergessen und sich zusammenzutun, um Kriege zu beenden, die Menschen zu ernähren und dafür zu sorgen, dass sie glücklich sind und Bildung erhalten. Darum geht es Ihnen nicht. Ihnen geht es um das System, und deshalb müssen Sie auf ewig trennen, Konflikt, Leid und Verwirrung schüren. Dies alles ist sehr einfach und offensichtlich, aber ich weiß, dass Sie mit Ihrem Sozialismus weitermachen werden, weil jeder sich mit einem System identifiziert, mit einer Methode, mit einem Ideal. Es bietet ihm eine Chance für seine Eitelkeit, für seinen Ehrgeiz, für seine Energie. Er würde eher das Größere für das Geringere opfern. Es geht ihm nicht um den Menschen als Ganzes.*

*Dieses Problem der Armut, des Krieges und der Trennung in Nationalitäten, Trennung in Religionen, Trennung in politische und wirtschaftliche Gruppen wird die Welt zerstören. Wenn man dies erkennt, es tatsächlich mit eigenen Augen sieht und mit dem Herzen hört, dann sind Systeme jeder Art irrelevant, haben keinen Sinn. Relevant, grundlegend, wesentlich ist, dass wir alle, jeder einzelne Mensch, uns zusammentun und zusehen, nicht in ferner Zukunft als Ideal, sondern wirklich zusehen, dass dies in die Gänge kommt und wir dafür sorgen, dass wir die Energie, den Antrieb und die Eile haben. Man muss alle Systeme, alle Methoden, alle Einteilungen in Kommunist, Sozialist, Kapitalist, Asiaten oder westliche Menschen vergessen und ablegen. All dies muss abgestellt werden, denn Systeme reinigen den Geist und leeren das Herz nicht von den Dingen des Denkens.*

„Ich verstehe, was Sie über Systeme und die Trennungen sagen, die diese in der Welt vornehmen. Ich muss mich da einfühlen und es vielleicht in nächster Zeit aufgeben. Aber dies bedeutet, dass ich nicht nur mit meinen Freunden streiten, sondern mich auch von der ganzen Arbeit distanzieren muss, die ich bisher geleistet habe. Ich muss mich eingehend damit beschäftigen und sehen, was man da tun kann.

Ich möchte noch etwas fragen. Gestern Morgen haben Sie gesagt, dass die Menschen nicht nur durch die religiösen, politischen und wirtschaftlichen Umstände, in denen sie leben, konditioniert sind, sondern auch durch die Konditionierung der Kultur, der Gesellschaft, in der wir seit dreißig Millionen

Jahren leben. Sie haben darauf hingewiesen, dass dies nicht nur an der Oberfläche, sondern auch im tiefsten Inneren so ist; das ganze Bewusstsein und die Gehirnzellen als solche sind stark konditioniert. Sie sagten, es werde keinen Frieden auf der Welt geben, bis diese Konditionierung erkannt ist und wir die dicken Mauern der Tradition durchbrechen. Sie haben ausführlich erklärt, dass diese Konditionierung nicht nur eine Folge der Zeit, sondern auch der Ethnie, der Familie und des Umfelds ist, in dem der jeweilige Menschengeist gelebt hat.

Für mich ist schwer zu verstehen, wie ein Geist, der so stark und so schrecklich konditioniert ist, sich so vollständig von der Vergangenheit befreien kann, dass sogar die Gehirnzellen als solche neu werden. Natürlich sagen Sie nicht, dies sei eine Theorie oder ein spekulatives Ideal. Nach dem, was Sie gesagt haben, ist völlig klar, dass dies machbar ist und angegangen werden sollte. Dies würde ich gerne vertiefen. Zunächst einmal erscheint es schon unglaublich schwierig, wie so etwas überhaupt möglich sein sollte."

*Wenn ich Sie unterbrechen darf,* möglich *ist ein ziemlich merkwürdiges Wort. Was möglich ist, ist machbar oder bereits gemacht worden. Das ist ziemlich einfach. Wenn ein Mensch einen Berg bestiegen hat, kann ihn auch ein anderer besteigen. Es ist möglich. Das Mögliche ist bereits erreicht, erledigt worden. Wenn Sie in Begriffen des Möglichen denken, werden die Möglichkeiten sehr klein, sehr begrenzt. Wir umgeben uns mit dem Möglichen und verharren dadurch beim leicht Erreichbaren, bei einfachen Errungenschaften, schnellen Erfolgen, leichten Gewinnen und so weiter. Wichtiger ist es, das* Unmögliche *zu sehen; im Verhältnis zu diesem Unmöglichen wird das Mögliche weitaus größer und damit weitaus anspruchsvoller und weitaus dringender. Das Unmögliche ist möglich, aber das Mögliche wird etwas für den Kleingeist.*

„Sagen Sie damit, dass man das Unermessliche sehen muss, das Höchste, und dass schon allein die Wahrnehmung dessen das Mögliche auf eine andere Ebene und in eine andere Dimension hebt, dass aber, wenn man sich an das kleine Mögliche hält, auch das Resultat klein bleibt? Meinen Sie es so?“

*Ja, vielleicht. Mehr oder weniger.*

„Ich glaube, ich habe einen kleinen Einblick bekommen. Ich glaube, ich verstehe, was Sie mit dem Unmöglichen und der Möglichkeit des Unmöglichen meinen. Aber um daran anzuknüpfen, was ich gesagt habe: Hier stehe ich nun mit meiner Konditionierung, nicht nur meiner individuellen, sondern meiner horizontalen. Ich bin durch Worte konditioniert: Alles, was ich tue oder denke, ist eine Folge meiner Konditionierung. Ich erkenne, wie notwendig eine radikale Mutation ist, die diese Konditionierung durchbricht. Und Sie sagen, dass dies keineswegs eine Zeitfrage ist, sondern bereits die Erkenntnis das Tun ist. Das Erkennen bewirkt sein eigenes Handeln. Sie haben auch gesagt, wenn man eine Gefahr erkennt, handelt man sofort. Aber wir erkennen die Gefahr nicht, die Gefahr dieser Konditionierung. Wir sehen sie nicht, wir hören sie nicht, wir spüren sie nicht. Wir haben uns so sehr daran gewöhnt, dass wir jegliches Gespür dafür verloren haben. Ich denke, das ist ziemlich klar – obwohl ich sagen muss, ‚ich denke‘, denn auch dies ist wiederum ein Hinausschieben der Erkenntnis oder des faktischen Durchschauens dieser Konditionierung.

Sie haben etwas gesagt, was mir höchst außergewöhnlich erscheint, nämlich dass die Gehirnzellen als solche, die ja seit vielen Jahrhunderten konditioniert sind, neu werden können. Wie ist dies möglich? Ist es wirklich möglich? Ich verwende hier das Wort *möglich* salopp, beiläufig, um verständlich zu machen, was ich meine. Liegt es wirklich in meinem Vermögen, die gesamte Beschaffenheit des Gehirns, das ja durch seine Konditionierung geprägt, geleitet und aufrechterhalten wird, zu entkonditionieren?"

*Nicht durch das, was andere gesagt oder geschrieben haben, sondern dadurch, dass man seine Gehirntätigkeit im Alltag beobachtet, braucht das Gehirn völlige Sicherheit. Jegliche Form der Unsicherheit oder Störung lässt in ihm Verwirrung entstehen. Sein steter Anspruch ist, dass es voll und ganz geborgen, sicher, geschützt sein muss, nicht nur vor äußeren Störungen und Unfällen, sondern auch innerlich vor jeglichen Problemen, vor jeglichen Störungen wie Streit, Spannungen, Schuldgefühlen und so weiter. Aufgrund all dieser Störungen und Spannungen versucht es dauernd, ein starkes Gefühl der Sicherheit für sich zu schaffen. Diese Sicherheit wird verweigert, wenn es Teilung gibt – psychologische ebenso wie faktische Teilung – etwa in Nationalitäten, in dieses und jenes, Teilung nach Teilung, Trennung um Trennung. Alle diese Faktoren erzeugen ein Gefühl des Chaos, ein Gefühl der Verwirrung und des Konflikts. Deshalb muss es sich schützen, abwehren, und daher kommen Angst und Identifizierung mit etwas – mit einem Glauben, mit einem Ideal, mit einem bestimmten Handlungsmuster oder mit einer Nation – das dem Gehirn wiederum ein gewisses Sicherheitsgefühl gibt.*

*Das Gehirn verlangt also ständig, bewusst oder unbewusst, im tiefsten Inneren oder oberflächlich, dass es rundum, vollständig und jederzeit in Sicherheit ist. Wenn nicht, wird es neurotisch und findet Sicherheit im Neurotizismus. Aber Sicherheit – im Sinne vollständigen Schutzes, im Sinne eines Gefühls von Ganzheit und Gesundheit – kann nur eintreten, wenn es völlige Freiheit gibt – Freiheit von Angst, Freiheit von Anspannung, Freiheit von allen Einflüssen, von Einflüsterungen gedankenloser Menschen ins eigene Denken und*

*Reden, von der Autorität der heiligen Schriften, von jeglicher Propaganda und jeglichem System. Freiheit bedeutet Freiheit; nicht* von *etwas, sondern* Freiheit. *Wenn es kein Gefängnis gibt, ist der Geist frei. Nur diese Art der Freiheit kann Sicherheit geben.*

*Das Gefühl völliger Freiheit heißt nicht, zu tun, was man will. Zu tun, was man will, ist eine Reaktion, die Rückmeldung seiner Konditionierung, und darin liegt überhaupt keine Freiheit. Aber es gibt die Eigenschaft der Freiheit, in der Sicherheit liegt, ein vollständiger Zustand, in dem das Gehirn niemals verletzt werden kann und zu beobachten vermag – ohne Einbeziehung von Tugendhaftigkeit. Wenn Freiheit und das Gefühl der Sicherheit vorhanden sind, durchlaufen die Gehirnzellen selbst eine radikale Veränderung, weil es die notwendige Atmosphäre, Sicherheit spendende Umgebung und Freiheit des Zusammenlebens gibt. Dies ist eigentlich die vollständige Entkonditionierung des Menschen, nicht nur auf der oberflächlichen Ebene, sondern im innersten Zentrum seines Wesens; nicht nur auf der bewussten Alltagsebene, sondern in den tiefsten, verborgensten Winkeln seines Geistes.*

*Dies kann nur eintreten, wenn es keine Angst und kein Streben nach dem Angenehmen gibt. Dann werden wir erkennen, dass es eine völlig andere Dimension gibt und dort große Freude vorherrscht, eine Ekstase, die nie zerstört werden kann.*

## 29
## Höchste Wachsamkeit

An jenem Morgen berichtete ihm der Milchmann, ein Tiger habe im Dorf eine Kuh gerissen, und er fragte ihn, ob er am Abend hingehen und vielleicht den Tiger sehen wolle. Er sagte, sie könnten alles entsprechend vorbereiten, indem sie auf einem Baum einen Stand bauen und dann eine Ziege an dem Baum festbinden würden. Zum Vergnügen zuzuschauen, wie ein Tiger eine Ziege reisst, ist ziemlich grausam, also wurde nichts unternommen.

In diesen Bergtälern war es kühl und frisch. Der Regen hatte den Staub gebunden, und ein Glitzern lag in der Luft. Die ferne Gebirgskette mit ihren hoch aufragenden Gipfeln bot einen außergewöhnlichen Anblick. Im Laufe des Tages bildeten sich Wolken an den Bergen, und bis zum Nachmittag waren sie nicht mehr zu sehen.

Wir dachten, wir könnten durch den Wald wandern und dort vielleicht auf den Tiger treffen und ihn aus relativer Nähe sehen. Der Koch sagte aber: „Sie sollten nicht alleine gehen, und wenn doch, dann seien Sie vorsichtig.“ Wir nahmen uns diese Warnung zu Herzen und gingen los, den Weg entlang, an dem kleinen Dorf vorbei. In der Nähe eines strohgedeckten Tempels saß der Ortsheilige, umgeben von einigen Anhängern. Als wir vorübergingen, bat er uns näherzutreten und zu ihm zu sprechen. Aber der Tiger war wichtiger, deshalb entschuldigten wir uns und gingen weiter.

Der Wald wurde nun recht dicht, und als wir einen weiteren Weg querten, war dort eine Schlange, lang, dick und von gefährlichem Aussehen. Sie lag mitten auf dem Weg und muss annähernd zwei Meter lang gewesen sein; ihre schwarze Zunge glitt hinein und heraus, und aus ihren lidlosen Augen drang ein starrer Blick. Man musste an diesem Weg vorbei, um tiefer in den Dschungel zu gelangen, also warteten wir. Plötzlich verzog sich die fast schwarze Schlange quer über den Weg ins Gebüsch, und man konnte zusehen, wie sie verschwand. Dann stieg der Pfad zwischen Kiefern, Himalaya-Zedern und dichtem Gebüsch steil an.

Als die Sonne eben hinter einem Hügel verschwand, kamen wir an eine kleine Lichtung. Plötzlich trat eine seltsame Stille ein; die Vögel und sogar die Bäume schienen den Atem anzuhalten. Alles erstarrte, nichts regte sich, und man spürte eine gewisse Gefahr oder ein merkwürdiges Gefühl höchster Wachsamkeit. Es ist bemerkenswert, wie der Körper in diesem Moment reagiert. Rasch ging er zu einem Baumstamm und blieb dort stocksteif stehen. Nicht der Geist wies den Körper an; der Körper handelte eigenmächtig, selbstständig, mit Gewissheit und ohne Angst. Die Stille, jene merkwürdige Stille der Gefahr, hielt einige Minuten an, und wir dachten, wir würden einen Tiger vorübergehen sehen oder ein anderes, nicht minder gefährliches wildes Tier. Plötzlich hob ein Vogel an zu singen, und die gesamte Bewegung des Waldes setzte wieder ein. Offenbar war die Gefahr vorüber, aber man spürte, dass sie noch ganz nahe war. Wir wollten weitergehen, aber der Körper weigerte sich; und da der Körper in diesem Moment klüger war als der Wunsch, den Tiger oder die Gefahr zu sehen, gewann er. Wir verweilten dort eine Zeit lang, beobachteten das Abendlicht in den Baumwipfeln, die Schönheit der Blätter und die völlige Stille eines Waldes, der voller Leben war. Fast konnte man die Gefahr riechen, aber sie verging.

Wir kehrten um, gingen den steilen Weg hinunter und stießen auf eine Horde Affen mit schwarzen Gesichtern, grauem Fell, langem Schwanz und von annähernd menschlicher Größe. Es müssen über hundert gewesen sein, die in den umliegenden Bäumen saßen und dich still beobachteten – die Jungen, ihre Mütter, die alten Herren; ganz ruhig, fast reglos saßen sie da, beobachteten dich und fragten sich, was du wohl vorhattest. Der am nächsten Sitzende war außergewöhnlich präsent, wachsam. Man hatte uns gesagt, dass sie angreifen könnten, aber sie taten nichts dergleichen. Sie waren ebenso überrascht wie wir, und während wir alle einander still und ohne Furcht beobachteten, schwanden die Überraschung und die Anspannung. Wir machten eine Bewegung, und als wir auf dem Weg einen Schritt weitergingen, stoben sie geräuschvoll und unter lautem Geschrei davon. Für sie war es eine lange Unterbrechung ihres Treibens gewesen, denn es müssen mindestens zwei oder drei Minuten gewesen sein. Wir hatten die Affen gesehen, aber nicht den Tiger.

Auf dem Rückweg kamen wir wieder an dem Tempel und dem Heiligen in seinem Unterschlupf vorbei. Jetzt brannte eine Lampe, er war alleine und saß still da, wahrscheinlich in Meditation, denn du hörtest sein Chanten. Die Sonne stand nun über den fernen Gipfeln, die in Rosatönen erglühten, und als wir zur Hütte gingen, lag jenes außergewöhnliche Gefühl in der Luft, das sich am Abend einstellt, wenn die Sonne bald untergeht.

Esszimmer, Wohnzimmer und Schlafzimmer waren eins. Der Koch hatte Feuer gemacht, und die züngelnden Flammen warfen zahlreiche Schatten an die Wand. Es war nicht spät. Du spürtest, dass du meditiertest. Sich zur Meditation zu entschließen, um einen bestimmten Zustand zu erreichen und in die Tiefen vorzudringen, die du entdeckt hattest, heißt, jeglicher Meditation ein Ende zu machen. Der Wille zu meditieren, zu erkunden, eben dieser Wille projiziert sein eigenes Bild. Der Schatten dieses Bildes ist die Erfahrung, die der Geist zu fassen kriegen will. Eine bestimmte Haltung einzunehmen, den Körper zum Stillsitzen zu *bringen*, jedes Bemühen um Kontrolle – all dies verneint die flinke Bewegung der Meditation.

Die tanzenden Flammen hatten tausend Stimmen.

# TEIL ZWEI

# Erkundungen über das Lernen

## 30

## Bildung heißt, die außergewöhnliche Schönheit der Ordnung hervorzubringen

Sie waren auf dem Dach, auf der Veranda und in den Bäumen, eine ganze Gruppe. Sie mussten gestern spätabends gekommen sein. Ihre kleinen Hände griffen nach allem. Sie saßen im großen Tamarindenbaum, pflückten büschelweise Früchte, kosteten davon, aßen nie auf und warfen sie weg. Es waren braune Affen, langschwänzige kleine Tiere voller Unruhe und Mutwillen, die endlos hin- und herrannten. Sie kamen nie zur Ruhe, ständig kratzten sie sich, zupften ihr Fell oder putzten Stirn und Körper eines anderen. Sie pflückten kleine Insekten von den anderen Affen und verschlangen sie. Selbst wenn einer oder zwei völlig übermüdet einschliefen, machten sie etwas mit ihren Händen. Im Garten richteten sie eine schreckliche Verwüstung an; echte Schädlinge, aber niemand schien sich daran zu stören. Sie waren heilig, und man durfte sie nicht berühren oder ihnen etwas antun. Man konnte sie nur in großen Fallen einfangen, ohne sie zu verletzen, und weit forttragen. Aber recht bald waren sie wieder da. Vielleicht nicht dieselben, aber eine andere Gruppe.

Wenn du sie ganz still beobachtetest, taten sie so, als sähen sie dich nicht, behielten dich aber dennoch stets im Auge. Es gab ein großes Männchen, vor dem sich die meisten fürchteten, um den sie vorsichtig herumschlichen, den sie mieden. Wenn er aber einen Baum verließ, trotten sie ihm hinterher. Vielleicht war er der Anführer. Sie hatten feine Hände, zart, rau, wohlgeformt und lang. Dem Anschein nach waren sie sehr intelligent. Später am Abend, bei Sonnenuntergang, kreischten sie in dem großen Banyanbaum. Dieser Baum war grandios, prachtvoll in seinem Wuchs. Er breitete die Arme aus, um einen zu begrüßen. Wenn die Kinder unter dem Banyanbaum ein Theaterstück oder einen Tanz aufführten, schimpften die Affen. Das Licht, die Musik und die vielen Menschen störten sie. Die Gärtner und andere versuchten, sie zu verscheuchen. Sie ließen sich reichlich Zeit und verschwanden schließlich. Offene Flächen mochten sie nicht. Hinter dem breiten Feld standen Obstbäume – Breiäpfel, Papayas, Orangen, Avocados und Trauben – aber seltsamerweise gingen die Affen nie dorthin. Was für ein Fest wäre das für sie gewesen!

Sie ließen dich nie zu nah herankommen. Das große Männchen ließ dich bis auf etwa drei Meter heran; dann sahen wir einander an, und ziemlich schnell wurde ihm langweilig. Es war keine Angst in ihm, aber er hatte stets einen sehr wachsamen Blick, scharf und vorsichtig. Es gab Babys, die sich an ihre Mütter klammerten, und junge Affen mit langem Schwanz, die miteinander spielten und zwischen dem Geäst hervor und wieder hinein flitzten, aber nie kamen sie dabei in die Nähe des großen Männchens. Sie mieden ihn ängstlich.

Am nächsten Tag verschwanden die Affen; nicht einer blieb. Sie müssen über den Berg gezogen sein, um andere Bäume zu martern und die Erdnusspflanzungen zu verwüsten. Manchmal begegnetest du ihnen auf der Straße. Es war jetzt still ohne sie. Die Bäume, die Büsche und die kleinen Pflanzen wirkten froh, dass sie weg waren. Sogar die Vögel mochten sie nicht, besonders die Krähen. Sobald eine Krähe näherkam, huschten die Affen davon.

Es war recht frisch und kühl an jenem Morgen, und der blaue Himmel war sehr klar. Die Berge wirkten, als hätten Hände sie gehauen. In einem langen Zug fuhren heubeladene Ochsengespanne ins Tal. Im Raum waren viele Lehrer aus verschiedenen Teilen der Welt. Auch ein Tonbandgerät stand da. Die Veranda war erfüllt vom Duft des Jasmins.

„Was halten Sie von diesen neuen Lernmaschinen. Sie werden in Amerika eingesetzt. Die Kinder lernen selbstständig von der Maschine, und der Lehrer überwacht sie. Anscheinend lernen die Kinder so viel schneller."

*Es ist merkwürdig, wie alles mechanisiert wird. Dieses mechanische Lernen trägt dazu bei, dass der Geist immer mechanischer wird. Mit einer Maschine kann man nicht diskutieren. Man kann ihr vielleicht eine Frage stellen, und sie antwortet, aber dies kann einen Geist, der bereits mechanisch ist, nur noch mechanischer machen. Glauben Sie nicht, dass ein Kind, ein Schüler, eine direkte Beziehung zu einem Menschen braucht und keine Maschine? Ein Lehrer, der sich kümmert, der nicht nur Informationen weitergibt, sondern der ein menschliches Wesen ist und über die vielen Aspekte des Lebens und seine Probleme spricht, stellt durch das Gespräch einen Kontakt zum Schüler her und trägt dazu bei, dass eine vollständige Intelligenz entsteht statt nur fragmentarisches Wissen über ein bestimmtes Thema – so notwendig Wissen auch sein mag.*

„Es gibt so viel studentische Revolte auf der Welt. Offenbar haben sie kein positives Ziel. Ihr Ziel wirkt klein, destruktiv und gewaltsam, ohne jede Disziplin oder Wertschätzung für menschliches Leben. Sie glauben, durch Zerstörung erschaffen sie eine neue Gesellschaft, aber die Geschichte hat uns gelehrt, dass physische Revolution nur Tyranneien unterschiedlichster Art hervorbringt. Anscheinend ist ihnen dies nicht klar. Sie wollen sofortige Veränderungen, sofortige Ergebnisse – und Gewalt ist ihr Mittel. Ich kann es verstehen, aber es entsetzt mich, denn Gewalt kann doch nur noch mehr Gewalt hervorbringen.

Aber von alledem abgesehen, würde ich als Lehrer sehr gerne mit Ihnen und den anderen über die Frage der Disziplin sprechen. Die Disziplin von Strafen und Belohnen ist immer noch da, vielleicht inzwischen ein wenig subtiler. Prüfungen sind vielleicht nicht nötig – es gibt Schulen, die sie als abschließenden Befähigungstest streichen – aber Aufzeichnungen über den Lernerfolg sind doch immer noch eine Form von Lohn und Strafe. Wir sind, wie Sie sagen, konditioniert durch das Versprechen des einen und die Drohung mit dem anderen. Unsere gesellschaftliche und moralische Struktur baut darauf auf, und entsprechend haben sich verschiedene Formen religiöser und kultureller Disziplin entwickelt. In dieser permissiven Gesellschaft ist sie größtenteils verschwunden. Wenn man heute eine Schülerin oder einen Schüler fragt, was Disziplin ist, dann bin ich mir sicher, dass sie es nicht wissen. Oder sie lehnen sie völlig ab und erwidern: ‚Sie haben sich diszipliniert, und nun sehen Sie mal, was aus Ihnen geworden ist. Ihre Ordnung ist Chaos, Ihre Disziplin hat Kriege und soziale Ungerechtigkeit hervorgebracht. Das wollen wir nicht. Wir wollen eine andere Gesellschaft, und was Sie über Disziplin und Ordnung sagen, bedeutet uns nicht viel.‘ Aber abgesehen davon, was die jungen Leute sagen, braucht man doch Disziplin. Ohne sie bringt man nichts zustande. Wenn man die Wohnung streichen will, muss man in geordneter Weise vorgehen; man kann nicht einfach nur die Farbe verspritzen.“

*Was bedeutet das Wort* Disziplin*? Bedeutet es nicht den Akt des Lernens, des Lernens von einem Lehrer, des Lernens von der gesamten Bewegung des Lebens, deren Teil man ist? Um zu lernen, muss Aufmerksamkeit vorhanden sein, und Aufmerksamkeit ist Ordnung; nicht, dass man sich Ordnung auferlegt, um aufmerksam zu sein, sondern der Akt des Lernens an sich erfordert Aufmerksamkeit. Das Thema spielt keine Rolle, ob es ums Wändestreichen geht oder ums Briefeschreiben; wenn man es gut machen will, erfordert alles Aufmerksamkeit. Wir erlegen dem Schüler Disziplin auf, in der Hoffnung, dass er lernt, sich auf das Buch zu konzentrie-*

*ren, das vor ihm liegt und ihn eigentlich nicht interessiert. Er möchte aus dem Fenster schauen und die Berge betrachten oder zusehen, wie der Wind die Blätter aufwirbelt. Was Sie sagen, findet er langweilig. Sie sehen, dass er aus dem Fenster schaut, und sagen ihm, er solle sich auf das Buch konzentrieren oder auf das, was Sie sagen. Er weiß, wenn er das nicht tut, wird er in irgendeiner Weise bestraft, also zwingt er sich und gibt sich Mühe. Ebendiese Mühe macht ihn mechanisch. Zweifellos wird er die Prüfung bestehen, aber er wird sein Leben lang völlig mechanisch sein.*

*Wenn er, von einem anderen Unterrichtsfach kommend, ins Klassenzimmer saust, dann bitten Sie ihn, eine Zeit lang stillzusitzen. Wenn er aus dem Fenster schaut, bitten Sie ihn, die Bäume anzusehen, die gelben Blätter, die Schönheit der Berge, die Farbe der Poinsettien, die Schatten, den Dorfbewohner. Lassen Sie ihn dies ansehen, ohne alle Angst, weil er dem Buch oder dem, was Sie sagen, gerade keine Aufmerksamkeit schenkt. Lassen Sie seine Augen auf der Schönheit der Erde ruhen. Wenn er den Dingen in seiner Umgebung Aufmerksamkeit gewidmet hat, kann er mit derselben Aufmerksamkeit ins Buch schauen, ohne jeden Widerstand. Gerade dieser Widerstand macht den Geist, im Leben wie in der Schule, unbeweglich, trüb und ängstlich. Von Anfang an bringen wir die Kinder dazu, Angst zu haben – und dann belohnen wir sie. Je einfühlsamer ein Schüler ist, desto weniger möchte er von einem System geprägt werden, das mit seiner Disziplin und seinen Auseinandersetzungen grundsätzlich auf Lohn und Strafe beruht.*

*Ordnung ist notwendig, um überhaupt etwas zustande zu bringen. Dies kann man diskutieren, darüber kann man in einem Geist des Verständnisses und der Neugier sprechen, dies kann man verbal ohne Anordnungen oder Drohungen kommunizieren und dabei darauf hinweisen, was Unordnung ist und was nicht, was Ordnung ist. Die Erforschung des Ver-*

*ständnisses von Unordnung erzeugt Ordnung, nicht umgekehrt. Wenn man eine Blaupause für Ordnung hat, wie dies in Diktaturen und in schwächerer Form auch in Demokratien der Fall ist, wird jeder mit auch nur einem Fünkchen Geist dagegen revoltieren. Gemeinsam mit dem Schüler darüber zu sprechen, baut hingegen nicht nur eine andere Beziehung zwischen Schüler und Lehrer auf, sondern das Erforschen hilft dem Geist auch, nicht mechanistisch zu werden. Ein solcher Geist entdeckt die Unordnung der Gewalt, der Autorität, der herkömmlichen Moral – die ganz offensichtlich unmoralisch ist, wenn man etwa die Absurditäten religiösen Dogmas beobachtet, das mit seiner Ausschließlichkeit und so weiter auf der Welt sehr viel Verwirrung verursacht hat. Mit dem Verständnis all dieser Unordnung stellt sich Ordnung ganz von selbst ein. In dieser Ordnung gibt es keine Unterdrückung, Nachahmung oder Anpassung.*

*Ordnung ist also nichts, was von einem anderen, von Ihnen oder von der Gesellschaft, vorgegeben wird. Sie ist das natürliche Resultat der täglichen Beobachtung der Unordnung um uns und in uns. In der herkömmlichen Disziplin von Strafe, Belohnung und Anpassung liegt eine große Energieverschwendung – durch Konflikt, durch Unterdrückung, durch Angst und durch die Lust an der Belohnung. Diese Verschwendung will durch Gewalt, durch die sogenannte Freiheit, in der jeder tut, was er will, und durch das ständige Streben nach Unterhaltung weitere Energie gewinnen. Daher werden einige wenige höchst effizient, und die breite Mehrheit der Menschen verschwendet bloß ihre Energie und verkümmert.*

*Wenn es aber eine Erforschung der Unordnung gibt und daraus die natürliche mathematische Präzision der Ordnung erwächst, dann wird enorm viel Energie frei, die sich nicht als destruktiv, gewalttätig oder boshaft erweist. Schließlich ist es die Aufgabe von Bildung, den Geist nicht noch mechanistischer zu machen und damit die Bewegung der Energie zu unterdrücken, die dann gewalttätig, brutal und erfüllt wird von allen Hässlichkeiten, die der Mensch geschaffen hat. Bildung heißt, durch Aufzeigen der Gefahren der Unordnung die außergewöhnliche Schönheit der Ordnung hervorzubringen. Dann legt der Geist all sein aggressives, konkurrierendes, rücksichtsloses Verhalten ab. Der Kern der Unordnung ist das egoistische Verhalten, das alle Gesellschaften und Gemeinschaften in unterschiedlicher Form fördern. Wird dies gefördert, endet es in Gewalt, und dann greift die Gesellschaft auf Repressionen zurück.*

*Der Beruf des Lehrers ist der höchste. Wenn er die Unordnung in sich und in seinem Umfeld nicht verstanden hat, wird er zum Heuchler, wenn er von Ordnung spricht. Der Schüler riecht Heuchelei sehr schnell. Daher hat er keinen Respekt, weder vor Ihnen noch vor etwas anderem, und wird schon bald selbst verwirrt, unordentlich und heuchlerisch. Er wird, was Sie sind. Ihre Gesellschaft prägt ihn und konditioniert ihn auf Gewalt, Konkurrenzdenken oder Anpassung.*

*Die Aufgabe von Bildung ist es, dem Schüler dies alles aufzuzeigen, nicht nur einen Bruchteil des Lebens. Ohne dies gehen tiefe menschliche Anteilnahme und Zuneigung verloren. Liebe ist die Essenz von Ordnung.*

## 31

## Lehren Sie durch Dialog statt durch bloße Wissensvermittlung

Wir befanden uns sehr hoch in den Bergen, in über 2000 Metern Höhe. Aus dem Fenster konntest du die schneebedeckten Gipfel sehen, und frühmorgens hob sich der höchste rosafarben vom außergewöhnlich blauen Himmel ab. Er würde so hell werden wie ein strahlender Mond, scharf gezeichnet und klar. Bis zum Vormittag wäre er verschwunden, Wolken und Nebel würden ihn verdecken, aber die niedrigeren Berge und das Tal würden immer noch zu sehen sein, von einem intensiven Blau, dunkel und geheimnisvoll. Kein Wunder werden die Berge verehrt. Es heißt, die Götter hätten dort gelebt, die Vollkommenen, die Großen, und von dort in den Süden hinabgeschaut und ihre Segnungen über ihn ergossen.

Wahrscheinlich würde es in ein paar Tagen regnen, zumindest behaupteten dies die Einheimischen, denn es hatte eine ziemliche Trockenperiode gegeben. Wenn der Regen einsetzte, so mahnten sie, solle man nicht über die Felder und in die Berge gehen, denn dann gäbe es Schlangen, und man solle aufpassen, wohin man trete. Die Menschen hier waren sehr arm, und wenn man durchs Dorf ging, sah man überall Unrat. Niemanden schien dies zu kümmern; sie machten einfach weiter wie immer und häuften noch mehr Unrat an. Vielleicht würde der Regen ihn fortspülen, aber dann wären die Straßen schlammig und die Wege voller Wasser, das aus den Bergen herunterkam. Es wäre willkommen.

Du gingst in den Wäldern spazieren, trafst viele Affen, hin und wieder Rehwild und gelegentlich einen großen Bären. Sie hielten Abstand. Eines Nachmittags waren zwei Jungen auf der Straße, wahrscheinlich Brüder, der eine etwas größer als der andere. Die Arme ausgestreckt und die Handflächen nach oben gedreht, standen sie da in ihren zerrissenen Lumpen, schmutzig und ungepflegt. Sie bettelten und baten um Münzen, und da wir keine Münzen in der Tasche hatten, baten wir sie, mitzukommen zu der Hütte, in der wir wohnten, und gaben ihnen zu essen. Selten hat man zwei Kinder so viel essen sehen. Mehrere Tassen Milch sowie Unmengen Reis und Gemüse gingen weg. Man konnte zusehen, wie sich ihre Bäuche wölbten. Nach kurzer Zeit waren sie satt und verabschiedeten sich. Wenige Tage später standen die beiden Jungen wieder an der Straße, die Arme ausgestreckt, die Handflächen nach oben gerichtet. Wieder baten wir sie, zum Essen zu kommen, aber dieses Mal schüttelten sie den Kopf und signalisierten mit den Fingern „Nein". Ihre Mutter hatte ihnen verboten, im Haus eines Hindus zu essen, denn sie waren Muslims. Sie wollten nur Geld und nicht das Essen, das eine andere Gemeinschaft gekocht hatte. Einer hatte beinahe Tränen in den Augen. Sie werden hungrig bleiben, und der langsame verderbliche Einfluss von Zeit und Tradition wird sie und andere vernichten.

Der Regen kam und ging, und die Straße durchs Dorf war verschlammt. Wie zuvor standen die beiden Jungen und ein kleines Mädchen an der Straße, und wenn man vorbeikam, sahen sie in die andere Richtung. Sie wollten kein Geld und schon gar kein Essen. Du bliebst stehen und sprachst sie an, aber sie antworteten nicht. Kein Lächeln huschte über ihr Gesicht; sie waren hart, fast merkwürdig wütend. Ihre Eltern leisteten gründliche Arbeit, und allmählich wurde die Saat des Hasses in sie gelegt. Von da an sollten sie auf ewig abgesondert sein, erstarrt in ihren Feindseligkeiten, ihrer Verbitterung und Wut.

Eine neue Familie kam, sie hatten kleine Kinder. Am nächsten Morgen lag das Baby im hellen, klaren Sonnenschein auf den ausgestreckten nackten Beinen einer Dienerin. Das Baby lag mit dem Gesicht nach unten, und während die Dienerin mit ihm sprach, nahm sie etwas Öl und rieb es damit an Rücken, Po, Beinen und Kopf ein. Mindestens zehn Minuten ging das so, dann drehte sie das Baby um und rieb es zärtlich und sanft an Armen, Brust und Bauch ein. Alle Körperteile wurden mit Öl eingerieben, gestreichelt und umsorgt. Anschließend brachte jemand Eimer mit heißem und kaltem Wasser. Sie wusch das Baby und verwendete ein Puder, welches das Öl entfernte. Dabei weinte es kein einziges Mal. Das Baby war sehr klein, wahrscheinlich etwa sechs Monate alt, und wurde nun in ein sauberes weißes Tuch gewickelt. Das Baby wirkte sehr glücklich und zufrieden und wurde ins Haus getragen. Jeden Morgen wurde es in der Sonne in Öl gebadet und umsorgt, man sprach mit ihm, und jeden Morgen gab es keinerlei Geschrei. Es gab nur dieses Glucksen, das Babys machen, wenn sie glücklich sind. Sie blieben mehrere Wochen. Mutter und Vater spielten Karten mit anderen und unterhielten sich pausenlos. Man sah das Baby auf dem Schoß der Mutter, die es streichelte, in den Arm nahm und küsste, aber die Dienerin hatte ein Auge darauf und nahm das Baby mit, wenn die Eltern genug von ihm hatten.

Die Kiefern waren nun reingewaschen und frisch, und das Gras war von einem strahlenden Blaugrün.

„Heute Morgen möchte ich das Problem der Disziplin einmal wirklich vertiefen. Wir brauchen sie in den Schulen, in den Klassenzimmern, in den Schlafsälen. Auf den Sportplätzen wird die Disziplin eingehalten, denn die Schüler machen gerne Mannschaftssport. Dort muss man ihnen nicht sagen, was sie tun sollen, außer wie man beim Cricket, Tennis oder Hockey den Schläger hält; sie nehmen es ganz leicht an. Im Klassenzimmer hingegen geht es nicht ohne Drohen, Strafen,

Belohnen und Zureden. Wie können wir, nicht nur als Lehrer, sondern als Menschen, in uns selbst eine natürliche Ordnung hervorbringen?"

*Haben Sie bemerkt, dass Kinder, wenn sie von ihrer Mutter sehr gut versorgt, wirklich umhegt und geliebt werden, eine Beziehung zwischen beiden aufbauen, eine subtile, wortlose Kommunikation, in der das Kind vollkommen glücklich ist? Die Kinder wissen, dass sie sicher sind, dass gut für sie gesorgt ist und sie wirklich geliebt werden. Diese Fürsorge und Liebe lässt im Kind keinerlei Widerstand entstehen, aus dem sich dann im Heranwachsenden Ausdrucksformen der Gewalt entwickeln. Wenn Überbevölkerung herrscht, wenn beide Eltern den Lebensunterhalt erwirtschaften müssen, wenn die Kinder vernachlässigt und von der Gemeinschaft, einer Pflegerin oder jemand anderem versorgt werden, kann man in ihnen einen anderen Ausdruck erkennen. Sie werden bereits diszipliniert, im orthodoxen Sinne dieses Wortes. Sie passen sich bereits an, und die Disziplin, die ein langsamer Tod ist, hat schon eingesetzt.*

*Diese unaussprechliche Beziehung zwischen Mutter und Kind, die Wärme, den subtilen Kontakt durch Worte, durch Streicheln, durch Zärtlichkeit kann es in einer Krippe oder einem Kindergarten nicht geben. Eben diese Qualität der Zärtlichkeit zwischen Mutter und Kind erzeugt das Klima, in dem das Kind gedeiht und lernt, weil es vertraut, weil es keine Angst hat. Dieses Lernen ist die Essenz der Ordnung. Disziplin im Sinne von Kontrolle, Unterdrückung, Nachahmung, Anpassung mit Lohn und Strafe, erzeugt Gewalt. Das Wort* Disziplin *als solches heißt Lernen, und nicht Zwang, eine Bedeutung, die es erst nachträglich erhalten hat. Mit zunehmender Industrialisierung der Kultur und damit Verteuerung des Lebens gehen beide Eltern Geld verdienen, und das Kind wird vernachlässigt. Wenn Sie reich sind, geben Sie es einer Kinderpflegerin oder in eine öffentliche Einrichtung, um es so schnell wie möglich los zu sein. Der Junge oder das Mädchen findet sich mit anderen, denen es ebenso ergeht wie ihm oder ihr, in einer unpersönlichen Welt mit sehr wenig Beziehung wieder, schikaniert von den Älteren. Weil sie Sicherheit brauchen, bilden sie instinktiv Gruppen und ahmen ältere Kinder nach. Sie wollen nicht anders sein, daher tritt der langsame Tod durch Anpassung ein. Dies wissen alle Diktatoren und anderen Regierungen. Dann wird Disziplin im Sinne von Zwang nötig, und die Kultur, in der sie aufwachsen, fördert ganz von selbst die Gewalt in ihnen.*

*Gewalt ist Ausdruck von Unsicherheit. Sie ist die Sprache der Unsicheren. Nur die Unsicheren revoltieren und richten Chaos und Verwüstung auf der Welt an; nur die Unsicheren lösen Kriege aus. Das Gehirn kann nur in Sicherheit harmonisch, unbeschwert und glücklich arbeiten. Wo Unsicherheit ist, wird der Geist verzerrt, und das Sicherheit suchende Denken versucht, diese in Trennung und Absonderung zu finden, etwa im Nationalismus, im Glauben, im Dogma, in Formeln. Aber gerade diese Trennung ist die Verneinung von Sicherheit. Das Denken, das Sicherheit sucht, erzeugt also Unsicherheit. Daraus entstehen alle verderblichen Einflüsse, Gewalt, Ehrgeiz und Konkurrenzverhalten. Wenn wir begreifen, als Lehrer und als Menschen, dass unendliche Fürsorge und Zärtlichkeit der Eltern für das Kind notwendig sind, und ebenso zwischen Lehrer und Schüler, dann entsteht Ordnung, die Ausdruck von Intelligenz ist. Intelligenz ist dieses Einfühlungsvermögen, diese unendliche Fürsorge durch die Eltern, die der Staat oder eine ausgebildete Verwaltungskraft nicht geben kann.*

Der Lehrer schwieg eine Zeit lang und sagte dann: „Ich schließe mich dem an, was Sie sagen. Ich erkenne die Logik darin, aber wie soll ich diese einfühlsame Beziehung zu einer Gruppe von Schülerinnen und Schülern aufbauen? Ich kenne sie doch eigentlich gar nicht, und sie kennen mich nicht. Sie kommen mit einem feindlich eingestellten Widerstand, rennen von Klassenzimmer zu Klassenzimmer, rasen auf den Sportplatz und flitzen schließlich wieder nach Hause. Die Klassen werden immer größer statt kleiner. Ich kann physisch gar nicht mit jeder Schülerin und jedem Schüler sprechen und mich um sie kümmern. Dazu hat man gar nicht die Energie. In jedem Schulhalbjahr muss man in begrenzter Zeit sehr viel Stoff unterrichten, und am Ende müssen sie in jedem Fach über ein bestimmtes Wissen verfügen. Schüler und Lehrer stehen ständig unter Druck, was sehr belastend ist. Wie soll ich, der sich eine anständige Beziehung zu den Schülerinnen und Schülern wünscht, dies angesichts all dessen zustande bringen? Wenn man die Schwierigkeiten des Schülers kennt, seine möglicherweise zerbrochene Familie, wenn man weiß, dass die Eltern mit ihrem eigenen Vergnügen oder ihren eigenen Sorgen beschäftigt sind, dass es in der Schule Banden gibt, dass die Schülerinnen und Schüler nicht gerne lernen, wenn man darüber hinaus weiß, dass die meisten revoltieren und glauben, alles zu wissen – was soll man da tun?"

*Diese Frage stellt sich überall auf der Welt, und es erfordert sehr viel Intelligenz aufseiten der Erziehenden, sowohl die Unsicherheit zu Hause als auch den unbewussten Wunsch des Schülers zu berücksichtigen, in einer Gruppe Gleichgesinnter Sicherheit zu finden und der Gesellschaft den Rücken zu kehren. Der Lehrer weiß, dass die Eltern kaum einmal diese einfühlsame Beziehung zum Kind aufgebaut haben, und er weiß ebenfalls, dass er auch selbst Sicherheit in Beziehung sucht, verwirrt ist und leidet. Dies alles wohl wissend, nicht nur verbal, sondern durch echtes Erleben, ohne davor wegzulaufen, sich dessen in seiner ganzen Tragweite bewusst seiend, lassen Sie die Schülerinnen und Schüler, wenn sie ins Klassenzimmer stürmen, zwei oder drei Minuten stillsit-*

*zen. Erklären Sie, warum dies notwendig ist, dass, wenn der Körper still ist, eine Rückbesinnung auf sich selbst eintritt, die Einfühlungsvermögen erzeugt. Dann können Lehrer und Schüler diese Qualität gemeinsam empfinden und über ihre Folgewirkungen sprechen, bevor in der jeweiligen Klasse der normale Unterricht beginnt.*

*Diskutieren Sie und lehren Sie durch Dialog, statt lediglich Wissen zu vermitteln. Das Wichtigste ist, in der Beziehung zwischen Lehrer und Schüler Einfühlungsvermögen herbeizuführen. In diesem Einfühlungsvermögen verschwindet der autoritäre Geist, und die Schülerinnen und Schüler spüren die Aufrichtigkeit des Verständnisses und der Fürsorge. Deshalb werden sie zuhören, und eben dieses Zuhören erzeugt seine eigene Ordnung. Diese aus Einfühlungsvermögen und Intelligenz geborene Ordnung befreit den Geist von allem Widerstand. Ordnung ist eine Bewegung in Freiheit, und diese Bewegung setzt ein, wenn Sie das Wesen der Unordnung verstehen. Gewalt ist Unordnung; durch Gewalt kann man nicht Ordnung schaffen. Deshalb muss man das gesamte Thema menschlichen Handelns und Lebens in seiner Tiefe verstehen.*

## 32

## Kooperation zu erlernen, gehört zur Bildung

In einen alten Mogulgarten mit antiken Grabstätten kam jeden Tag zur selben Stunde ein Mann auf einem Fahrrad. Er lehnte das Fahrrad an einen Baum und setzte sich dann mit dem Rücken zu ebendiesem Baum mit überkreuzten Beinen, gerader Wirbelsäule und geschlossenen Augen vor einer dieser Grabstätten ins staubige Gras. Ganz ruhig, sein Körper reglos, wiederholte er einen heiligen Gesang. In der Kuppel über den Grabmalen hausten in kleinen Spalten die Halsbandsittiche. Es müssen Tausende gewesen sein, und mit lautem Geschrei kamen sie abends nach Hause. Auch Krähen und Hirtenstare gab es. Alle veranstalteten in dem stillen Garten reichlich Lärm, und der Mann mit dem Fahrrad saß einfach da. Nachdem man etwa eine halbe Stunde oder länger zwischen den Grabmalen, den Bäumen und in dem ummauerten Rosengarten umhergeschlendert war, gingen in den Straßen die Laternen an, und er saß immer noch da. Wahrscheinlich war er Büroangestellter; er war ein armer Mann und trug einen schmutzigen Mantel. Er würde wohl sagen, er meditiere oder spreche seine Gebete. Er erwartete nichts von dieser Welt außer vielleicht ein paar Rupien, aber jeden Abend nach Dienstschluss kam er hierher. Er muss sich den ganzen Tag darauf gefreut haben. Um ihn herum spielten Kinder, und ein wenig weiter weg saßen Diener aus der Nachbarschaft auf dem Rasen und spielten Karten. Dies alles beachtete er anscheinend nie. Er war an die Schönheit der Kuppel gewöhnt, an ihre blauen Fliesen, den Rundbogen und den Duft des Jasmins. Während dieser Stunde oder länger schlug er nie die Augen auf; er war völlig in sich gekehrt, reglos. Nur seine

Lippen bewegten sich und hielten dann unvermittelt ebenfalls inne. Er würde sich als religiösen Menschen bezeichnen. Sein Fahrrad hielt er sehr sauber und gepflegt.

Ist Meditation ein Ausbruch aus dem Alltag, aus seiner Monotonie und Langeweile? Ist sie eine weitere Form der Lust, eine Erweiterung des Verlangens? Ist sie eine Projektion der eigenen Wünsche im Gegensatz zur eigenen Verzweiflung? Ist sie Selbsthypnose, eine selbsterdachte Vision, eine Sehnsucht, symbolisiert in einem Bild aus dem eigenen Geist oder von eigener Hand? Ist sie eine betörende Vision, die man sich aus der Vergangenheit zurechtgebastelt hat? Ist sie ein Konflikt, um die Gedanken vom Abwandern abzuhalten? Oder ist sie eine mühelose tiefe Stille, in der das Denken keinen Platz hat, obwohl es aus ihr heraus agieren kann? Ist sie eine Stille, die kein Maß hat, weder Höhe noch Tiefe, eine Stille, in der es kein Zentrum gibt wie etwa den Denkenden, den Erlebenden? Sie ist eine Stille, die niemals eine Folge von Kontrolle, Nachahmung oder Anstrengung sein kann.

Würde der Mann mit dem Fahrrad dies alles verstehen? Er war von ganz schlichtem Geist; irgendwelche Komplexitäten und Feinheiten der Meditation wollte er gar nicht. Er hatte eine Möglichkeit gefunden, still dazusitzen und Worte zu wiederholen, die ihm tiefe Zufriedenheit schenkten, einen Halt, den er im Leben nicht finden konnte. Er würde dies nicht als Ausbruch bezeichnen, denn für ihn war es sehr bodenständig. Aber der hochgebildete Geist, der sehr viel über Meditation gelesen, der diese und jene Methode angewandt, der sich selbst verleugnet, der nach einem bestimmten Prinzip gehandelt hat, ein solcher Geist möchte mehr als nur unter einem Baum oder in einem abgedunkelten Zimmer sitzen, sich konzentrieren und darauf hoffen, einen kurzen Einblick in etwas zu erhaschen, das ebenso befriedigend ist und dem Leben einen Sinn gibt. Dies alles ist eine Form der Unterhaltung und hat nichts mit Meditation zu tun. Es gibt eine Ekstase, die nicht Wirkung einer Ursache ist, denn in der Meditation gibt es keine Energieverschwendung. Meditation ist die Summierung aller Energie, die ins Nichts hinein explodiert. Der Mensch fürchtet sich vor dem Nichtsein oder dem Nichtwerden. Er muss ein Ziel, einen Zweck, einen Ausgang im Blick haben, und das erhabene Nichts erscheint als eine Verneinung des Lebens. Das Verständnis der Bewegung allen Denkens und Handelns, die ja Leben ist, ist die Bewegung des Nichts der Meditation.

Nun schwiegen die Halsbandsittiche, und die Bäume waren voller Krähen, Hirtenstare und kleinerer Vögel. Der Mann mit dem Fahrrad war der Stille des Abends, der Herrlichkeit der Kuppel und der Schönheit des Rundbogens überhaupt nicht gewahr. Unvermittelt stand er auf, stieg aufs Fahrrad und fuhr seiner Wege.

„Wenn ich könnte, würde ich gerne lehren, wie man kooperiert. Für mich ist dies einer der wichtigsten Aspekte beim Lernen. Ich habe es zwar oft versucht, aber ich weiß wirklich nicht, wie ich es fertigbringen soll. Kooperation ist anscheinend der Schlüssel zu Beziehung. Wird sie nicht erlernt, werden Disziplin und Zwang erforderlich, was wiederum zu dem führt, was heute in der Welt vor sich geht, diese Revolte gegen die Tradition oder ihre blinde Akzeptanz. Könnten wir deshalb heute Vormittag darüber sprechen?“

*Was ist für Sie das Wichtigste bei der Kooperation? Ist es das Ziel, für das wir kooperieren, sind es die Menschen, mit denen wir kooperieren, oder ist es das starke Gefühl der Kooperation, des Zusammenarbeitens, des gemeinsamen Tuns?*

*Kann es Kooperation für einen Glauben geben, für eine Autorität, die diesen Glauben repräsentiert? Kann es Kooperation geben, ihren Geist, ihr Gefühl und ihre Tiefe, wenn irgendwelche persönlichen Gefühle, persönlicher Nutzen oder die Angst, nicht dazuzugehören, im Spiel sind? Wenn so etwas vorhanden ist, muss es Trennung mit Widersprüchen und Konflikten geben. Das Leben verlangt, dass wir alle zusammenarbeiten. Es gehört zur Zivilisation, dass wir unmöglich ohne die Hilfe anderer existieren können. Je gebildeter man im wahren Sinne dieses Wortes ist, desto größer die Notwendigkeit zur Kooperation.*

*Zusammenarbeit bedeutet nicht, zwanghaft gemeinsam zu denken, sich dem tieferen oder umfassenderen Denken eines anderen zu unterstellen. Sobald ein Gefühl der Unterwürfigkeit entsteht, setzt das langsam wirkende Gift der Autorität ein. Autorität kann uns nötigen, zu unserem persönlichen Vorteil oder um eines künftigen Versprechens willen zu kooperieren, aber Intelligenz ist nicht das Kind des Denkens. Das Denken hat eigene unfruchtbare Kinder. Wenn das Denken kooperiert, muss es unweigerlich Trennung und Konflikt hervorbringen. Das Denken ist alt, aber Intelligenz hat kein Alter. Bei der Kooperation gibt es weder Unterdrückung noch Unterwürfigkeit.*

„Ist dies alles nicht zu schwierig, um es einem Schüler vermitteln zu können?"

*Im Moment geht es uns nicht um den Schüler. Es geht uns darum, ob Sie als Lehrer und als Mensch über die Qualität der Kooperation verfügen. Für Sie ist Kooperation eine Idee, wenn ich darauf hinweisen darf, und Sie möchten sie dem Schüler vermitteln, der sie dann entweder ablehnt oder annimmt. Die Beschreibung dieser Idee ist nicht das eigentliche Kooperieren. Wir ergehen uns in Erklärungen, und anscheinend stellen diese uns zufrieden. Einem durstigen Menschen ein großes kühles Getränk zu beschreiben, hat überhaupt keinen Wert. Er möchte Wasser. Deshalb müssen wir herausfinden, ob Sie als Lehrer, als Mensch, wirklich und wahrhaftig über das Gefühl für Kooperation, für Zusammenarbeit, verfügen. Die Aufrichtigkeit dieses Gefühls ist dann vermittelbar – sie vermittelt sich selbst. Ohne dieses Gefühl über Kooperation zu sprechen, erzeugt eine heuchlerische Oberflächlichkeit, die nicht Kooperation ist. Ohne dieses Gefühl löst sich jede Zivilisation auf. Vielleicht arbeiten Sie aus persönlichen Gründen oder für ein persönliches Ziel, um des Prestiges oder einer nationalen Errungenschaft willen zusammen; so geschieht es in der Welt, und deshalb wird die Gesellschaft unredlich.*

*Unsere Frage ist eigentlich, ob Sie als Lehrer und als Mensch nicht die Idee, sondern die Tatsache der Kooperation liebgewinnen können. Dann können Sie sie dadurch, dass Sie über dieses Thema mit den Schülerinnen und Schülern sprechen, durch die Diskussion, auch vermitteln, und die Schülerinnen und Schüler werden Ihre Fürsorge, Ihre Intelligenz und die tiefe Notwendigkeit spüren. Wenn wir wirklich verstehen, was es bedeutet zu kooperieren, wissen wir auch, wann wir nicht kooperieren sollten. Dies gehört zur Bildung. Aber der unreife Geist ist immer willens, nicht zu kooperieren, zu revoltieren; dies ist wesentlich einfacher als zu lernen, wie es sich mit der Kooperation wahrhaft verhält.*

„Als Lehrer haben wir keine Zeit. Wir sind erschöpft. Wir haben so viel zu tun, sowohl zu Hause als auch in der Schule. Was Sie sagen, erscheint mir wahr, allein …“

*Glauben Sie wirklich, dass dies eine Frage von Zeit oder mangelnder Energie ist? Kooperation muss eines der wichtigsten Anliegen jedes Menschen sein, weil sie weitaus wichtiger ist als jedes Buch oder jedes Fach, denn sie betrifft das ganze Leben, in der Gegenwart und in der Zukunft, nicht nur für den Schüler, sondern auch für einen selbst. Der Lehrer ist ein Mensch, und wenn Sie keine Zeit haben, zum Himmel aufzuschauen, dann leben Sie nicht. Weil wir das Leben in verschiedene Berufe und uns selbst in verschiedene Widersprüche unterteilt haben, sagen wir, wir haben keine Zeit. Dies liegt daran, dass wir uns mit einem einzelnen Bruchteil beschäftigen.*

## 33
## Denken trennt

Es gibt einen Pfad, der sich durch die Kartoffelfelder und den Winterweizen windet, und etwas weiter folgt ein breiter Streifen mit weiß blühenden grünen Erbsen. Man kam an Tamarindenbäumen und einem Mangohain vorbei. Dort gab es Halsbandsittiche, und auf dem höchsten Baum saßen Geier. Du gingst vorbei an uralten Dörfern mit Tempeln, die so alt waren, dass sie zeitenthoben schienen. In den Weizenfeldern stand ein riesiger Bulle mit einem enormen Widerrist. Er wirkte ganz harmlos. Du gingst vorüber, und ein paar Jungen kamen und scheuchten ihn auf ein anderes Feld, wo er erneut vertrieben wurde. Aber der Bulle wandte sich nie gegen sie. Oft sahst du ihn im Schatten eines Baumes liegen und meditativ wiederkäuen.

Viele Sannyasins waren auf dem staubigen Pfad, alte Mönche mit ihren Bettelschalen und abgetragenen Sandalen. Die Dörfer waren voller Unrat, und alte Männer saßen in der Sonne zwischen Ziegen, Hunden und Rindern. Abertausende Pilger gingen auf diesem Pfad zum Fluss. Auf der Straße, die von ihm wegführte, gingen die Dorfbewohner tagtäglich in die Stadt, wo sie ihre Erzeugnisse für ein paar Münzen, ein wenig Öl, etwas Stoff oder eine neue Fahrradpumpe verkauften. Auf dem Weg in die Stadt plauderten sie, aber auf dem Heimweg gingen sie schweigend zurück in ihre Dörfer, überquerten die klapprige Brücke, stiegen den kleinen Hang hinauf und immer weiter. Was für ein wunderschönes Land dies ist, und wie dreckig und entwürdigend seine Dörfer sind. Der Fluss durchströmt sie alle, ganz ruhig, wird von ihnen verunreinigt, reinigt sich aber in seinem weiteren Verlauf. Nie schien ihm etwas angetan, nie schien er verschmutzt zu werden. An jenem Morgen lag er mit seinem Frieden im goldenen Sonnenlicht.

Wir saßen in einem Raum mit Blick über den Fluss. An einem blauen Himmel zogen die Geier ihre Kreise immer höher. Auf der Veranda bauten zwei Tauben ihr Nest. Es war an jenem Morgen nicht allzu kalt, und man spürte einen tiefen Frieden. Etwa dreißig Mädchen und Jungen saßen auf dem Boden, alle ziemlich schüchtern, aber doch mit sehr vielen Fragen. Schließlich fasste sich einer ein Herz und sprach: „Warum sollte ich an Gott glauben? Unsere Eltern und die Menschen um uns herum glauben alle, und auch wir müssen glauben, aber warum sollte man?“

Ein Mädchen, sauber gewaschen, frisch und mit offenem Gesicht, sagte: „Ich interessiere mich eigentlich gar nicht für Gott. Ich weiß nicht, warum Sie darüber sprechen wollen. Mir geht es um mein Leben, wie ich richtig lebe. Über Gott zu sprechen, erscheint mir unwichtig. Vielleicht ist es nötig für die ältere Generation, aber mit meinem Leben hat das nichts zu tun. Er scheint vollkommen unnütz, darüber zu sprechen.“

*Interessiert es dich gar nicht, warum Abermillionen Menschen sich für Gott interessieren?*

Das Mädchen erwiderte: „Wahrscheinlich interessiert es mich, wenn ich älter bin, aber jetzt nicht. Ich möchte das Leben verstehen und wie man leben soll. Was hat Gott damit zu tun?“

*Weißt du, die Menschen leiden sehr viel. Ihr Leben ist ein großes Leiden. Ständig befinden sie sich im Konflikt. Die Dinge kommen und gehen; es gibt so viel Ungewissheit, und zu allen Zeiten wollten die Menschen wissen, ob es etwas Dauerhaftes gibt. Sie sagen, das Leben ist nicht von Dauer, es ist vergänglich, und sie möchten etwas finden oder an et-*

*was glauben, das nicht vergeht, das von Dauer ist, das nicht verdorben wird, sobald der Mensch es berührt. Da sie nicht wissen, ob es so etwas gibt oder nicht, glauben und hoffen sie aus ganzem Herzen, dass es etwas in dieser Art gibt. Seit Tausenden von Jahren glauben die Menschen und bringen einander für ihren Glauben um. Mit Ausnahme von ein oder zwei Religionen haben sie Religionskriege geführt.*

*Wenn du sagst, du interessierst dich nicht dafür, warum nicht? Dies gehört zum menschlichen Dasein. Du glaubst vielleicht nicht an Gott, aber vielleicht an ein Prinzip, an den vollkommenen Staat, an einen Himmel oder ein Paradies. Das ist alles dasselbe. Ganz sicher interessierst du dich für alles menschliche Bestreben. Du interessierst dich vielleicht nicht für Mathematik, aber sie gehört zu deiner Schulbildung. Genauso musst du dich auch ungemein für alles interessieren, was den Geist des Menschen berührt, seine Sorgen, seine Verwirrung, seine Absurditäten, seinen Glauben an Gott oder seinen Unglauben an Gott. Du musst dich auch mit dem Leben, mit der Liebe und mit dem Tod beschäftigen, weil dies alles zum Dasein dazugehört. Deshalb achte bitte auf das, was der Junge gefragt hat. Er hat gefragt, warum man an Gott glauben sollte. Es ist eine ganz natürliche Frage, denn alle um ihn und dich herum glauben an Gott. Es gehört zu deiner Tradition, zu deiner Erziehung, gerade so, wie es auch in den Ländern, in denen die Menschen angewiesen werden, nicht an Gott zu glauben, zur Erziehung gehört. Lasse uns also herausfinden, warum die Menschen an etwas glauben wollen, das sie aus ihrem Leiden, ihrer Ungewissheit und Verwirrung heraus projizieren. Wünschst du dir nicht eine gewisse Sicherheit, etwas, woran du dich festhalten kannst, das dich beschützen könnte?*

Die Jungen und Mädchen sahen einander ernst und verunsichert an. Sie wussten nicht, was sie darauf sagen sollten.

*Nicht nur einige wenige, sondern alle Menschen auf Erden brauchen Sicherheit, Nahrung, Kleidung und Obdach. Ohne körperliche Sicherheit herrscht Angst vor dem Morgen. Wenn wir Angst haben, arbeitet unser Verstand nicht richtig, nicht in gesunder Weise. Aber so, wie die Dinge jetzt stehen, wo ein Land sich gegen das andere wendet, gibt es große körperliche Unsicherheit; und da wir Sicherheit wollen, körperliche Unversehrtheit, halten wir an unserem kleinen Haus fest, an unserem Fleckchen Land, an unserer Familie, an unserer Arbeit. Außerdem möchten wir auch tiefe innere Sicherheit; wir wollen uns geborgen fühlen, unbehelligt, obwohl wir wissen, dass es den Tod gibt, dass es Schmerz gibt, dass das Leben ein ständiger Kampf in großer Einsamkeit ist.*

*Daher sagen wir uns, gar nicht absichtlich, dass es etwas geben muss, das unvergänglich ist, absolut, und wir glauben daran. Es ist im Allgemeinen das Gegenteil dessen, was wir sind. Deshalb sagen wir, dass Gott Liebe ist, immerwährende Schönheit, Frieden, und dies geben wir von Generation zu Generation weiter. Wir sagen, wir seien Juden, Hindus, Muslime oder Christen. Diese Einteilung mit ihrer angeblichen Sicherheit trennt die Menschen und erzeugt dadurch Unsicherheit, Kriege und Hass. Das ist klar, nicht wahr? Rings um euch herum seht ihr, dass eine Gruppe von Menschen gegen eine andere steht, ein Mensch gegen einen anderen. Euer Glaube trennt euch von denen, die nicht dasselbe glauben wie ihr. Ihr sprecht vielleicht von der Nächstenliebe, aber unterhalb dieser Worte sondert ihr euch ab – durch euren Glauben, durch eure Tradition und diese eigentümliche Arroganz, die von der Gewissheit eures jeweiligen Glaubens herkommt. Ihr seht also, warum wir glauben wollen. Für diesen Glauben sind wir bereit, einander zu vernichten. Alle Religionen sprechen von Liebe und dem freundlichen Umgang miteinander, aber gerade der Glaube zerstört Güte, Liebe und tiefe Freundlichkeit.*

„Ich verstehe, was Sie sagen. Aber warum gibt es dieses Bedürfnis nach persönlicher Sicherheit, das die Form des Glaubens annimmt?"

*Wie wir gesagt haben, körperlich können wir nicht in gesunder Weise funktionieren, wenn wir nicht Sicherheit, also Ordnung, um uns haben. Dies ist der vordringlichste Anspruch in allen Tieren und also auch in uns. Es ist absolut notwendig, dass wir alle, nicht nur die wenigen Wohlhabenden, über das physisch grundlegend Lebensnotwendige verfügen. Dies ist nicht möglich, wenn man sich in Hindus, Muslime oder eine andere Kategorie einteilt. Dies bedeutet, dass ihr aufhört, euch als Hindu, Muslim oder etwas anderes zu bezeichnen. Legt euch keine Etiketten zu. Wir sind Menschen, keine Etiketten. Hört ihr auf, euch als dieses oder jenes zu bezeichnen? Sonst schafft ihr noch größeres Elend für den Menschen. Dies gehört zu eurer Bildung; sie besteht nicht nur aus dem Erlernen von Fachwissen.*

Ein Junge sagte: „Ich kann ja aufhören, mich als Muslim zu bezeichnen. Aber was ist mit den Menschen in meinem Umfeld? Meine Eltern werden entsetzt und sehr wütend auf mich sein."

*Gibst du ihnen dann nach und kehrst wieder in den Schoß der Gemeinde zurück, die sich als Muslime bezeichnen? So wie du Mathematik lernen musst, musst du auch lernen, mit deinen Eltern umzugehen, wenn sie wütend auf dich werden, weil du nicht dasselbe glaubst wie sie. Du musst etwas über Beziehung lernen und dir nicht nur sagen lassen, wie du dich zu verhalten hast. Ist dies als Ganzes zu schwierig? Wenn ja, dann nimm dir einen kleinen Teil vor, lerne etwas daraus und lerne dann weiter. Sage nicht einfach nur, deine Eltern werden wütend werden, und deshalb musst du dich ihnen beugen. Lerne, mit ihnen zu leben, ohne glauben zu müssen, was sie glauben. Es hat keinen Sinn, lediglich gegen sie zu revoltieren, dir deine eigene kleine Insel zu erschaffen und zu glauben, du könntest ganz allein für dich oder mit anderen zusammenleben, die ebenfalls revoltieren – damit erschaffen sie ihre Insel im Gegensatz zu anderen Inseln. Auch dies erzeugt wieder Trennung, Feindseligkeit, Krieg. Dies ist seit jeher die Geschichte des Menschen.*

*Wir müssen im Frieden miteinander leben, und deshalb müssen wir verstehen, wie dieser Glaube, der trennt, entsteht. Tief im Innersten haben wir Angst, und weil wir sie nicht auflösen können, projizieren wir ein Bild dessen, was wir Gott nennen. Wir haben es erschaffen. Wir erschaffen Gott nach unserem Bilde und klammern uns verzweifelt daran, weil wir miteinander und mit uns selbst im Krieg liegen, und weil das Leben so ungewiss ist. Und am Ende steht immer der Tod. Deshalb klammern wir uns an das Bild, das wir uns gemacht haben, das Symbol, das Ding, das die Hand oder der Geist erschaffen haben. Wichtig ist nicht, woran du glaubst, sondern warum du glaubst; und wenn du dem tief auf den Grund gehst, stellst du fest, dass wir uns alle ein starkes Gefühl innerer Sicherheit wünschen. Wir alle wünschen uns inneren Frieden und ein Gefühl tiefer, ruhiger, unvergänglicher Klarheit. Deshalb erfindet das Denken verschiedene Formeln, Bilder und spekulative Hoffnungen. Das Denken unterteilt sich in Beständiges und Vergängliches. Da es selber vergänglich ist, erfindet es eine Beständigkeit. Das Denken unterteilt die Welt in Nationalitäten, in Gruppen, in Einzelne im Gegensatz zur Gemeinschaft und so weiter, endlos. Es ist eine Art Spiel, das wir mit uns selbst spielen, und dieses Spiel führt zu großen Gräueln, Brutalität und Gewalt.*

*Ihr seht also, wie das Denken Hass und Arroganz erzeugt, und ihr seht, wie das Denken das Bild dessen erschafft, was es Gott und Liebe nennt. Diese Gegensätze sind das Produkt des Denkens, und darin sind die Menschen endlos gefangen.*

*Dies alles hat nichts mit Liebe zu tun, nicht wahr? Ihr wisst, was wir mit diesem Wort meinen? Freundlich zu sein, sanftmütig; Liebe hat keine Angst; Liebe ist nicht eifersüchtig. Liebe ist kein Ding des Denkens. Ein Ding des Denkens trägt eine Dualität in sich, einen Gegensatz, da aber Liebe nicht aus Denken zusammengesetzt ist, hat sie kein Gegenteil. Dies ist etwas Großes, das man begreifen muss. Nehmt euch etwas Zeit dafür, dies alles zu beobachten, so wie ihr euch auch für Geographie Zeit nehmt. Erlernt es, wie ihr Cricket erlernen würdet. Dann werdet ihr erkennen, dass jegliche Form des Glaubens völlig unnötig wird und ihr ganz ohne Formel leben könnt.*

## 34
## Der Intellekt kann niemals frei sein

Jeden Morgen kam eine Amsel, um sich auf den höchsten Schornstein zu setzen, zu singen und die Dächer und Antennen zu beaufsichtigen. Es war Frühling, und die Kastanien trieben ihre zarten grünen Blätter. In dieser Stadt hatte der Frühling offenbar eine besondere Bedeutung. Eine eigentümliche Freude lag in der Luft, und der Park barst geradezu vor Leben. Jeder Baum und jeder Strauch trieb neue Blätter, überall waren Blütenknospen und der Geruch des Frühlings. Es war recht warm für die Jahreszeit, und wenn man unter den Bäumen und dem Versprechen künftiger Blüten spazieren ging, konnte man spüren, dass die Erde froh war, vom Winter befreit zu sein. Es gab Narzissen und Primeln, und in den Fenstern standen Mimosen aus dem Süden. Die Menschen gingen mit einem Lächeln vorüber. Die Traurigen waren die, die von der Rennbahn kamen. Sie wirkten verdrießlich und unglücklich, weil ihr Pferd nicht gewonnen hatte. Kinder spielten mit Reifen, schrien und riefen einander zu. Die Amsel kam allmorgendlich, setzte sich auf den Schornstein, sang und blickte über die Dächer und die Passanten.

Unmittelbar unter dem Fenster stand der einzelne Kastanienbaum. Er war nicht sehr gesund; viele Äste waren abgesägt worden. Man hatte ihn zu stark beschnitten, damit er in den kleinen Garten passte, und jetzt, im zeitigen Frühjahr, ließ er die neuen Blätter fallen. Bevor wir abreisten, standen vereinzelte Blüten wie Kerzen inmitten der grünen Blätter. Der Fluss befand sich ganz in der Nähe, und manche Brücke über ihn war sehr schön. Der Himmel war an jenem bestimmten Morgen außergewöhnlich blau, klar, weich und sanft. Fast konnte man ihn in der Hand halten, ihn riechen und streicheln.

Die Ladenbesitzer hatten natürlich keine Zeit, sich dies alles anzusehen, ebenso wenig diejenigen, die zu den Rennen gingen. Ein Künstler malte, aber er war so in seine Arbeit vertieft, dass er den kleinen Jungen gar nicht bemerkte, der näherkam, um zu sehen, was er machte. Da keiner mit ihm sprach, wandte sich das Kind bald ab. Die Restaurants waren voll, und auf den breiten Straßen wimmelte es vor Menschen und Autos. Die riesige Fahne unter dem Bogen, lang und breit, zeichnete gemächliche Bewegungsmuster, anmutig und einladend. Der Mann, der auf die Idee gekommen war, diese große Fahne dort anzubringen, muss an ihrem Anblick seine Freude gehabt haben. Wahrscheinlich war er irgendein höherer Beamter, und dies muss sein Leben aus dem üblichen Alltagstrott herausgehoben haben. Vielleicht ging er bei ihrem Anblick jedes Mal mit stillvergnügtem Lächeln weiter.

In dem kleinen Zimmer mit seiner biederen Möblierung befanden sich Menschen unterschiedlicher Nationalität. Sie waren gekommen, um über Bildung, ihre Kinder und den allgemeinen Zustand der Welt zu sprechen. Tulpen standen auf dem Tisch. Wir waren alle ziemlich schüchtern; es war schwer, einen Anfang zu finden, aber nachdem wir über das Wetter und den schönen Frühling gesprochen hatten, über das grüne Gras und den Lärm der Stadt, sagte einer: „Ich schicke meine Kinder auf eine Privatschule. Ich sehe sie gerne und spiele mit ihnen, wenn sie in den Ferien nach Hause kommen, aber leider hat man nicht genug Zeit oder vielleicht auch Lust, auf sie aufzupassen. Das private Schulsystem, wenn man es sich denn leisten kann, ist besser für sie. Natürlich ist es ein System, das Wert legt auf die Klasse, die Schulkrawatte und das unvermeidliche Amt. Ich bin sicher, wir wissen alle, was in anderen Teilen der Welt vor sich geht, wo die Studenten rebellieren. Sogar in meinem eigenen Land geht das so. Anscheinend haben wir ihnen nichts mehr zu bieten, und wenn man die großen Straßen entlanggeht, begegnet man langhaarigen Jungen und Mädchen aller Art, ungepflegt und orientierungslos. Zumindest die Intellektuellen haben doch über eine gewisse Integrität verfügt, über eine bestimmte Sicht des Lebens – tolerant, leicht zynisch, eigenständig und ein wenig abgehoben. Aber eine Aristokratie des Intellekts schwindet offenbar schnell; der modernen Generation bedeutet sie nichts. Sie haben keine Hemmungen; sie tun, was sie wollen, achtlos, gleichgültig, ohne jede Würde. Intellektuelles Streben mit rigoroser Disziplin kommt bei dieser Generation nicht an. In meinem Land gab es eine gewisse Kontinuität der Tradition und bestimmte Zielvorstellungen. Jetzt werden wir alle bürgerlich. Selbst die sogenannte Aristokratie wird gewöhnlich. Man verspürt eine langsame Auflösung, die einen zur Verzweiflung bringt.

Wir beobachten dies alles, ohne etwas dagegen tun zu können. Wir sehen zu, wie die Jungen in Scharen ihre Art von Musik hören gehen und nächtelang in Zelten im Freien schlafen. Es ist schmutzig und unbequem, doch sie sind offenbar außerordentlich glücklich miteinander. Man hat das Gefühl, dass die jungen Leute und das Land als Ganzes heute, wo es keine Kriege und keine absurden Diskurse hoher Prälaten gibt, keine Vision haben. Ihnen genügt das Glück des Augenblicks mit seinen sofort verfügbaren Freuden, unmittelbarer Bedürfnisbefriedigung und dem eitlen Streben nach gar nichts. Ich vermute, daran sind eigentlich wir selbst schuld, denn ich frage mich oft, was ich im Leben getan habe, was wirklich einen Sinn hat. Ich vermute, dass wir in gewisser Hinsicht alle Versager sind und in unserem Wahn unsere eigene Vernichtung heraufbeschwören."

Ein anderer erwiderte: „Davon weiß ich nichts. In meinem Land wird der Intellekt immer noch respektiert. Wir haben eine wunderbare Sprachstruktur erschaffen; wir haben immer noch große Künstler und Schriftsteller. Wir verehren den guten Geschmack in allen Dingen und waren darin weltweit führend. Wir hatten unseren Studentenaufstand, aber er wurde eingedämmt. Der Überschwang der Jugend zeigt sich in unterschiedlicher Form; heute ist es die Revolte. Aber für uns ist ein gutes Leben das Wichtigste, die Wertschätzung für das Gute – gutes Essen, gute Architektur, gute Musik und natürlich Frauen. Damit sind wir zufrieden, und wir haben der Religion ihren angestammten Platz zugewiesen. Zwar hat es einst Kriege darum gegeben, aber das ist lange her."

Wieder ein anderer meinte: „Wenn Sie durchs Land gehen, würden Sie wahrscheinlich recht zufriedene Menschen vorfinden, die in Ruhe gelassen werden wollen und völlig um sich selbst kreisend auf ihren kleinen Bauernhöfen mit ihren Schweinen und Hühnern leben und ihren Jahresurlaub nehmen. Aber auch in diesem Land wird der Niedergang allmählich akzeptiert. Auch wir werden amerikanisiert. Unser Bildungssystem war eines der besten, aber es muss reformiert werden. Zum Glück ist das Konkurrenzdenken noch nicht völlig ausgelöscht, obwohl es nichts ist im Vergleich zu dem, was in der kommunistischen Welt herrscht. Dort wird Konkurrenz gezielt gefördert, und die Besten kommen schließlich nach Moskau. In ihrer Musik, im Ballett, im Zirkus und in der wissenschaftlichen Welt ist es dasselbe. Die Welt wird immer skrupelloser, und die intellektuelle Integrität verschwindet schnell."

*Wie kann man aufrichtig sein, wenn man wetteifert? Liegen im Konkurrenzdenken nicht Nachahmung und Anpassung an alles, was die Gesellschaft will? Konkurrenzdenken ist der Kern der Anpassung, und die Gesellschaft fördert die, die sich anpassen, ob in der kommunistischen Welt oder anderswo. Die guten Sitten der Konkurrenz sind das Verderben der Gesellschaft. Im Wettbewerb mag es guten Geschmack oder vulgäre Aggression geben, doch solange es diesen Geist gibt, ist jede Gesellschaft unredlich.*

„Was würde in einer Gesellschaft geschehen, in der es keinerlei Wettbewerb gibt?"

*Dies ist eigentlich eine intellektuelle Frage, die jemand stellt, der im Konkurrenzdenken gefangen ist und daher nicht wirklich in Freiheit von Nachahmung und Anpassung lebt. Der Intellekt wähnt sich vielleicht frei von etwas, wenn er aber ablehnend auf Konkurrenzdenken reagiert, kann er in eine andere Falle tappen, in der Konkurrenzdenken herrscht. Die Förderung des Intellekts ist eine Folge von Zeit und muss daher nachahmend, sich anpassend sein. Der Intellekt kann niemals frei sein, denn Denken ist die Antwort der Vergangenheit, welche wiederum die Anhäufung des Bekannten ist. Das Bekannte erzeugt stets das Muster der Nachahmung; es ist der Quell von Anpassung und Nachahmung.*

„Sind Sie gegen den Intellekt? Was bedeutet, sind Sie für Sentimentalität, Emotionalität und Launenhaftigkeit?"

*Wir sind nicht gegen oder für etwas; aber wenn ein Fragment namens Intellekt die Vorherrschaft über andere Fragmente erlangt, wie dies bei den meisten Menschen der Fall ist, muss es unweigerlich zu Widerspruch, Konflikt und Verwirrung kommen. Wenn ein Volk den Schwerpunkt auf die Idee, die Vernunft legt und dies als guten Geschmack verehrt, dann muss der unvermeidliche Zerfallsprozess einsetzen. Darin gibt es kein harmonisches Wachstum oder harmonisches Leben, und man spürt, dass dies der Keim von Leid und Verfall ist.*

„Unser Bildungssystem *ist* die Betonung des Intellekts. Ohne diesen Intellekt wären wir bloße Wilde. Der Intellekt hat unsere erstaunliche Technik hervorgebracht. Der Intellekt hat große Wirtschaftszweige entwickelt, hat Millionen Menschen in unterentwickelten Ländern Nahrung und ein besseres

Leben beschert. Wenn der Intellekt nicht effizient und vernünftig funktioniert, entsteht physisches Elend. Der Intellekt hat Kriege gebracht, aber auch Krankheiten zurückgedrängt. Es ist erkennbar, welch ausschlaggebende Bedeutung der Intellekt hat. Sie haben wahrscheinlich recht, wenn Sie sagen, dass es unehrlich und scheinheilig ist, ein einzelnes Fragment besonders hervorzuheben, aber so sind wir erzogen worden; wir sind stark konditioniert. Als Eltern erkennen wir die Fragmentierung des Lebens, ganz gleich in welchem Land wir leben, ob wir einen Wohlfahrtsstaat haben oder einen Staat, der die Bildung und Erziehung unserer Kinder vorgibt. Einem Fragment extreme Bedeutung beizumessen, muss, wie Sie betonen, unweigerlich in die Katastrophe führen. Das ist mir völlig klar, aber was können wir als Eltern tun?"

„Wir können sehr viel tun, vermute ich. Ich komme aus einem Teil der Welt, wo wir ein sehr fröhlicher Menschenschlag sind. Wir haben blauen Himmel, sonnendurchflutetes Meer und schöne Frauen, aber durch die Kirche wurden wir dazu gebracht, uns anzupassen, zu glauben. Bis vor Kurzem lag unsere Bildung in den Händen der Religion und war daher rückwärtsgewandt. Jetzt bricht dies allmählich auf. Die Nonnen verlassen die Orden und heiraten, desgleichen die Priester. Das alte Muster verändert sich. Aber wie Sie gesagt haben, dies ist oberflächlich. Ich frage mich, ob wir überhaupt etwas sehr Tiefes wollen. Ein paar wenige vielleicht, aber die meisten möchten Bequemlichkeit, gutes Essen und Spaß. Wir akzeptieren jedes Bildungs- oder Regierungssystem, sei es Diktatur oder Demokratie, das uns dies garantiert. Wir schließen uns mit anderen Staaten zusammen, wenn dies garantiert ist, und wir erschaffen ein Bildungssystem, das sich daran ausrichtet. Ich persönlich möchte das Leben genießen, und wenn der Tod kommt, kann ich sowieso nichts dagegen tun. Aber der Mensch strebt vor allem nach dem Vergnügen."

*Draußen war Frühling, das Neue. Liebe ist immer neu. Vergnügen ist immer das Alte. Die Liebe allein kann etwas völlig Neues hervorbringen, das der Intellekt niemals verstehen kann. Der Intellekt kennt das Vergnügen und die Jagd nach dem Vergnügen, aber er wird nie erfahren, was Liebe ist.*

## 35

## Wissen ist dem Lernen abträglich

Bis die Sonne aufginge, würde es noch ein wenig dauern. Es war ziemlich dunkel. Die Sterne waren außergewöhnlich hell und der Erde sehr nahe. Über dem Tal lag tiefe Stille. Es besaß jene Qualität der Stille, wie sie manches uralte Land hat, unberührt von Menschen, von ihren Gedanken und ihren Kümmernissen, unberührt von jeglicher vergänglichen Kultur, unberührt vom Lärm der Siedlungen und den Schreien des Menschen.

Um diese Zeit am Morgen ist es immer merkwürdig ruhig. Nie spürt man diese Stille in einem anderen Teil der Welt; sie hat etwas Durchdringendes, voller Tiefe und Weite. Dunkel zeichneten sich die Hügel vor dem sternklaren Himmel ab. Du schautest aus dem Fenster, und nichts regte sich – keine Bewegung unter den Blättern, kein Hund bellte und kein Schakal stieß seinen eigentümlichen Ruf aus. In dieser ruhigen Stille spürte man sogleich außergewöhnlichen Raum. Nicht den Raum, der in dem von Bergen umgebenen Tal enthalten ist – die Stille an sich besaß die Weite von Raum. Sie hatte keine Grenze, keine Umrandung. Mit der Stille war sie da, und das Denken konnte sie nicht fassen. In den späten Nachtstunden vor Sonnenaufgang herrschte diese kristallene Klarheit der Stille mit ihrem unermesslichen Raum. Und Liebe war da – wenn man es denn so nennen konnte. All dies war ineinander verwoben und breitete sich aus über das Tal und die Hügel bis über die Berge und in die Meere. Manchmal, wenn du tagsüber alleine vor dich hingingst, ohne einen Gedanken, ohne ein Wort, ohne ein Bild, war es zwischen diesen uralten Hügeln wieder da. Du spürtest, wie es dir bis in die Knochen drang, und es begleitete dich, wohin du auch gingst.

An jenem sehr frühen, klaren und stillen Morgen war sie da, diese ineinander verwobene Bewegung, mit großer Unmittelbarkeit, beständig und allumfassend. Du dachtest, sie käme aus einer bestimmten Richtung, aber plötzlich merktest du, dass sie von überallher kam, von den fernen Hügeln, von den gewaltigen Felsen, aus den ausgetrockneten Flussbetten und den tiefen Brunnen und daher aus deinem eigenen Herzen. Jeden Morgen vor Sonnenaufgang war sie da, ihre Liebe und ihre Schönheit. Dann würde plötzlich ein Hund bellen und das ganze Tal erwachen. Die Sonne berührte die Hügel und die hohen Felsen. Ratternd zögen Ochsenkarren vorüber, und die Kinder lachten. Der Tag würde vergehen, und spät am Abend wäre dieser Raum der Stille mit seiner Liebe wieder da.

Auf der Veranda mit Blick über das Tal und die rot blühenden Bäume saß eine Gruppe von Lehrern und Pädagogen, Männern und Frauen aus dem Norden und dem Süden. Wir saßen auf einem roten Teppich, der gut zu den Blüten an den Bäumen passte. Da die Sonne sehr hell war und blendete, waren die Vorhänge zugezogen, aber es gab ausreichend Licht, sodass wir unsere Gesichter erkennen konnten.

Ein Lehrer fragte: „Was ist Bildung? Ich weiß, was das Wort bedeutet, doch was bedeutet Bildung wirklich, über die Erklärung im Wörterbuch hinaus, für die wir so viele Auslegungen haben? Sie waren auf der ganzen Welt und haben an sehr vielen Universitäten und Schulen gesprochen. Was, denken Sie, bedeutet das Wort in seiner Tiefe? Wofür lebt der Mensch, wozu das alles? Wenn wir nicht wissen, worum es in diesem Dasein geht, hat unsere Bildung wenig Sinn. Erst wenn wir den ganzen Sinn des Lebens kennen, können wir auch seinen Bezug zur Bildung erkennen. Von Bildung an sich zu sprechen, wie wir dies im Allgemeinen tun, ist mechanisch und oberflächlich. Wenn wir also wahre Pädagogen sein wollen, müssen wir die Beziehung zwischen dem Wesentlichen im Leben und der Bildung finden."

*Wir möchten deutlich machen, dass wir nicht über Zweck, Sinn oder Ziel des Lebens sprechen. Wenn Sie einen Zweck oder ein Ziel haben, so ist dies eine Erfindung des Geistes; eines erfinderischen oder philosophischen Geistes. Wenn Sie einen Lebenszweck haben, dann werden das Leben selbst, das,* was ist, *und der Lebenszweck zu Gegensätzen. In dieser Teilung liegt Konflikt.*

„Aber ist nicht alles Dasein eine Bewegung im Konflikt, mehr oder weniger?"

*Die Gefahr eines Lebenszwecks liegt darin, dass er in Ihren Beziehungen Fragmentierung fördert oder hervorbringt. Sie haben Ihren Lebenszweck und ein anderer hat seinen, abhängig von Ihrer Konditionierung und seiner, von Ihren Vorurteilen und seinen und so weiter. Wir fragen nur dann nach dem Sinn und Zweck des Lebens, wenn wir nicht wissen, wie wir leben sollen, wenn das Leben selbst keinen Sinn mehr hat. Wenn das Leben zur Routine, mechanisch geworden ist, erfindet oder imaginiert man einen Zweck, der immer zufriedenstellend ist. Er ist immer etwas, das im Gegensatz zu dem steht, was gerade ist, ob es nun Gott ist oder der Staat oder eine ideologische Utopie. Leben, die eigentliche Tatsache des Am-Leben-Seins, ist weitaus wichtiger als Sinn und Zweck des Lebens. Die eigentliche Tatsache des Am-Leben-Seins ist für die meisten ein ständiger Kampf, Ringen, Schmerz, Verzweiflung und alle menschliche Mühsal. Soll Bildung der Menschheit nicht helfen, von alledem frei zu werden? Oder dient sie nur dazu, immer tiefer in die Falle zu geraten, endlos zu leiden, in ständigem Konflikt, im Wettbewerb, in Gewalt? Ganz sicher geht es bei Bildung nicht nur um den Erwerb von Fachwissen, sondern auch um viel mehr, um Erkennt-*

*nis und daher Überwindung der Verwirrung und des Elends des Menschen. In ihrer jetzigen Form beschäftigt sich unsere Bildung nur mit einem einzigen Fragment einer Person, mit einem bestimmten Bereich, und lässt alles Übrige außer Acht. In einer bestimmten Richtung sind wir hochqualifiziert und doch zugleich schrecklich dumm und unwissend. Wenn ich deshalb fragen darf: Worum geht es Ihnen als Pädagogen?*

„Selbstverständlich geht es uns um die Vermittlung von Information oder Wissen über die oberflächlichen Beschäftigungen des Menschen – Geographie, Geschichte, Naturwissenschaften und so weiter. Hauptsächlich geht es uns darum, unseren Studierenden zu Informationen über ein Thema zu verhelfen, damit sie als Fachleute tätig werden und damit ihren Lebensunterhalt bestreiten können. Ich denke, dies ist im Allgemeinen das Anliegen von Universitäten, nämlich ihre Studierenden in einer Fachrichtung sachkundig zu machen, damit sie Arbeit finden. Mit dem übrigen Leben sind wir überhaupt nicht befasst. Die Studierenden mögen dagegen rebellieren, aber sie werden sich doch darin verstricken, denn sie müssen ja arbeiten. Als Pädagoge weiß ich nicht, wie ich meinen Studierenden oder mir selbst Bildung im tiefen psychologischen Sinne vermitteln soll."

*Der Pädagoge braucht also selbst Bildung. Wie kann dies geschehen? Sie haben Ihre Titel und sind in gewisser Weise sachkundig, aber Sie sind völlig ungebildet. Wer soll Ihnen Bildung vermitteln? Andere Lehrer, die auf ihrem Gebiet sachkundiger sind? Diese Super-Pädagogen befinden sich in genau derselben Position wie Sie; sie sind ebenfalls völlig ungebildet. Wer soll Sie unterrichten? Ganz bestimmt nicht Bücher. Diese Bücher sind von Spezialisten verfasst, die selbst nicht vollständig gebildet sind, ob es sich nun um wissenschaftliche oder religiöse Bücher handelt. Es stellt sich also die Frage: Vom wem werden Sie lernen, und gibt es je-*

*manden, der Sie unterrichten kann? Oder müssen Sie lernen, während Sie Ihr Fach unterrichten; eben durch das Lehren, durch Diskussionen, durch Gespräche lernen, wie ihre eigene Psyche und die der Studierenden funktioniert? In eben dieser Wechselbeziehung beginnen Sie zu entdecken und lernen daher etwas über die gesamte Menschheit.*

„Ist es nicht wesentlich leichter, wenn man unterrichtet wird, statt den Prozess der Selbstentdeckung zu durchlaufen, in dem man scheitern kann? Wäre es nicht besser, man würde unterrichtet, man lernte von einen anderen, der auf den Aufbau und das Wesen des Menschen spezialisiert ist?"

*Wenn Sie von jemand anderem lernen, so dies denn überhaupt möglich ist, lernen Sie nichts über sich selbst; Sie lernen, was der andere denkt. Wenn Sie von jemand anderem lernen wie Sie etwa von einem Wissenschaftler lernen, wird es mechanisch, wird es bloßes Wissen, und Wissen ist dem Lernen abträglich. Sie können Wissen mehren oder mindern, aber wenn Sie aus Wissen heraus handeln, handeln Sie unter der Bürde der Vergangenheit. Dies ist eben gerade die Negation des Handelns. Lernen heißt nicht Anhäufen, wie dies beim Wissen der Fall ist: Lernen und Handeln sind synonym, sie sind nicht zwei getrennte Dinge. Wohingegen ein Handeln aus Wissen heraus zu einem Widerspruch im Tun führt.*

*Schließlich tun Sie genau dies, nicht wahr, meine Herren? Sie geben Wissen an Studierende weiter, füllen ihr Gehirn mit Fakten, Theorien und dem Wissen, das die Menschheit auf verschiedenen Gebieten zusammengetragen hat. Wenn die Studierenden dieses Wissen erworben haben, wenden sie es in ihrem Handeln an. Dieses wird mechanisch. Es gibt Vorstöße ins Neue, aber sie sind immer mechanisch. Ganz genauso möchten Sie es machen, wenn Sie darum bitten, etwas über sich selbst, über das gesamte Dasein des Menschen zu erfahren. Ihre Bildung macht die Studierenden mechanisch, weil Sie mit Ihrem spezialisierten Fachwissen selbst mechanisch sind. Mechanisch lebt es sich am leichtesten, aber die leichte Art zu leben schafft die größte Zerstörung und Verwirrung.*

„Das sehe ich ein. Ich glaube, ich verstehe das sehr gut. Sagen Sie nicht, dass unser Geist und damit auch unsere Lebensweise mechanisch geworden sind und unsere Bildung uns dazu gemacht hat? Sagen Sie nicht, dass eine Maschine, wenn sie etwas über sich lernt, doch Teil einer Maschine bleibt? Fordern Sie uns auf, diese mechanische Lebensweise abzubrechen?"

*Dies ist nur ein sehr kleiner Teil. Lernen ist nicht mechanisch. Wir sprechen nicht davon, etwas* über *etwas zu lernen, wir sprechen über die Haltung des Geistes, der lernt – über die Qualität und nicht den Gegenstand des Lernens. Etwas über etwas zu lernen ist das eine, und Lernen ist das andere. Etwas über etwas zu lernen, bedeutet Wissenserwerb. Wissen ist immer Anhäufung und daher die Vergangenheit. Lernen ist eine Bewegung. Lernen ist nicht in der Vergangenheit, es ist immer eine Bewegung in der Gegenwart. Deshalb ist ein Geist, der lernt, immer lebendig, frisch, kraftvoll, und ebendieses Lernen bringt seine eigene Entscheidung mit sich. Das Wort* Entscheidung *bedeutet üblicherweise einen Willensakt. Aber die Entscheidung, die mit dem Lernen kommt, entsteht nicht aus dem Willen und ist daher nicht-dualistisch.*

## 36
## Wissen ist statisch

Beim Aufwachen kannst du nie sagen, wie weit du weg warst. In der Stille und Ruhe des Morgens kommt es dir vor, als seist du so weit weg und so allein gewesen, dass das Zimmer, die Bäume und der Garten scheinbar gar nicht existieren. Es gibt die Mauern und die Umrisse der Bäume und den kleinen Garten. Um dich ist ein weiter Raum, aber du gehörst nicht dazu. Die Umrisse der Hügel, der Ruf der Eule und die ruhige, tiefe Stille des Tals befinden sich anscheinend in einem Raum, den dein Geist nicht geschaffen hat.

Als du an jenem Morgen erwachtest, war dein Körper vollkommen entspannt, die Augen geschlossen. Es hatte überhaupt keine Träume und kaum Bewegung gegeben. Als du aus jener weiten Ferne wiederkehrtest, sahst du deinen Körper daliegen, zusammengerollt und ruhig. Das Gehirn, das viele Stunden ganz ruhig gewesen war, wachte nur widerstrebend auf. Es war nicht eigentlich faul, aber es wollte nicht aktiv sein. Schon bald würde es den Sonnenaufgang bemerken, das Licht auf den Hügeln, die vorüberrollenden Ochsenkarren, den Wind in den Blättern und die rufenden und spielenden Kinder. Jetzt aber wollte es völlig still verweilen, ohne jeden Gedanken und ohne jede Reaktion. Es war völlig entleert von allen Erinnerungen, von den Dingen, die es tun musste. Diese Leere hatte eine seltsame Qualität von Schönheit. Es war nicht die Schönheit der Hügel oder von Bildern, von Musik oder von Worten. Es war keine Schönheit, die zum Ausdruck gebracht werden könnte, denn Ausdruck hat nicht die Qualität dieser Schönheit des Geistes, der merkwürdig achtsam war ohne jede Regung, ohne jedes Zentrum.

Über eine Stunde lang lag er da, wach, aber ganz ruhig. Der

Körper rührte sich nicht, und jegliche geistige Regung fehlte. Die Qualität der Leere hatte den besonderen Nachklang der Liebe, weil eine solche Weite da war. Wie lang dies dauern würde, schien ohne jede Bedeutung; die Zeitdauer käme erst, wenn die Denkbewegung hereinbräche. Aber das Denken war so weit weg wie die schneebedeckten Berge. Es würde viele Kilometer zurückgelegt haben, bevor es näherkäme. In der kurzen Zwischenzeit der Nacht hatte das Gehirn sich anscheinend erneuert. Es würde die tägliche Rede geben und die stets begrenzte Aktivität des Denkens. Aber irgendwie hatte das Bevorstehende keinerlei Bedeutung. Der blaue Himmel wäre da, die uralten Hügel und hinter den Tamarinden der große Banyanbaum. Es würde ein bezaubernder Morgen, duftend, frisch und klar, aber all dies existierte gar nicht. *Was war*, war die umfassende Leere mit ihrer Schönheit und Liebe. Und dies war genug für das ganze Leben.

„Wir vermitteln Wissen und Information, die größtenteils mechanisch sind. Wir haben, besonders in den letzten hundert Jahren, über jedes mir erdenkliche Thema sehr viel Wissen erlangt; und wir mehren es mit einer erstaunlichen Geschwindigkeit, mit der man geradezu unmöglich mithalten kann. Als Lehrer unterrichte ich lieber in Schulen als an der Universität, und ich habe mich oft gefragt, was der Ort des Wissens ist und welche Bedeutung er hat. Ich bin mir nicht sicher, ob dieses umfassende Wissen uns nicht zerstört. Ich habe meinen Doktor gemacht, aber wozu ist dies gut? Wenn ich überheblich und bedeutungsvoll über ein Thema referiere und dabei eine große Distanz zwischen mir und den Schülern wahre, zweifle ich oft am Wert dieses Wissens.

Neulich habe ich einen Freund aus einem Dorf getroffen, der keinen Abschluss hat, keinerlei Ansprüche auf höhere Bildung, aber er hatte ein Lächeln im Gesicht. Er begrüßte mich so warmherzig, dass es mir peinlich war. Ich kam aus der Stadt und er aus den Bergen. Er war Mensch, und ich war mechanisch geworden. Wissen macht uns offenbar unmenschlicher, distanziert, fragmentarisch und zutiefst wertlos. Trotzdem vermittele ich mein Wissen meinen Schülern und mache sie damit mechanischer und unmenschlicher, mehr als es meine Väter waren. Es scheint so kindisch, und doch stecke ich in dieser Falle. Könnten wir alle einmal darüber nachdenken?"

*Wissen ist das eine und Lernen ist das andere. Das eine führt in die Gefangenschaft, das andere in die Freiheit. Freiheit ist niemals mechanisch, denn sie ist nicht vom Denken zusammengesetzt, welches mechanisch ist. Freiheit liegt nicht im Bekannten; sie ist keine Anhäufung von Bekanntem. Die Anhäufung von Wissen, wie ein Eichhörnchen Nüsse anhäuft, ist zum Geschäft unseres Lebens geworden. Je mehr wir besitzen, desto sicherer und wichtiger kommen wir uns vor. Das Handeln des Wissens ist mechanisch, sich wiederholend, und in dieser gewohnheitsmäßigen Wiederholung fühlen wir uns sicher, geschützt. Wir meinen, es könne uns nichts geschehen. Es ist ein Schutzschild gegen Zweifel, Ängste und Unsicherheiten, und in den umschließenden Mauern des Wissens erscheinen unser Leben und das Treiben des Gehirns gesichert. Man kann Wissen vermitteln, aber nicht den Akt des Lernens. Lernen ist nie anhäufend, denn Lernen mit seiner Neugier, seiner Eindringlichkeit, seinem eifrigen Streben bedeutet eine aktive Bewegung in der Gegenwart. Wenn der Akt des Lernens an den Pflock des Wissens gebunden wird, kann er nur innerhalb des Radius' dessen lernen, woran er gebunden ist. Darin liegt keine Freiheit. Er ist wie ein Gefangener, dessen Freiheit innerhalb von vier Wänden liegt. Dieses Gefängnis ist das Wissen, und daher ist der Lernende niemals frei.*

„Aber ohne Wissen gibt es kein Handeln. In dem System, in dem ich aufgewachsen bin, ist Wissen einer der Wege zur Wirklichkeit, ebenso wie Hingabe oder Handeln. Es gibt vier

Hauptwege. Der eine gehört dem einen Weg an, der andere einem anderen, aber Wissen ist nötig, ebenso wie Handeln nötig ist, wie dieses Gefühl, diese Leidenschaft, diese Sehnsucht nach der Wirklichkeit. Sie scheinen gegen Wissen zu sein, und doch sprechen Sie über das Handeln. Vielleicht könnten Sie darauf noch ein wenig näher eingehen."

*Handeln ohne Wissen ist Nichthandeln. Alles Leben ist Handeln. Das Leben erfordert Wissen. Es muss Wissen über das Universum um uns geben, über die verschiedenen Aktivitäten in unserem Leben, Wissen über die Natur, über die Vergangenheit und so weiter. Wenn man nicht weiß, wo man zu Hause ist, findet man nicht dorthin zurück. Wissen ist absolut notwendig, aber Handeln in Bezug auf dieses Wissen muss mechanisch sein. Gefangen in einer mechanischen Lebensweise suchen wir kleine Fluchten, die nicht mechanisch sind, etwa Unterhaltung, religiöse Darbietungen oder sexuelle Freuden. Aber auch all dies wird mechanisch, und wir erkennen, dass Handeln aufgrund einer organisierten Idee, und darum handelt es sich bei Wissen, niemals frei sein kann und unweigerlich mit dem Leben und all seinen unterschiedlichen Bewegungen kollidieren sowie nicht nur zu Teilung, sondern zu Konflikt führen muss. Wissen ist statisch, immer im Feld der Vergangenheit. Leben ist eine Bewegung, in ständiger Veränderung begriffen. Ein Mensch, der in der Vergangenheit gefangen ist, der in der Vergangenheit lebt und dessen ganzes Denken auf der Vergangenheit gründet, wird unweigerlich ein Leben des Konflikts führen. Die Frage lautet deshalb: Kann dieser Geist mit seinem Gehirn, welches mit all seinem Wissen und seiner Erfahrung das Resultat der Vergangenheit ist, frei sein, das Neue zu erleben?*

„Ich bin mir aber gar nicht sicher, ob ich das Neue entdecken will. Ich möchte Sicherheit, und im Neuen gibt es vielleicht gar keine Sicherheit. Wissen gibt mir Sicherheit an meinem Arbeitsplatz, in meinem Beruf, in meiner Familie und in allen Beziehungen, die ich habe. Ich möchte Sicherheit und ein Gefühl völliger Gewissheit. Alles Neue, das Unbekannte, macht mich unsicher, ängstigt mich."

*Um wirklich in gesunder Weise, objektiv und daher effizient funktionieren zu können, braucht das Gehirn völlige Sicherheit. Liegt diese Sicherheit im Wissen, welches Vergangenheit ist, oder im völligen Verständnis von Sicherheit? Wir brauchen Sicherheit, aber wir zerstören diese Sicherheit durch Teilung, durch Fragmentierung, durch verschiedene Ethnien, Klassen, Nationalitäten, die Reichen und die Armen und so weiter. In ebendieser Unterteilung liegt Unsicherheit. Obwohl wir zuerst Sicherheit wollen, errichten wir eine Struktur, gesellschaftlich, wirtschaftlich und so weiter, die völlige Unsicherheit hervorbringt. Ein Denken, das Sicherheit in verschiedenen Fragmenten sucht, zerstört, was es sucht. In der Nicht-Fragmentierung liegt vollständige Sicherheit. Eines unserer größten Probleme als Pädagogen ist nicht die Vermittlung von Wissen, sondern der Hinweis auf seine große Gefahr. Im Bewusstwerden dieser Gefahr liegt ein Handeln, das nicht mechanisch ist.*

„Ich, als Erwachsener, erkenne die Feinheiten in dem, was Sie sagen, und ich erkenne auch, wie wichtig es ist. Aber wie vermittelt man dies einem Schüler, den es nicht interessiert, der eine Abneigung gegen das Lernen hat, der ungeduldig ist, der nicht zuhört? Die Arroganz der Jugend ist kolossal; man dringt einfach nicht zu ihnen durch. Der Schüler möchte das Leben sofort verstehen, er möchte augenblicklich zum Kern der Dinge vordringen und sofort die ganze Welt verändern, nach seiner persönlichen Vorstellung, versteht sich. Wie kann ein Lehrer dies alles durchbrechen und ihm helfen zu lernen?"

*Wenn ein Lehrer lernt und dies wirklich ernst meint, kann er dem Schüler diese Aufrichtigkeit, dieses Gefühl der Integ-*

*rität vermitteln. Wenn ein Lehrer aber das Wort* Lernen *benutzt, um seine eigene Sturheit zu bemänteln, seine mangelnde Leidenschaft, dann hört der Schüler, der ein feines Gespür für Heuchelei hat, überhaupt nicht zu.*

*Diese Fragmentierung – Lehrer und Schüler, Guru und Anhänger – endet, wenn Lehrer, Schüler, Guru und Anhänger lernen, und zwar durch Diskussion, durch Dialog, durch Erforschen. Die Wahrheit liegt nicht im dialektischen Prozess von Meinung gegen Meinung, Vorurteil gegen Vorurteil, sondern vielmehr in dem Versuch, die ganze Bewegung des Lebens zu verstehen.*

„Aber warum wird der Geist mechanisch? Gibt es überhaupt eine Lebensweise, die nicht schon bald mechanisch wird?"

*Sehen ist Handeln. In der unmittelbaren Handlung des Sehens gibt es keine Teilung. Wir leben nach Schlussfolgerungen und Formeln, deren wir überhaupt nicht gewahr sind. Ohne dass wir ihrer gewahr werden, ist Wahrnehmung und Sehen nicht möglich. Gewahrsein, ohne dass wir aufgrund unserer Konditionierung auswählen, Erkennen der Gefahr der Konditionierung, eben dieses Handeln ist das Ende der Konditionierung. Wenn Sie eine physische Gefahr erkennen, wird sofort gehandelt. Aber die Gefahr einer mechanischen Lebensweise mit ihrer falschen Sicherheit erkennen wir nicht und lassen uns daher von ihr mittreiben, verwirrt, verängstigt und in Sorge.*

## 37

## Wissen wird zum Hindernis für Beziehung

Wir flogen an einem klaren Morgen in großer Höhe. Im Osten stand der Horizont voller Berge, Rücken an Rücken schneebedeckter Gipfel. Wir waren wahrscheinlich viele hundert Kilometer weit weg, aber sie schienen sehr nahe und sehr klar. Mit ihrem Rosaschimmer wirkten sie wie Wolken, und es war Stille zwischen ihnen und uns. Nach kilometerweitem offenen Raum erhoben sich diese fantastischen Gipfel auf über 6000 Meter. Weit im Süden standen Wolken, und einen Moment lang dachtest du, auch sie wären Berge. Es war wirklich ein wundervoller Morgen, schlicht und klar. Im Westen sah man den Horizont und weite Ebenen. Wo Erde und Himmel einander berührten, lagen dunkle Schatten und Flüsse.

Sie tranken ihren Morgenkaffee. Keiner machte sich die Mühe, aus dem Fenster zu schauen, oder sie hatten es schon so oft gesehen, dass es ihnen gleichgültig war. Sie interessierten sich mehr für ihre Zeitungen und für endloses Gerede über nichts. Trotz all des Geplappers und des Geräuschs der Triebwerke verspürte man außergewöhnliche Ruhe. Es gab die Berge mit ihrer Herrlichkeit, und weit unten wand sich der heilige Fluss dahin.

Gebete sind absurd. Dieser Fluss und diese Berge haben nie gebetet. Sie waren da, die wundervollen Berge, die bis in den Himmel reichen, und die Wasser des Flusses, die im Morgenlicht funkeln. Das Flehen des Menschen um Hilfe und Führung ist Bestandteil der Unwissenheit, die eine Selbsthypnose bewirkt und sein Leid verstetigt. Belohnungen mögen durchaus kommen, aber man wird ihr Sklave.

Eine Dame sagte: „Ich komme zum ersten Mal in dieses Land, und ich werde an den Ort gehen, an dem Buddha seine erste Predigt gehalten hat. Ich bin Buddhistin geworden. Am Buddhismus ist wesentlich mehr dran als am Christentum; er spricht eine Vernunft an, an die keine andere mir bekannte Religion heranreicht. Ich mache eine Pilgerreise aus dem Nebel und der Kälte Londons, und ich gehe völlig auf in dem, was der Erleuchtete gesagt hat. Es wird ein heiliger Moment, wenn ich an diesen Ort gelange, und ich bin glücklich, dass ich kommen kann."

Sie hielt eine Perlenschnur in der Hand, ließ sie schweigend durch sanfte Finger gleiten, die Augen geschlossen, völlig vertieft in die Pali-Worte. Aber während des gesamten mehrstündigen Fluges schaute sie nie die Berge an, nie den Fluss, der sich unter uns durch die Dörfer und Städte wand. Nie sah sie die Schönheit der Berge, des Himmels oder der ummauerten Dörfer. Sie war völlig vereinnahmt von dem, was sie gelesen hatte, und begab sich nun auf Pilgerreise. All dies hatte etwas sehr Trauriges. Der Mensch hatte die Erde mit seinem Kummer bedeckt.

In jenem Raum mit dem roten Teppich, dem Duft des Jasmins und der Stille einer roten Blüte sagte einer der Lehrer: „Gestern haben wir über Wissen gesprochen und darüber, wie es das Bild unseres Seins erschafft. Unser Geist hat sehr viele Bilder mit eigenen Daten erschaffen, und diese Bilder tauchen in jedem Moment des Lebens auf. Auf jede Herausforderung antworten sofort diese Bilder. Jedes Bild hat jeweils sein eigenes Wissen, nimmt das Neue auf und verwirft etwas vom Alten. Anscheinend kann man nie etwas ohne diese Bilder betrachten. Entsprechend dem, was Sie gesagt haben, habe ich versucht, einen Baum und meinen Freund anzuschauen. Sofort sind verschiedene Bilder in mir aufgestiegen und haben sich über den Baum und den Freund gelegt. Letztlich ist dies Wissen, nicht nur Bücherwissen, sondern auch Wissen aus alltäglichen Kontakten.

Jedes Bild wird mit der feinen Bewegung des Denkens verknüpft, wie zu einer wunderbaren Perlenkette. Das Denken hat die Bilder geschaffen, und das Denken hält sie zusammen. Über das Bekannte, über das Denken hinauszugehen, heißt, das Denken ruhenzulassen. Mir erscheint dies als etwas vom Schwierigsten und Anstrengendsten überhaupt, und all dies einem Schüler zu vermitteln, der noch ganz am Anfang seines Lebens steht, erscheint ziemlich unmöglich. Dennoch glaube ich, dass dies zum Wichtigsten gehört, was ein Schüler lernen muss. Ich rede Ihnen da nicht nur nach dem Mund; ich habe viele Jahre in Meditation und mit Nachdenken über all dies verbracht. Aber irgendwie werde ich zunehmend verwirrter, und die Klarheit, mit der ich meine Erkundungen begonnen habe, ist weg. Mein Leben ist ja selbst ein heilloses Durcheinander geworden. Wie kann diese Bildersache aufhören? Nicht nur das Bild von mir selbst, das ich der Welt zeige, sondern auch die Bilder, die ich von anderen habe und die im gedanklichen Hintergrund existieren?

Sehen Sie, ich begegne neuen Schülerinnen und Schülern recht offen, ohne jedes Bild, also ohne jedes Urteil, und beim Hinsehen vermitteln mir die Jungen oder Mädchen ihre Eigenheiten, ihre Schüchternheit, ihre Ängste, ihre Vorurteile und ihre Arroganz. Ich habe keinerlei Bild von ihnen, und doch strahlen sie sofort Informationen über sich aus. Was in meinem Geist empfängt diese? Wenn ich sie ansehe, schaue ich einfach mit Offenheit; und schon hat der Geist die Informationen über sie empfangen, und aus diesen Informationen wird das Bild. Von diesem Augenblick an betrachte ich sie mit dem Gedanken an diese Informationen. Das Denken speichert diese Informationen, und es gibt ein Wiedererkennen.

Durch das Denken werden sie meinem Geist eingepflanzt. Wie ist ein Geist beschaffen, der die Informationen anschauen kann, die ein Junge über sich gezeigt hat, und doch davon unbeeindruckt bleibt?

Vielleicht kann ich es anders formulieren. Die Maschinerie des Denkens ist ständig in Betrieb. Sie empfängt Reize unterschiedlicher Form, die zu Wissen werden. Mein ganzes Leben befindet sich in dieser gedanklichen Bewegung. Die Wahrnehmung jeglicher Information – dass der Junge fünfzehn ist und lange Haare hat – ist ein Erkennungsprozess, und dieser findet augenblicklich statt. Deshalb erscheint mir jede Tätigkeit meines Geistes in Bezug auf den Jungen unweigerlich als ein Denkprozess. Es tut mir leid, dass ich so einen langen Vortrag gehalten habe. Ich glaube, meine Frage ist recht einfach, auch wenn ich sie vielleicht kompliziert ausgedrückt habe. Der Wissenshaufen, der das Denken ja ist, spielt bei allem, was ich tue, ständig eine Rolle. Dies ist eine Tatsache, und sie gilt sowohl für den Jungen als auch für mich."

*Der defensive und der offensive Mechanismus sind sowohl bei dem Jungen als auch beim Lehrer aktiv, und Wissen wird zum Hindernis für die Beziehung. Wissen ist nicht Liebe. Doch der Geist kann nicht ohne Denken operieren. Denken ist der Stoff, aus dem er gemacht ist. Was also ist die Frage?*

„Meine Frage ist: Schaltet sich das Denken nicht, durch Wiedererkennen, durch Identifikation, unweigerlich zwischen jede Beziehung?"

*Natürlich. Völlig klar. Was ist die Frage?*

„Sie haben immer wieder gesagt, Wissen, was ja Denken ist, sei der zerstörende Einfluss, es verhindere direkte und bedingungslose Wahrnehmung. Ich sage, mir scheint, als seien Denken, Wissen und Erkennen wesenhaft Teil der Tätigkeit des Geistes. Praktisch jeder Anblick ruft irgendwelches Wissen wach, das dann die weitere Wahrnehmung einfärbt."

*Fragen Sie, ob man irgendetwas ohne die Maschinerie des Denkens betrachten und trotzdem noch tätig sein kann? Eigentlich fragen Sie, nicht wahr, ob man von diesem Berg an Wissen, der das Denken darstellt, frei werden kann? Freiheit vom Denken ist unbedingt notwendig, um zu sehen, was neu ist, was die Wahrheit ist. Der Geist ist in der Gewohnheit des Denkens gefangen, und in dieser Gewohnheit liegt ein starkes Empfinden von Halt und Sicherheit. Wenn man die Gefahren in dieser Sehnsucht nach Sicherheit und Geborgenheit wirklich versteht, kann und wird die Intelligenz das Wissen verwenden, ohne sich darin zu verfangen. Wenn Sie diesen Jungen sehen und seine Ausstrahlung von Angst, Schüchternheit und so weiter erkennen, wird im Erkennen dieser Bilder die Intelligenz am Werk sein.*

*Intelligenz ist das Verständnis des Wissens und seiner Gefahren. Intelligenz kann Wissen einsetzen, um den Jungen zu unterrichten, ohne dass der Unterrichtende in dem ganzen Wissensberg gefangen bleibt. Intelligenz kann Wissen nicht missbrauchen – dies ist der entscheidende Punkt – Intelligenz ist Einfühlungsvermögen, Fürsorge, Liebe. Der Geist, der den Denkmechanismus mit seinem Wiedererkennen und Anhäufen nicht erkannt hat, gebraucht Wissen in schädlicher und gefährlicher Weise. In den Händen eines Neurotikers kann das Denken verheerenden Schaden anrichten, und die Welt ist voll von Menschen mit Wissen über Naturwissenschaften, Politik und Wirtschaft. Intelligenz kann nicht aufgesplittert werden. Bruchstückhaftes Denken ist keine Intelligenz mehr.*

„Wie kann ich all dies einer Gruppe von Schülern vermitteln, für die ich verantwortlich bin?"

*Sie werden es vermitteln, wenn diese Intelligenz aktiv ist. Zur Bildung sowohl des Lehrers als auch des Schülers gehört es auch zu lernen, was diese Intelligenz ist.*

## 38
## Freiheit vom Bekannten ist die höchste Intelligenz

An jenem Morgen hatte es ein paar Stunden geregnet, und in wenigen Tagen würde nun die Erde wieder grün, frisch und jung sein. Die Brunnen wären voll, und die Bäche würden wieder anfangen zu murmeln; die Reisfelder würden grün, das Vieh fett, und die Erde freute sich. Seit vielen Monaten war kein Regen mehr gefallen, und der Boden war ausgedörrt, aufgesprungen und hart. Jener Geruch von Regen auf trockenem Land, wie er sich in den Tropen einstellt, lag in der Luft, ein süßer, nostalgischer Duft. Die Steine glitzerten, wieder reingewaschen, und auf den Blättern lag kein Staub mehr. Die Dorfbewohner freuten sich, denn in diesem Landstrich fällt nur wenig Regen. Wenn er eintrifft, ist es, als würden sie ein wenig voller und ihre Gesichter praller. Sie sind ein magerer, dunkelhäutiger Menschenschlag, aber sie haben die Kraft zu Tanz und Fröhlichkeit. An Feiertagen sieht man sie, die Alten wie die Jungen, wild und voller Elan tanzen; zu Trommel und Flöte stampfen sie mit den Füßen, und das Haar fällt ihnen ins Gesicht. Runde um Runde tanzen sie, und die Berge und das Tal scheinen erfüllt von ihrer Fröhlichkeit.

Es gab einen dunklen Berg mit einem merkwürdigen Gipfel in Gestalt eines Tierkopfs, und über ihm am westlichen Himmel stand die schmale Sichel des neuen Mondes. Du sahst zu, wie sie immer größer wurde, und in der Vollmondnacht entstand eine merkwürdige Qualität der Stille, die das Tal erfüllte. Dann sahst du die tiefdunklen Schatten und das Silber der Felsen. Dann war große Freude, obwohl es wenig zu essen gab und sonst nur die üblichen immer gleichen Abläufe des Dorflebens, die Langeweile, das Elend und die große Armut, im Inneren wie im Äußeren.

Man fragt sich, woran es liegt, dass dieses Tal mit seinen Tamarinden und Banyanbäumen, den Mangos und Bananen, so unberührt bleibt. Es ist, als ob der Mensch ihm nie etwas anhaben könnte; es ist abgelegen, still, wie es im Anfang war. Des Nachts hörte man eine Eule rufen, und vom anderen Ende des Tals antwortete ihr Partner oder ihre Freundin. Gern würdest du dich zu ihnen gesellen. Du konntest sie nicht sehen, aber in der Nacht riefen sie einander. Und wieder war große Stille, durchdringend und zeitlos.

In dem kleinen Zimmer befand sich wieder dieselbe Gruppe Lehrer. Es duftete nach Jasmin, und über der Brüstungsmauer konntest du gerade noch seine Blüten sowie die roten Blüten eines Baumes sehen.

„Was ist die Funktion eines Lehrers, nicht nur als Guru, sondern als Lehrer im modernen Sinne?"

*Ein Guru ist jemand, der den Weg weist, der auf die Wahrheit oder Falschheit von etwas hinweist, einer, der den Weg zur Wahrheit erhellt, der die Bürde erleichtern hilft. Das Wort meint all dieses, nicht wahr? Im Allgemeinen aber wird der Guru zur Autorität; er versichert, dass er weiß, dass er erfahren ist, und erlegt seinem Anhänger ein bestimmtes System auf. Statt also die Bürde leichter zu machen, fügt er noch die Last eines Systems hinzu. All dies steckt in diesem Wort, das mittlerweile Eingang in mehrere Sprachen gefunden hat. Der Lehrer im engeren und im weiteren Sinne hat die Verantwortung, nicht nur Informationen zu vermitteln, sondern beim Weitergeben dieser Informationen auch darauf zu achten, dass die Schülerinnen und Schüler in sich jene Geistesqualität entwickeln, die äußerst einfühlsam und daher in höchstem Maße intelligent ist. Die Förderung dieser Intelligenz ist ganz gewiss die Funktion jedes Lehrers, ob er nun ein Guru ist oder Technik unterrichtet.*

„Was meinen Sie mit Intelligenz? Anscheinend gehört sie

zum Wichtigsten, was man verstehen muss. Wir haben im Laufe der Jahrhunderte sehr viel Wissen über die Natur, über die Menschheit zusammengetragen. Kann eine reiche Fülle an Wissen nicht Intelligenz hervorbringen?"

*Intelligenz ist das eine und Wissen ist das andere. Wissen wird durch Erfahrung, durch Wiederholung zusammengetragen. Es ist die Anhäufung, die Überlieferung ist. Wissen ist immer in der Vergangenheit enthalten. Man kann es mehren oder verändern, aber es ist ein Überrest, der in der Vergangenheit verankert ist. Aus diesem vergangenen Wissen entspringt das meiste Handeln. Ohne Wissen kann man den Bus nicht erreichen oder einen Computer zusammenbauen. Wissen ist notwendig.*

*Intelligenz entsteht nur, wenn es Freiheit gibt. Freiheit bedeutet nicht, zu tun oder zu denken, was einem gefällt, und dies zum Ausdruck zu bringen oder nicht. Freiheit kann man nicht lehren oder aus einem Buch lernen. Freiheit ist dann gegeben, wenn Anpassung mit ihrem Willenseinsatz und ihrer Wahlentscheidung verstanden wird. Freiheit ist nicht gegeben, wenn der Geist an eine beliebige Form des Glaubens oder eine Schlussfolgerung gebunden ist. Freiheit kann nicht sein, wo Angst ist, wo es eine Identifikation mit etwas anderem gibt als dem,* was ist. *Freiheit kann unmöglich sein, wo es Beobachter und Beobachtetes, Denker und Gedachtes gibt. Freiheit ist keine Reaktion, denn alle Reaktionen sind die Fortsetzung von Anpassung. Freiheit ist nicht, wo es Anstrengung gibt, den Kampf der Gegensätze, der ein endloser Korridor ist. Freiheit vom Bekannten ist die höchste Form der Intelligenz. Diese Intelligenz kann auf dem Gebiet des Wissens tätig werden, aber sie ist immer frei von Wissen. Intelligenz ist eine Bewegung, einfühlsam, lebendig, aktiv, hellwach, und Wissen ist dies nicht. Es ist die Aufgabe des Lehrers, diese Intelligenz im Schüler hervorzubringen. Diese*

*Intelligenz ist nicht persönlich, sie gehört nicht Ihnen oder mir. Wenn sie Ihre oder meine ist oder die der Gemeinschaft oder einiger weniger, ist sie keine Intelligenz mehr.*

„Ich glaube, intellektuell verstehe ich dies vielleicht, aber mit welcher Methode soll ich diese Intelligenz bei den Schülerinnen und Schülern fördern?"

*Ein intellektuelles oder verbales Begreifen dessen, was Intelligenz ist, ist nicht im Mindesten Verständnis. Verständnis ist eine vollständige, keine bruchstückhafte Sache; entweder man versteht oder man versteht nicht. Wenn man auf Folgendes hinweisen darf: Wenn Sie sagen, dass Sie intellektuell verstehen, dann betrachten Sie die Intelligenz durch ein Fragment, das Sie als Intellekt bezeichnen, und genau diese Fragmentierung ist die Negierung von Intelligenz. Jeder bruchstückhafte Ansatz negiert Intelligenz. Intelligenz bekommt man nicht mit Technik zu fassen, die ja eines der vielen Fragmente menschlichen Lebens ist, und auch mit keinem anderen Fragment ist sie zu erlangen. Intelligenz ist die Wahrnehmung des Ganzen, das vollständige Sehen, das nicht eintreten kann, wenn der Geist bruchstückhaft funktioniert. Wenn dies klar ist, nicht verbal, sondern wirklich, so klar wie die rote Blüte an dem Baum, so klar wie die Gefährlichkeit einer Kobra, würden Sie dann fragen, „wie soll ich diese Intelligenz in einem anderen hervorbringen, mit welchem System, nach welcher Methode"? Die Methode, das System, bewirkt nicht nur einen mechanischen Geist, sondern auch eine Trennung zwischen dem Muster und demjenigen, der das Muster umsetzt. Dies ist Anpassung und daher die Negierung von Freiheit, deshalb kann es unmöglich Intelligenz hervorbringen.*

„Wieder erahne ich ungefähr, was Sie meinen. Ich fange an, in mir das Licht der Intelligenz zu erkennen. Wie soll ich dieses Licht dem Schüler vermitteln, der ja vor dem Hintergrund der Anpassung zu mir kommt, mit der Angst, Prüfungen nicht zu bestehen und seinen Lebensunterhalt nicht bestreiten zu können? Auch wenn er noch so sehr revoltiert, der Schüler oder Student ist ein Individuum, das sich anpasst. Wie soll ich ihm die Schönheit dieses Lichts vermitteln?"

*Mit Sicherheit können Sie diese durch jedes Fach vermitteln, das Sie lehren, durch Diskussion, durch den Aufbau einer neuen Beziehung zu dem Studenten, nicht als Überlegener und Unterlegener, als Wissender und Unwissender, sondern eine Beziehung, in der Gleichheit herrscht, ein Gefühl der Fürsorge, der Zuneigung, der Liebe. Dann bietet die Diskussion eine Möglichkeit, all dies zu vermitteln. Sie führen eine andere Art der Kommunikation mit dem Studenten ein, in der beide lernen, der Lernende und der Lehrende. Beide arbeiten zusammen, erschaffen zusammen, leben zusammen. Dies baut eine völlig andere Art der Beziehung auf, die ganz von selbst die Qualität der Intelligenz hervorbringt.*

„In einer Klasse mit dreißig Schülerinnen und Schülern ist dies ganz sicher nicht zu schaffen. Mit einem Dutzend ginge es vielleicht, aber in der heutigen Bildungsmühle, in der Tag für Tag in raschem Tempo ein Fach auf das andere folgt, ist dies eine unmögliche Aufgabe."

*Vielleicht. Aber wenn es den Lehrerinnen und Lehrern mehrheitlich ernsthaft um die Förderung von Intelligenz geht, würden dann Zahlen eine Rolle spielen? Unter dreißig gäbe es vielleicht um die zehn, die dieses Licht erfassten. Also kommt es darauf an, dass der Lehrer selbst intelligent ist, in dem Sinne, wie wir dieses Wort verwenden. Dann ist diese Intelligenz ständig aktiv, nicht nur im Unterricht, sondern auch wenn Sie zusammen essen, spazieren gehen oder spielen. Sie ist wie der Wind in den Bäumen. Der Wind ist eine einzige Bewegung, und es gibt tausend Blätter. Wenn Ihnen als Lehrerinnen und Lehrern wirklich zutiefst daran liegt, dann wirkt diese Intel-*

*ligenz auf ihre eigene Weise, nicht so, wie Sie das möchten. Wenn Sie Ihre persönlichen Wünsche oder Ziele einbringen, ist dieses Tun die völlige Negierung von Intelligenz.*

„Aber Schulen auf der ganzen Welt bauen auf Ergebnissen auf, auf der hierarchischen Struktur der Bildungsverwaltung, in der Gruppen miteinander um Positionen, um Prestige kämpfen, und jede für sich eine sichere Nische im System sucht. Wie kann diese monströse Struktur namens Bildungswesen je zulassen, dass diese Intelligenz wirkt? Ganz im Gegenteil, Staat, Gesellschaft und Verwaltung wollen dies gar nicht. Sie sehen darin eine Gefahr."

*Das ist so. Gesellschaften, Gemeinschaften und den Kulturen, die sie hervorgebracht haben, geht es nur um Anpassung. Im Muster dieser Konformität mag es sporadische Revolten geben, aber die sind bald wieder vorüber und haben das Muster dann nur hier und da ein wenig verändert. Alle Reformationen brauchen weitere Reformation, was sich endlos fortsetzt. Dies akzeptieren Sie als unvermeidlich, betrachten es als unmöglich veränderbar und verlieren daher alle Kraft und Leidenschaft. Aber wenn Sie selbstständig sehen, unbeeinflusst von jemand anderem, und diese Qualität der Intelligenz besitzen, dann wirkt sie. Dann haben Sie die Leidenschaft, die Kraft, den Schwung zu sehen,* was ist, *und darüber hinauszugehen. Zu sehen,* was ist, *und darüber hinauszugehen, ist Intelligenz. Intelligenz ist eine vollständige Bewegung wie die Liebe. Sie ist nicht bruchstückhaft. Was ganz ist, wirkt in der Dunkelheit auf ureigene Art und Weise mit seinem eigenen Licht. Es ist nicht abhängig, denn es ist ein Licht für sich, das nichts zerstören kann.*

*Wenn Sie diese religiöse Inbrunst nicht haben, erscheint der Berg unüberwindlich. Wenn Sie sie haben, existiert der Berg überhaupt nicht.*

## 39

## Sex wird ein obsessiver Gott

Es hatte etwas sehr Schönes, am frühen Morgen aufzubrechen. Die Sonne würde erst in ein paar Stunden aufgehen, und die Stadt war ruhig. Noch vor Sonnenaufgang würde Musik einsetzen, denn es sollten Feiertage beginnen. Dann gäbe es Gesang, Chants und Instrumentalmusik und den unvermeidlichen Radiolärm. Aber jetzt war alles noch still, und die Brücke über den Fluss war leer. Wenn du dich nach Westen wandtest, sahst du linker Hand das Kreuz des Südens. Die Scheinwerfer des Autos leuchteten die Straße aus, und vor dem sternenübersäten Himmel zeichneten sich die Umrisse von Palmen, Kasuarinen, Tamarinden und Mangos ab. Es war zu dunkel, als dass man den Schmutz und das Elend schrecklicher Armut hätte sehen können, aber du spürtest, dass sie da waren. Die Sterne waren ganz nah und leuchteten hell. Du kamst rasch voran auf der leeren Straße, die neben einer großen Wasserfläche verlief, denn in diesem Monsun hatte es stark geregnet. Noch gab es keine Ochsenkarren oder Lastwagen, nur das Kreuz des Südens und die Bäume und dazwischen das Auto.

Nach und nach verblassten die Sterne, und im frühen Morgenlicht färbten sich die wenigen Wolken pink und rosarot. Du erreichtest das Hügelland. Dort gab es Affen; träge warteten sie darauf, dass die Sonne aufging, bevor sie sich auf Nahrungssuche begeben würden. Jetzt kamen die Ochsenkarren, die Lastwagen und die Dorfbewohner, dünn, aber stark, auf dem Weg von einem Dorf zum anderen. Die Landschaft war außergewöhnlich schön. Tau lag auf den Kakteen und den Bananenblättern. Es gab sattgrüne Reisfelder, und überall standen weiße Reiher. Dorf um Dorf zog vorbei, überall schmerzhafte Armut. Die Schönheit der Landschaft ließ sie noch spürbarer werden. Die Dorfbewohner waren daran gewöhnt; sie konnten nichts daran ändern. Sie brauchten Hilfe, und die Versprechungen des Staates und der Behörden waren weit weg. Du überquertest eine schmale Brücke über einen reißenden Bach, und der Wagen schob sich auf einer steilen Straße in die uralten Berge hinauf.

Es hatte immer noch Tau, aber allmählich wurde es heiß. Über eine kurvenreiche Straße gelangtest du ins Tal hinunter. Ein vergessener Landstrich, den das Getriebe und der Lärm der Zivilisation anscheinend nie erreicht hatten. Ziegen nagten alles ab, was grün war. Das Flussbett führte Wasser, und hoch über den anderen Bäumen sahst du den großen Banyan. Es lag eine bestimmte Qualität, wie man sie anderswo kaum einmal spürt, in den uralten Bergen, der harten Erde, der Ruhe, der Reinheit der Luft und der weiten Stille, die das Land zu überziehen schien.

„Können wir heute Morgen über etwas sprechen, das vielleicht ein schwieriges und heikles Thema ist? Ich weiß nicht, ob es die anderen interessiert, aber ich würde gerne über Sex reden. Dies ist nicht bloß ein persönliches Problem, sondern ich habe ganz stark das Gefühl, dass wir als Lehrer, die es mit heranwachsenden Jugendlichen zu tun haben, zu diesem Thema ein gesundes und klares Verständnis brauchen. Eltern sprechen mit ihren Kindern nicht darüber, oder wenn doch, dann gehemmt oder einschüchternd. Die Tradition hat aus Sex ein Hindernis für das spirituelle Leben gemacht. Im Westen, in einer freizügigen Gesellschaft, ist er zu etwas Beiläufigem geworden. Deshalb würde ich heute Morgen sehr gerne diese Frage erörtern."

*Da dies ein sehr komplexes Thema ist, muss man es untersuchen dürfen, muss man durch Nachforschung lernen dürfen. Sobald es irgendwelche Vorurteile dafür oder da-*

*gegen, eine Hemmung oder Schlussfolgerung gibt, wird ein Nachforschen unmöglich, und alles Lernen endet. Dies fällt uns zumeist ziemlich schwer, denn jede Kultur hat in dieser Sache ihre eigene Konditionierung. Wenn wir die Wahrheit über dieses Thema herausfinden wollen, müssen wir uns dieser Konditionierung bewusst sein und dürfen nicht zulassen, dass sie in die Beobachtung dessen,* was ist, *eingreift.*

*Dabei spielen mehrere Dinge eine Rolle. Erstens, woran liegt es, dass die Gesellschaft Sex zu so etwas außergewöhnlich Wichtigem gemacht hat? Sodann muss man Vergnügen und Schönheit verstehen, die Reaktionen des Organismus und die beteiligten religiösen Sanktionen. Wenn wir uns nur einen Bruchteil vornehmen und uns nicht auch um das Übrige kümmern, werden wir das Thema nie vollständig verstehen. Verständnis ist nie intellektuell oder verbal, es bedeutet, alle Konsequenzen zu sehen, die Feinheiten, die Widersprüche und Konflikte. In unserem Leben gibt es zumeist keinerlei Schönheitsempfinden. Man sieht vielleicht ein schönes Bild, einen wundervollen antiken Tempel und die Berge, die wie gemeißelt wirken, spürt aber nie intensiv oder leidenschaftlich die Schönheit der Erde und des Himmels. Man fragt sich, warum.*

„Ich lebe hier und ich war auch in anderen Teilen des Landes, aber irgendwie habe ich den Reichtum der Landschaft, der Bäume oder der fließenden Gewässer nie oder höchstens gelegentlich einmal wahrgenommen. Mein Geist hat kein Auge dafür. Jetzt, da sie darauf hinweisen, frage ich mich auch, warum mir diese Dinge nie aufgefallen sind. Ich habe sie durch ein Zugfenster gesehen oder wenn ich mit einem Buch im Schatten eines Baumes saß, aber sie waren mir nie nahe. Die Natur ist vorhanden, aber das ist auch schon alles. Ich könnte ein wenig gärtnern, aber ich tue es nicht. Liegt es daran, dass ich so selbstversonnen, so sehr mit meinen eigenen Problemen beschäftigt bin, mit meinen Sorgen, über die Runden zu kommen? Liegt es daran, dass ich meine Augen für alles außer meinen eigenen Dringlichkeiten verschlossen habe?

Ein paar Jahre war ich Sannyasi. Ich habe mich von der Welt abgewandt, um die Wirklichkeit zu suchen. Mönche dürfen kein Empfinden für die Schönheit der Welt haben; man erkennt die Gefahr darin und verschließt die Augen, nicht nur für Frauen, sondern für die gesamte Bewegung der Natur. Durch Bekanntschaften könnte man sich in Lust verstricken, und dies ist eine gewaltige Hürde zur Wirklichkeit. Zumindest lehrt uns dies die Tradition. Aber heute heiraten Mönche, brechen ihre Gelübde und so weiter. Unserem Wesen nach sind wir Traditionalisten, und Schönheit ist etwas Gefährliches. In den Jahren, in denen ich gegessen habe, was man mir schenkte, war es bei uns Brauch, nie eine Speise einzeln zu essen, sondern alles miteinander zu vermischen. Genuss in jeder Form wurde abgelehnt. Nie haben wir auch nur an Schönheit gedacht, wir haben es gar nicht gewagt; und heute bin ich zwar Laie geworden, aber die früheren Jahre in der Tradition sind ein Teil von mir. Ich kann mir die Berge ansehen und die niedlichen Kinder, die auf dem Feld spielen, aber die Schönheit der Farbe bedeutet mir eigentlich sehr wenig."

Ein anderer Lehrer sagte: „Ich habe ein großes Faible für die Literatur. Nicht nur dieses Landes, sondern der Welt. Ich lese sehr viel, und ich erkenne die Schönheit eines Gedichts, eines Schreibstils oder einer gut konstruierten Geschichte. Ich erkenne die Schönheit in alledem, aber ich habe keine enge Beziehung zur Natur. Ich bin ihr gegenüber eher ängstlich und angespannt, wenn Sie verstehen, was ich meine. Ich bleibe lieber mit einem Buch in meinem Zimmer als in den Bergen spazieren zu gehen. Ich weiß nicht, was Schönheit für mich bedeutet; wahrscheinlich ist dies kein intellektueller Begriff.“

*Wenn man Schönheit und das mit ihr verbundene Staunen nicht im Herzen hat, wird alles Tun sehr oberflächlich. Ihre Ziele und Ihre Literatur, die Bäume, die Frauen, die Männer werden zu Ihrem persönlichen Vergnügen benutzt. Ist Liebe Vergnügen, Verlangen? Ohne grundlegendes Verständnis dafür wird Sex zum Problem. Wir fragen uns nie, warum Kulturen, im Osten oder im Westen, ihm so gewaltige Bedeutung und Wichtigkeit verliehen haben, sowohl religiös als auch zwischenmenschlich. Lust wird mechanisch, wie das Denken mechanisch ist – woran sie auch rührt, es wird zur Routine, langweilig, oder es wird dazu benutzt, eine bestimmte Form des Vergnügens aufrechtzuerhalten. Vergnügen ist das eine, Freude das andere. Freude kann niemals mechanisch werden. Sie tritt ein, und dann macht das Denken, das Nachdenken darüber, sie zum Vergnügen. Dasselbe gilt für tiefen Genuss; sobald das Denken ihn in den Griff bekommt, wird er zu Neid.*

*Wenn man dies nicht wirklich erkennt, wie mechanisch und ohne Freiheit das eigene Leben geworden ist, benutzt man Sex entweder zum Vergnügen oder als Flucht vor sich selbst, vor der Tödlichkeit unseres Lebens, vor Sorgen, Ängsten oder Konflikten. Hier kommt dies alles, zumindest für ein paar Minuten, zum Stillstand – durch ihn oder in ihm hoffen wir etwas Transzendentes zu finden. Intellektuell sind wir Sklaven; unsere Energie wird von technischen Handlungen vereinnahmt. Wir sind ans Gefängnis der Vergangenheit gefesselt und konditioniert, und zumindest hier finden wir eine gewisse Freiheit, ein Tun, in dem wir einen Augenblick lang Hemmungen, Ängsten, Spannungen und Schuldgefühlen entkommen.*

*Deshalb ist Sex zu einer erstaunlich grundlegenden und wichtigen Sache geworden. In bestimmten Kulturen wird er sehr gefördert. In anderen versucht man, ihn zu verhindern, aber hinter den Kulissen findet er statt. In einer freizügigen Gesellschaft wird er promiskuitiv, und Beziehungen werden daher recht unverbindlich. Es gibt die Wärme des Zusammenlebens, unverbindlicher Freundschaften, bei denen man sich von Person zu Person oder von Gruppe zu Gruppe treiben lässt. In alledem erkennt man das Treiben des Vergnügens und den vorübergehenden befriedigenden Halt, den es vermittelt. Auch hierin liegt keine Schönheit. Die unverbindliche Zärtlichkeit ist nicht Liebe, und ohne Liebe wird Sex zum obsessiven Gott.*

*Um dieses Problem wirklich zu verstehen, muss die Freiheit da sein, die mit der Selbsterkenntnis kommt. Die religiöse Verweigerung von Sex erzeugt tiefe innere Konflikte, die eine große Energieverschwendung sind. Das Zölibat hofft, diese Energie zum Dienst an der Wirklichkeit, an Gott, am Staat oder was Sie wollen zu bewahren, aber die echte, tiefe Verschwendung ist der Konflikt. Dies gerät völlig aus dem Blick. Schönheit, Freiheit und Liebe sind keine Formeln oder Vorstellungen, die der Intellekt erfunden hat. Wenn man nach Schlussfolgerungen lebt, lebt man ständig in einer Welt von Konflikt, Kampf und Schmerz. Sex ist kein Problem an sich; er steht in Bezug zur gesamten Existenz. Wir versuchen, ein Problem aus sich heraus zu lösen, als wäre es losgelöst und unbezogen. Sex abzulehnen oder anzubeten, deutet auf einen Geist, der bruchstückhaft ist. In der Fragmentierung gibt es keine Freiheit, sondern mechanisches Handeln, in dem weder Schönheit noch Liebe sein können. Unsere eigentliche Frage ist nicht Sex, sondern ob man das Leben als ganze Bewegung sehen kann, nicht aufgesplittert in verschiedene Teile. Dann ist das Sehen das Tun. Dies heißt nicht, zu sehen, eine Schlussfolgerung zu entwickeln und nach dieser Schlussfolgerung zu handeln: Das ist Fragmentierung. Wir sind uns dessen in uns selbst nicht gewahr, deshalb wird Sex so außergewöhnlich wichtig. Er wird dazu benutzt, zu Gott oder zu seinem persönlichen Vergnügen und einer Flucht aus dem Alltag zu kommen. Wenn wir nach einer Formel oder einem Ideal leben, wird die Einfachheit der Wahrnehmung verneint.*

„Wie soll ich all dies einem Schüler vermitteln?"

*Diese Frage werden Sie niemals stellen, wenn Sie das Leben aus eigener Beobachtung als eine Bewegung ohne einzelne Bruchstücke erkannt haben. Dann gibt es kein „Wie", keine Methode. Dann sagt Ihnen das Einfühlungsvermögen der Intelligenz, was Sie mit dem Schüler machen sollen.*

„Müssen wir als Männer oder Frauen nicht Ansprüche erfüllen? Eine Frau erfüllt den Anspruch an sich, wenn sie ein Kind hat und für es sorgt. Sex ist die Erfüllung eines Anspruchs."

*Ich frage mich, welchen Anspruch Sie erfüllen: Warum wollen Sie den Anspruch an sich erfüllen, und gibt es so etwas überhaupt? Wir fordern einfach Erfüllung, ohne diese Fragen zu stellen, ganz wie ein Kind nach dem Mond schreit, in der Hoffnung, er sei Käse. Wenn Sie sagen, Sie müssen den Anspruch an sich erfüllen, welcher Drang steht dann dahinter, und wer erfüllt? Der dahinterstehende Drang ist das Verlangen zu sein, zu werden. Was aber will durch eine Art Erfüllung sein, werden? Ist es die Erinnerung, die Vergangenheit, ein Haufen Wörter und Ideen, der wiederum das Ego ist, das „Ich", das sagt, ich muss den Anspruch an mich erfüllen? Für eine Frau ist es etwas ganz Natürliches, ein Kind zu haben, aber wenn sie sagt, sie kann nur aufblühen, wenn sie ein Kind hat, dann hat sie sich ein Bild von sich selbst als Frau gemacht, und dieses Bild verlangt Erfüllung. Das Bild ist eine Formel oder eine Idee, nicht die Frau, nicht eine körperlich und psychisch gesunde, ausgeglichene Frau. Wenn Sie als Mann den Anspruch an sich durch Ihren Sohn oder eine bestimmte Tätigkeit erfüllen, dann ist dieses „sich" das Bild, das Sie sich von sich selbst gemacht haben und das für Wissen gehalten wird. Sie leben also von Worten, von leeren, sinnlosen Formeln. Das* Was ist *ist weitaus wichtiger als Ihr Anspruch an sich auf Erfüllung. Wenn Sie so frei sind, dass Sie sehen,* was ist, *ohne zu versuchen, es zu ändern, einen Ersatz zu finden oder ihm zu entfliehen, dann sind Sie frei von dem,* was ist. *Es gibt nur die Verneinung der Erfüllung, und ihre Schönheit liegt im Nichtsein.*

Der schlanke Mann in der Ecke, der sehr aufmerksam zugehört, die anderen beobachtet und sich nie selbst eingebracht hatte, wagte sich nun schüchtern vor. „Mein Herr, sicher haben Sie eines weggelassen, nämlich den Instinkt, den körperlichen Trieb, die gesunde Funktion der Drüsen. Dieser Instinkt ist hier im Spiel, und könnte dieser Instinkt frei zum Ausdruck kommen, gäbe es kein Problem. Wären alle diese Tabus und Hemmungen aufgehoben, wäre alles ganz natürlich.!

*Auch zwanghaftes Essen kann man als natürlich bezeichnen. Man misstraut dem Wort* Instinkt. *Es gibt das normale, natürliche, gesunde menschliche Handeln, aber wir verfälschen es, vergiften es mit der Voreingenommenheit des Denkens, durch Bilder, Kleidung, Pornografie, die derben Romane, die verquere Köpfe geschrieben haben, und so weiter. All dies stärkt die Neurosen des Denkens. Es ist merkwürdig, dass immer dann, wenn menschliches Tun vom Denken mit seinen Formeln für Lust und Schmerz, mit seinen Bildern von dem,* was sein sollte, *berührt wird, alles mögliche Unheil ausbricht. Wir erkennen dies nicht. Im Gegenteil, wir beten das Denken an. Erst das Denken hat die Trennung zwischen Sex und Nicht-Sex, zwischen Himmel und Hölle herbeigeführt. Das Denken hat sein eigenes Bild erschaffen und betet es an, ob es sich nun um Sex handelt oder das Bild des Erlösers, um den Guru oder das Bild von einer Ideologie.*

Der Europäer, der indische Kleidung trug, sagte: „Wollen Sie damit sagen, wir müssen ohne Denken leben?“

*Keineswegs! Struktur und Natur des Denkens zu erlernen und zu verstehen, ist Weisheit, und ebendiese Weisheit der Intelligenz handelt.*

## 40

## Was bedeutet Tugend?

In den hohen Bergen mit ihrem Schnee und ihren Gletschern, mit ihren tiefen, dunkelblauen Tälern, mit Wäldern aus Kiefer, Birke und Ulme nahm der kleine Bach seinen Anfang. An vielen Dörfern floss er vorüber und wurde dabei zu dem großen Fluss, der das ausgedörrte Land nährte. Durch viele Städte strömte er, und verschmutzt, verseucht vom Menschen, strebte er dem Meer zu. Wenn der Monsun kam mit seinen donnernden Regenmassen, stieg der Fluss um bis zu zwanzig Meter an, spülte alles vor sich her und brachte frische Erde, ein reichhaltiges Sediment, in das der Weizen gesät wurde. Auf der anderen Seite des Flusses konntest du ihn sehen, frisch, grün und glitzernd.

An jenem Abend war der riesige Stier da und käute wieder. Er hatte einen hohen Widerrist und kurze, spitze Hörner. Du streicheltest ihn, und es schien ihm nichts auszumachen. Im Gegenteil, offenbar mochte er es. Ein Junge verjagte den Stier aus dem Feld. Er ging von Feld zu Feld, fraß sich durch, und jeder Besitzer scheuchte ihn aufs Nachbarfeld. So trottete er den ganzen Tag vor sich hin, dick, faul und harmlos. Ein paar Tage später sahst du ihn im Vorübergehen auf einem anderen Feld. Im Abendlicht wirkte er bedrohlich und wild, aber eigentlich war er ziemlich zahm und ohne Gewalt. Am nächsten Tag stand er mit den Kühen bei dem kleinen Tempel.

Warum machen wir Meditation so schwierig, so kompliziert und formal? Warum ist sie zu etwas geworden, das man erlernen muss, etwas, das man üben, das man erstreben und suchen muss? Warum akzeptieren wir Anweisungen dazu von jemand anderem, samt Methode und Belohnung? Und ist es wirklich Meditation, was man am Ende von Aufopferung, Kontrolle und Unterdrückung erlangt? Ist Erleuchtung eine Sache des Denkens, etwas Zusammengesetztes, Entwickeltes und Gepflegtes?

Ein Sannyasi saß am Flussufer; mit geschlossenen Augen, steif und reglos versuchte er, seine Gedanken zu kontrollieren, und in seinen feuchten Gewändern, die er gerade erst gewaschen hatte, bestrafte er sich. Er versuchte, etwas zu begreifen, was ihm gesagt worden war, was er in einem Buch gelesen oder was ihm sein Guru beigebracht hatte. Ist das Meditation? In diesem Land gibt es Abertausende wie ihn; in der Einsamkeit zwischen schneebedeckten Bergen oder in einem Tempel oder zu Hause in einem abgedunkelten Zimmer sitzend, kämpfen sie mit Gedanken, formen sie durch eine Reihe weiterer Gedanken, ein Netzwerk der Verwirrung. Sie sagen dir, sie erlangten Erkenntnis, sie könnten ihre Gedanken vollständig kontrollieren, und erkennen dabei nicht, dass der Kontrollierende Teil des Kontrollierten ist. Insgeheim sind sie stolz auf ihren Erfolg, oder sie haben eine besondere Fähigkeit erlangt, die sie anwenden können und die ihnen große Bewunderung einträgt.

Was hat all dies mit Meditation zu tun? Vielleicht vermagst du zu levitieren, verfügst über außersinnliche Wahrnehmung, kannst den Menschen ihre unbedeutende kleine Zukunft vorhersagen oder sie heilen, sodass sie ihr leeres Leben fortsetzen können. All dies ist nicht Meditation. Das Bemühen, das Üben, der Empfang von Visionen, die Entwicklung von Kräften und die Gewinnung vieler Anhänger – diese äußere Zurschaustellung hat nicht das Geringste mit Meditation zu tun. In alledem liegt Gefahr, eine verborgene Hässlichkeit und der Wirrwarr insgeheimen Dünkels. Meditation ist das Einfachste und Natürlichste, wie das Fließen von Wasser, unaufhörlich, anhaltend und mit unbekannter Tiefe. Sie ist etwas Lebendiges und lässt sich nicht in den Käfig des Denkens mit seinen Yoga-Schulen, seinen Mantras und Disziplinen sperren. Wenn man wirklich meditieren und die Schönheit darin erfahren wollte, müsste man all dies beiseitelassen, gerade so wie man alle Gifte weglassen würde. Diese Ablehnung ist kein Willensakt und keine Entscheidung, sondern schlichte Beobachtung. Beobachte dies alles einfach ohne jeden Widerstand. Eben diese Beobachtung ist die Bewegung der Meditation. Man muss nicht in andere Länder reisen oder sich bei anderen erkundigen, um zu erlernen, was Meditation ist.

Meditation ist das Verständnis des Herzens. Wenn das Herz den Geist von all seinen Tricks und absurden Einfällen reinigt, von seinem Dünkel und seinen Kniffen, dann fließt Meditation so klar wie die frischen Wasser eines Flusses. Meditation ist die Bewegung der Erleuchtung, ob am Anfang oder am Ende, denn in der Meditation gibt es keinen Anfang und kein Ende.

Es war ein kühler Morgen. Bei den frischen Temperaturen waren die Lehrer in dem Raum warm angezogen. Der Mann mit dem nachdenklichen Blick und den klaren Gesichtszügen sagte: „Heute studieren viele Psychologie, weil sie glauben, sie können den Menschen damit helfen. Häufig möchten sie auch Philosophie studieren. Beides ergänzt sich offenbar. Welche Stellung kommt in Anbetracht dessen der Religion im Studium zu?“

Ein anderer erwiderte scharf: „Die Religion hat in unserem modernen Leben keinen Platz. Die überlässt man den alten Frauen.“ Er war beinahe wütend darüber, dass das Thema überhaupt angesprochen wurde. „Wichtiger ist doch eine ethische Lebensweise, eine humanitäre Einstellung.“ Und er fuhr fort: „Wie kann man die moralischen Prinzipien lehren? Ohne diese Prinzipien wird das Leben zum Chaos.“

Ein anderer fragte: „Warum sind Sie gegen Religion? Der

wahrhaft religiöse Mensch ist moralisch. Moral an sich hat wenig Sinn. Sie ist wie ein Topf: Es kommt darauf an, was darin gekocht wird, nicht was für ein Gefäß er ist. Warum diese Feindseligkeit gegen das Wort? Die Intellektuellen lehnen dieses Wort ab, aber wenn sie älter werden und an den Rand der Senilität geraten, so ist zu beobachten, werden sie religiös und zu leidenschaftlichen Verfechtern ihres Glaubens. Ich fürchte, unser Freund verfehlt das Thema."

*Philosophie, die vom religiösen Leben geschieden wird, wird rein theoretisch, so ausgeklügelt sie auch sein mag. Die institutionalisierte Religion mit ihren Glaubensinhalten und Dogmen ist, bei aller Pracht ihrer Rituale, zutiefst sinnlos und oberflächlich. Die Erforschung des religiösen Geistes ist weitaus wichtiger als die Feinheiten der Philosophie. Seit jeher sucht der Mensch etwas, das nicht vom Denken zusammengebaut worden ist; er sucht etwas Unvergängliches, sucht Wahrheit, die nicht Meinung ist, die nicht durch seine konditionierten Ansprüche und Hoffnungen heraufbeschworen ist. Man beobachtet die Vergänglichkeit des Lebens und versucht, etwas zu finden, das nicht aus Zeit ist. Dies ist seit jeher die Suche des Menschen, aber leider verfängt er sich in seinen eigenen Projektionen oder in denen anderer.*

*Sicherlich haben Sie nichts gegen die Erkenntnis einer Lebensweise einzuwenden, in der es keine Aufsplitterung in Gott und Menschen gibt, ein umfassendes Verständnis des Daseins, in dem Moral ein ungeteilter Bestandteil ist. Wie unser Freund bereits betont hat, hat Moral an sich keinen Sinn. Können wir uns hier deshalb alle mit dieser Frage beschäftigen – ohne dabei für oder gegen Religion oder diesen oder jenen Glauben zu sein, sondern vielmehr gemeinsam diese Frage nach der Tugend erörtern und daraus lernen? Können wir uns eine Lebensweise vorstellen, bei der Angst und ihr Gegenteil, Lust, verstanden werden, und können wir selbst entdecken, ob es eine zeitlose Dimension gibt oder nicht, die Sie dann nennen können, wie Sie möchten?*

Mit energischem Kopfnicken zum Zeichen der Zustimmung sagte er, dies wäre ein großer Gewinn, sowohl für uns persönlich als auch für uns als Lehrer, die Verantwortung für Schüler und Studenten tragen. „Wir sind so orientierungslos – angesichts einer gewichtigen Tradition auf der einen Seite und einer freizügigen Gesellschaft mit ihrem Überfluss auf der anderen – dass der Geist völlig durcheinanderkommt. Logisch mag man das eine oder andere vertreten, dialektisch eine bestimmte Meinung oder ein bestimmtes Vorurteil hochhalten, aber wenn man dies alles sowohl in der Praxis als auch in der Theorie gesehen hat, dann scheint mir doch, dass man diese grundlegendsten Fragen stellen muss. Die traditionelle Lebensweise, die wir in diesem Land sehr gut kennen, zerfällt, und das System der bürokratischen Lebensweisen lehnt Freiheit ab und verlangt Anpassung um jeden Preis. Dann gibt es die freizügige Gesellschaft, die alle Werte und Traditionen sausen lässt und in der man tun kann, was man will und wann es einem passt. Dies alles hat man beobachtet; es erfordert weder eingehendes Studium noch umfassende Erklärungen. Wenn wir uns auf Ihre Frage konzentrieren können, die Sie gestellt haben, dann lassen Sie uns über Tugend und das Verständnis einer Lebensweise sprechen, in die eine andere Dimension Eingang findet."

Ein anderer, der sich noch nicht zu Wort gemeldet hatte, sagte: „Ich bin ganz dieser Meinung, wenngleich das Wort *Religion*, nicht das, was dahintersteht, etwas geworden ist, was man vermeiden sollte. Ich persönlich würde mich gerne sehr eingehend mit dieser Frage beschäftigen, denn ich finde, sie ist der Quell aller Schönheit und allen Handelns. Es heißt, wir leben nicht vom Brot allein, und wenn das Brot das einzig Wichtige wird, dann bricht alles mögliche Unheil aus."

Ein paar Minuten saßen wir schweigend da. Der Baum trug viele rote Blüten, und eine war ins Zimmer gefallen. Sie war nicht verwelkt, sie war leuchtend, klar, scharf umrissen. Ein schwacher Jasminduft wehte herein. Ein Ochsenkarren zog vorüber.

*Was bedeutet Tugend? Ist sie etwas, das man Tag für Tag üben muss, um die moralische Vortrefflichkeit und Aufrichtigkeit des Menschen auszubilden, etwas, das ihm eine gewisse Macht und Autorität verleiht? Ist sie, in dem Sinne, wie wir das Wort verwenden, das Resultat von Anstrengung und Entschlossenheit, von Widerstehen und Einhalten der Regeln? Ist Tugend das Resultat der Überwindung des nicht Tugendhaften, des Unterdrückens um der Anpassung willen, des Verweigerns um des Erfolgs und der Errungenschaften wegen? Wird Tugend aus dem Konflikt der Dualität geboren? Oder hat Tugend nichts mit alledem zu tun, weder mit der Konditionierung der Gesellschaft, die grundsätzlich unmoralisch ist, noch mit einer Abhängigkeit von der Umwelt, gleich ob traditionell oder freizügig? Wenn man ein Tugendmuster hat und versucht, dieses in der Reibung, Unterdrückung und Rivalität des Alltagslebens umzusetzen, ist es keine moralische Vortrefflichkeit mehr. Womöglich entsteht eine oberflächliche Ordnung, aber das Mittun bei der Anpassung trägt den zersetzenden Faktor der Unordnung in sich. Die Negierung dessen, was als moralisch gilt – nicht als Reaktion, sondern durch die Beobachtung dessen,* was wirklich ist – *ist die Schönheit der Tugend, welche Ordnung ist. Eine Vorlage, entworfen von einem schlauen Kopf oder einer begabten Hand, verneint unweigerlich die Ordnung. Ordnung ist Tugend. Nicht Ordnung nach irgendeinem Muster, einer Kultur oder einem Gesellschaftssystem, sondern die Ordnung, die sich ohne den Zwang zur Anpassung leicht und wie von selbst einstellt, sobald man das gesamte Feld der Unordnung versteht, in dem wir leben.*

„Sagen Sie damit, dass man Tugend nie umsetzen kann? Sie meinen, Demut kann man nie umsetzen, was Tatsache ist. Wenn man versucht, sich in Demut zu üben, wird die Eitelkeit glatter, subtiler und raffinierter. Sagen Sie, dass man durch ein ungeordnetes Leben mit seinen widersprüchlichen Disziplinen niemals zu moralischer Vortrefflichkeit gelangen kann? Und doch versuchen wir genau dies. Durch unsere Verwirrung versuchen wir tugendhaft oder moralisch zu sein, und deshalb ist es, wie Sie sagen, unmoralisch. Empfehlen Sie also, dass wir uns unserer Unordnung stellen, sie verstehen, sie untersuchen, und daraus dann die Reinheit der Vortrefflichkeit folgt?"

*Wie gesagt, Tugend ist etwas Lebendiges, jede Minute neu, sie lässt sich nicht ins Gefängnis des Denkens werfen, foltern und verzerren. Freiheit – nicht* von *etwas, sondern einfach Freiheit – ist der Kern moralischer Vortrefflichkeit. Diese Freiheit ist an sich die Schönheit, die wir Tugend oder Ordnung nennen. Diese Freiheit bedeutet große Enthaltsamkeit; aber es ist nicht die Enthaltsamkeit der strengen Übung der Heiligen oder Mönche mit ihren Gelübden und ihrem Verdrängen. Diese Tugend ist nicht das Resultat von Disziplin. Sie hat keine Disziplin. Der tugendhafte Mensch ist ein freier Mensch und hat daher keine Disziplin, die ja Anpassung ist. Er lebt in Klarheit, ohne jede Verwirrung. Die Klarheit der Wahrnehmung handelt ohne den Willen, der Widerstand ist. Freiheit ist die klare Wahrnehmung von Ordnung, die im Grunde Moral ist.*

## 41

## Nur der unverzerrte Geist kann die Wahrheit erkennen

Ein starker Wind blies aus Westen und drückte die Bäume nieder. Das Meer war unruhig; an diesem Morgen hatte der Wind riesige Wellen gebracht, die sich nun am Ufer brachen. Nach den schweren Regenfällen waren die Hügel hinter dem Haus grün. Es ist ein Landesteil, in dem es nicht viel regnet, aber dieses Jahr war der Regen in Sturzbächen niedergegangen. Es gab Erdrutsche, und vor dem Haus, zur Seeseite hin, glitt die Erde ab. Überall hatte es Sturmschäden gegeben, aber die Seen wären nun gut gefüllt, und für den kommenden Sommer würde es genug Wasser geben. Es ist ein schöner Landstrich, sehr vielversprechend, aber überall herrschte Umweltverschmutzung. Sogar die Meerestiere litten, denn alles floss ins Meer.

Der Geist ist genauso ruhelos wie das Meer. Immer ist er mit diesem oder jenem beschäftigt, mit der Küche oder mit Gott, mit Sex oder der Jagd nach dem Vergnügen. Nie ist er still, und die Angst davor, einmal nichts zu tun zu haben, wird zum Problem.

Am Vortag hatten sich am Nachbartisch zwei Frauen unterhalten. Sie erzählten einander von ihrem politischen Leben, sprachen über die Leute, die sie kannten, über ihre Söhne und ihre Töchter, die gut verheiratet waren. Offenbar kannten sie prominente Regierungsmitglieder, unter denen sie gedient hatten, sowie Zeitungsbesitzer und ihre Chefredakteure. Über eine Stunde lang erzählten sie einander Anekdoten über diese Menschen, und unweigerlich bekam man mit, was sie sagten. In dieser Stunde hatten sie keinen Augenblick ohne ein Wort.

Die Menschen an den anderen Tischen unterhielten sich ununterbrochen; sie mussten beschäftigt sein, sonst würden sie verlegen oder fühlten sich nicht wohl. Durch Reden versuchten sie, eine Beziehung herzustellen, die dies bemänteln würde. Wie es scheint, muss der Geist mit dem einen oder anderen beschäftigt sein, ist ständig unruhig, immer auf der Suche nach Ausdrucksmöglichkeiten. Es gibt eine Angst vor dem Alleinsein, vor dem Unverbundensein. Wenn du deinen Weg alleine gehst, trägst du deine Last mit dir, deine Probleme, deine Freuden, das, was du getan hast und was du noch tun wirst. Dieses endlose Geplapper stellt den Geist offenbar zufrieden. Ein beschäftigter Geist ist ein belangloser kleiner Geist, der immer nur innerhalb der Mauern seines eigenen Denkens kreist. Diese Isolation ist nicht Alleinsein. Allein zu sein, bedeutet Freiheit, Freiheit vom Bekannten. Nur dann kann etwas Neues geschehen.

An jenem Morgen waren zahlreiche Lehrer aus vielen Teilen der Welt gekommen. Einer von ihnen, der bereits eine Frage gestellt hatte und beiseitegedrängt worden war, fragte erneut: „Wenn ich das Wort *Religion* verwenden darf, welchen Platz hat sie in der Schule und in unserem Leben? Und wie kann man sie abseits der moralischen Frage unterrichten?“

*Ist das Verständnis der Wahrheit, was Religion ja ist, von moralischer Vortrefflichkeit zu scheiden?*

Ein anderer, der eine lange Anreise per Schiff, Zug und Bus auf sich genommen hatte, sagte: „Ist nicht die moralische Wahrheit die einzige Realität? Wir wollen über Religion sprechen, ohne die Moral und das alltägliche Leben zu verstehen. Wie Sie schon oft gesagt haben: Benehmen ist die Grundlage, auf der wir aufbauen können, doch wir spintisieren weiter über Gott, Theologie und anderes, ohne in uns selbst wirklich eine Lebensweise zu entwickeln, die aufrichtig und wahrhaftig ist. Wir sprechen über Gott und sind doch eigentlich Scheinheilige, und diese Scheinheiligkeit wollen wir andere lehren. Alle Theologen haben ein bestimmtes Credo, und um dieses herum denken sie sich endlose Theorien aus." Er fuhr fort: „Mir scheint, als Menschen und als Lehrer ist es unsere Aufgabe, diese moralische Vortrefflichkeit oder Tugend denen zu vermitteln, für die wir verantwortlich sind. Wie vermitteln wir sie? Wenn wir hier anfangen könnten, könnten wir uns vielleicht auf das Feld der Religion begeben. Deshalb möchte ich alle Anwesenden fragen, wie dem Schüler seine moralische Verantwortung, Integrität und bleibende Aufrichtigkeit zu vermitteln sind."

Der eine in seiner üblichen Ecke erwiderte: „Durch unser Vorbild, durch unsere Lebensweise, durch das, was wir tun, und wie wir mit unseren Schülerinnen und Schülern sprechen."

*Liegt nicht eine Gefahr darin, ein Vorbild zu werden? Sie werden zum Helden, Sie fördern Nachahmung, Anpassung und zerstören damit die Integrität des anderen. Die Geschichte ist voller Beispiele: Es gibt Tausende Heilige und die neuesten Gurus. Auch wenn die heutige Generation Heldenverehrung ablehnt, hat sie doch ihre eigenen wechselnden Idole. Indem Sie ihnen ein Vorbild sind, verweigern Sie ihnen Freiheit. Sicher ist es weitaus wichtiger, dass sie ihre eigenen Verhaltensmuster, ihre eigenen Widersprüche und Verwirrtheiten verstehen, statt ihnen ein bestimmtes Muster anzubieten. Der Lehrer und der Schüler lernen beide, sie lernen beide etwas über sich, über ihr Verhalten und ihre Lebensweise. Es ist nicht so, dass der Lehrer völlig aufrichtig ist und daher anderen sagen kann, was Aufrichtigkeit ist. Vielmehr kann er dem Schüler vermitteln, dass sie beide lernen, was moralische Vortrefflichkeit ist.*

Der Mann aus Übersee sagte: „Dies wird unmöglich, wenn es eine Trennung zwischen uns und dem Schüler gibt. Wir glauben, wir wüssten es besser als sie. Wir sitzen leicht erhöht, und diese Überlegenheit ist eine große Befriedigung. Eben diese verweigern Sie uns, wenn wir alle lernen. Meist fällt es uns sehr schwer, von unserem Katheder herunterzukommen."

*Wie wir bereits gesagt haben, muss es ein festes Fundament geben, bevor wir ein Haus bauen können. Das Verständnis der Tugend, die ja Ordnung und moralische Vortrefflichkeit ist, errichtet zugleich ein Haus. Religion und Moral hängen miteinander zusammen; sie sind nicht zwei getrennte Dinge. Könnten wir die Frage so formulieren: Was ist ein religiöser Geist, der die Schönheit der Ordnung erlernt? Alle Religionen sind organisierte Institutionen, die sich auf Propaganda stützen. Jede hat einen Helden und dessen Anhänger, ihre Mythen, ihren Aberglauben, ihre Kultbilder oder die nackten Wände einer Moschee. Von Kindheit an werden wir in einem Glauben erzogen, werden wir durch die Kultur, in der wir leben, konditioniert, und dies spaltet die Menschheit. Dies alles hat nicht das Geringste mit dem religiösen Geist zu tun, denn wenn man wirklich herausfinden will, was die Wahrheit ist, muss man frei sein von jeglicher Form von Glaube, Vorstellung und Autorität. Der Glaube an das Heilige ist eine Folge der Angst, auch wenn man ihn vielleicht als Wahrheitsliebe bezeichnet. Angst vor der Unsicherheit und der Wunsch nach Erlösung oder Erleuchtung ist die Grundlage all dessen. Das Gehirn muss sicher sein, sonst kann es psychisch und körperlich nicht gesund funktionieren. Da es in Chaos und Verwirrung lebt, sucht es Sicherheit in einem Glauben, ob dies nun der Glaube an den vollkommenen Staat oder den vollkommenen Gott ist. Es projiziert seinen Wunsch auf das Bild, das es durch seinen beharrlichen Anspruch auf Sicherheit erschaffen hat. Kann all dies hinweggefegt und der Geist frei werden von seinen Konstrukten einer Dauerhaftigkeit und eines Himmels, der nicht auf der Erde ist?*

Ein anderer sagte: „Verlangen Sie da nicht etwas Unmögliches von uns? Natürlich sind wir konditioniert, als Hindu durch meine Kultur oder als Kommunist oder Christ durch diese Kulturen. Die Götter unserer Kultur sind wesentlich beständiger als die Unbeständigkeit der Wahrheit. Wir haben Angst, das Bekannte loszulassen."

*Wenn Sie das Gebilde, das die Angst errichtet hat, und dessen Gefahren wirklich verstehen, werden Sie selbstverständlich loslassen. Für uns selbst erkennen wir die Gefahr der Spaltung nicht, die die institutionalisierten Religionen hervorgebracht haben. Wenn Sie an Ihren Göttern festhalten und jemand anders an seinem Erlöser, auch wenn beide sagen, man solle seinen Nächsten lieben, erzeugt diese unvermeidliche Spaltung doch Feindseligkeit, Kriege, Argwohn und Angst. Wenn Sie dies wirklich erkennen, nicht intellektuell, sondern faktisch, mit Ihrem Herzen, Ihrem Geist, Ihrem ganzen Wesen, dann ist eben die Wahrnehmung dieser Gefahr das Handeln der Freiheit. Aber in der modernen Welt spielt nichts davon eine besonders große Rolle, weder die Religion, noch die Wissenschaft, noch die verheißenen Utopien. Wir wollen Spaß haben, von einem Tag auf den anderen leben und uns keine Gedanken um die Zukunft oder diese ungeheure Sache namens Tod machen. Wir sind müde, und wir wollen ein oberflächliches, bequemes Leben führen. Ernsthaftigkeit mit allem, was sie bedeutet, wird langweilig. Doch um alles abzuwerfen, was der Mensch sich durch Angst und die Verstrickungen der Lust aufgebürdet hat, muss man ungemein ernsthaft sein. Ohne Verständnis dieser beiden Dinge gibt es keine Moral. Ebenso wenig wie die Glückseligkeit, die über alle Lust hinausgeht.*

Wieder sagte der Mann in seiner Ecke: „Wir sind nicht tiefernst. Das Leben ist uns ‚zu viel geworden'. Wir vermitteln den Schülern und Studenten die Trostlosigkeit unseres eigenen Lebens, oder es geht uns nur um Information und Wissen. Der

Student ist bereits erschöpft, wenn er die Universität verlässt. Diejenigen, die ihr Studium abbrechen, haben anscheinend mehr Energie, aber sie verschwenden sie auf nutzlose Aktivitäten, lustvoll oder gewalttätig. Eigentlich fordern Sie uns auf, unschuldig zu werden und das Leben wie zum ersten Mal zu sehen, nicht wahr, einfach, klar und voller Leidenschaft? Mir ist meine Leidenschaft längst komplett abhandengekommen. Nicht dass ich ein alter Mann wäre, aber dieses ganze Ringen, finanziell wie innerlich, hat meine Energie aufgezehrt."

*Bedeutet Unschuld nicht einen Geist, der nicht verletzt werden kann? Was auch um ihn herum geschieht oder was er auch durchgemacht hat, nichts kann ihn berühren oder ihm Schaden zufügen. Das ist Unschuld. Wenn sie nicht verletzt worden sind, dann haben das Gehirn, der Geist, das Herz, die alle eins sind, Energie in Überfülle; je mehr Sie erbitten, desto mehr ist da. Nur der unverzerrte Geist kann die Wahrheit erkennen.*

„Wenn man aber verletzt und verzerrt ist, was soll man dann tun? Auch der Schüler oder Student ist verzerrt. Sowohl der Lehrer als auch der Schüler sind verletzt worden und kennen nur Widerstand. Wie sollen wir sie abbauen? Unsere Tragödie liegt nicht darin, dass wir das Neue nicht sehen, sondern sie liegt in dem, was wir sind. Ich möchte nicht, dass mein Sohn so wird wie ich, aber ich weiß, es ist unvermeidlich. Es mag kleinere Veränderungen geben, aber die Struktur ist dieselbe. Wie können wir uns und auch die Schüler und Studenten transformieren?"

*Es gibt kein „Wie", sondern nur das tatsächliche Sehen dessen,* was ist, *und ein darüber Hinausgehen. Liebe ist die Wahrnehmung dessen,* was ist. *Nicht die Sorge über das,* was ist – *Sorge ist unheilvoll und gefährlich und erzeugt Selbstmitleid und Hass. Liebe ist ein Licht für sich, und ein anderes brauchen Sie nicht.*

# TEIL DREI

# Erkundungen über Meditation

## 42
## Was ist eigentlich heilig?

Es war wirklich ein wunderschöner Morgen. Ein leichter Nebel lag über den Bäumen und dem Fluss. Die Sonne war noch nicht aufgegangen, aber in wenigen Minuten würde es soweit sein. Viele Fischer lagen in ihren kleinen Booten und schliefen unter einer Abdeckung, dunkle Gestalten gegen das Licht des Wassers. Es war noch still; der Lärm der Stadt und das Donnern des Zuges auf der Brücke hatten noch nicht eingesetzt. Jetzt ging die Sonne auf. Unmittelbar hinter den Bäumen konntest du sie sehen, ein großer Ball in Goldrot. In ein, zwei Minuten würde sie über den Bäumen stehen. Nun legte sie einen goldenen Pfad über das Wasser. Es war ein ganz stiller Morgen ohne einen Hauch, der Dunst blieb noch ein wenig über dem Wasser liegen. Bald würde die Sonnenwärme ihn vertreiben. Dann sahst du den Fluss, breit, tief, etwas Wunderbares, erfüllt von ekstatischer Schönheit, so still und so weit wie ein See.

Jetzt kehrten die Fischer mit ihrem nächtlichen Fang in ihr nahes Dorf zurück. Das Gold über dem Fluss war verschwunden; nun wurde er zu geschmolzenem Silber, das im hellen Sonnenschein tanzte und schimmerte. Die eigentliche Sonne konntest du nicht anschauen, sie war zu stark, aber den Fluss mit seinem strahlenden Licht konntest du betrachten; und die Schönheit dieses Lichts würde den ganzen Tag über anhalten, auch wenn die Sonne hinter dem Minarett in der lauten, schmutzigen Stadt unterging.

Der Fluss galt als sehr heilig; heiliger als jeder andere Fluss. Die Menschen beteten ihn buchstäblich an. Sie sangen über ihn in Sanskrit und in den zahlreichen anderen Sprachen, die zu dem Land gehörten. Von Nord bis Süd kannten und verehrten sie diesen Fluss als uralt und heilig. Seit alters her kamen viele Millionen Pilger, um darin zu baden und sich von ihren Sünden reinwaschen zu lassen. Meditierend saßen sie an seinem Ufer, in ihrer nassen Kleidung, bis die Sonne sie wärmte; und verträumt nahmen sie ihre Meditation mit in den Tag. Vieles spielte sich an den Flussufern ab, alles, was man sich nur vorstellen kann, und doch ist er ein heiliger Fluss, besonders hier, wo der Fluss sehr schön ist. Das gegenüberliegende Ufer war grün vom Winterweizen und den dahinterstehenden Bäumen. Das kleine Dorf mit seinen weißen Mauern lag zwischen den Bäumen verborgen.

Auf der Veranda gurrten zwei Tauben. In einer Mauernische hatten sie mit dem Nestbau begonnen. Kreischende Papageien zogen vorüber, leuchtend grün, in wildem Zickzackkurs, niemals im Geradeausflug. Auf der anderen Flussseite rief ein Mann jemandem am hiesigen Ufer etwas zu.

Im Raum waren vier Menschen, die über den Fluss schauten. Sie wirkten sehr gravitätisch und ernst. Einer sagte: „Ich frage mich, ob es im Leben überhaupt etwas Ernstzunehmendes gibt, das heilig ist. Ich bin eher skeptisch, ob das Leben heilig ist oder die Kuh oder überhaupt etwas auf Erden, einschließlich des Menschen." Ein anderer meinte: „Der Fluss ist heilig, weil er zuerst einmal schön ist, zeitlos, und er wird seit Jahrtausenden verehrt. Ich mag Schönheit – die Bäume und die Hügel und die fließenden Wasser – und das ist heilig. Schönheit ist heilig, nicht nur das, was der Mensch auf die Erde gestellt hat, wie den Tempel, die Kathedrale und die wunderbaren handgefertigten Dinge – auch die Gedichte, die Musik, der Klang einer Flöte. All dies betrachte ich als hochheilig, man muss es lieben und schätzen." Der dritte sagte: „Ich weiß, dass Heiligkeit in den religiösen Büchern ist, die ich lese, in den Offenbarungen der großen Meister, in den

Symbolen, in dem Bild, das im Tempel leibhaftig wird, in der Kirche oder in der leeren Moschee. Die Idee, das höchste Ideal, das Bild vom Erhabenen, das man im Herzen hat und das namenlos sein kann, dies betrachte ich als heilig, höchst ehrwürdig, anbetungswürdig. Wenn ich durch den Wald gehe, habe ich oft das Gefühl, dass ich sorgfältig darauf achten muss, dass ich nichts kaputt mache, kein Blatt abbreche oder keine Blume pflücke, nichts verletze, ja noch nicht einmal auf einen Grashalm trete. Ich spüre dies ganz deutlich, denn all dies halte ich für äußerst heilig."

Ein Vierter, der den anderen zugehört hatte, sagte: „Der Mensch ist heilig, wenn man dieses Wort denn unbedingt verwenden muss. Weil er heilig ist, sind auch die Götter heilig, die er erfunden hat. Einen Menschen zu töten, ist das größte Sakrileg. Was er getan hat, so schlimm, so verwerflich es auch sei, hinter all dem Chaos und der Verwirrung, die der Mensch in seinem Inneren und Äußeren, in allen seinen Beziehungen angerichtet hat, so brutal, herzlos, gewalttätig es auch war, liegt doch eine feine Ahnung der verborgenen Heiligkeit. Man kann nicht nur nach der äußeren Erscheinung, nach Worten, Gesten und Taten urteilen, weil der Mensch seit vielen tausend Jahren Bestand hat. So katastrophal sein Leben auch sein mag, er ist zeitlos und daher heilig."

Ein Zug querte die Brücke, begleitet vom Donnern von Stahl auf Stahl. Im hellen Sonnenlicht vor dem Fenster konntest du die starke Strömung des Flusses sehen.

*Jeder Mensch denkt oder meint, dass etwas heilig ist, nämlich das, was ihm am teuersten ist, sei es ein Bild, ein Symbol oder eine Person. Wir alle wünschen uns in unserem unheiligen Leben etwas wirklich Lohnendes, Tiefgründiges, Heiliges. Deshalb investieren wir dieses Gefühl in das Bild, das in der Kirche, im Tempel ist, oder in die Idee, die die Moschee verkörpert. Wir tragen die tiefe Sehnsucht nach etwas Unvergänglichem im Herzen, das durch die Zeit niemals vernichtet werden kann. Dies nennen wir heilig. Fragen Sie jeden Menschen, und jeder wird Ihnen entweder sagen, dass es im Leben nichts Heiliges gibt, oder er nennt Ihnen seine eigene Hoffnung, Vorstellung, Sehnsucht, verkörpert in einem Bild, einem Ideal oder in der Fantasiewelt einer Utopie. Die Bücher, die Sprüche eines Heiligen, Lehrers oder Erlösers, werden heilig, sollen verehrt, mit tiefem Empfinden, mit ekstatischer Hingabe nachgesprochen werden.*

*Wenn man all dies ohne ablehnenden Blick beobachtet, fragt man dann nicht, was eigentlich heilig ist? Gibt es so etwas überhaupt? Was ist heilig, und was ist Handeln, das heilig ist? Wobei Handeln Leben ist. Um dies herauszufinden, nicht verbal, sondern mit dem Herzen, mit dem Geist, mit Ihrem ganzen Sein, weil Sie verstehen, welche Bedeutung es hat, müssen Sie das Wort, das Bild, das Symbol, die Theorie, das Wissen, das Sie für heilig gehalten haben, ablegen. All dies müssen Sie vollständig und von Grund auf ablegen.*

„Kann ich, ein Mensch mit meinen Hoffnungen, meiner Verzweiflung und meinen Sehnsüchten nach etwas Ekstatischem oder Heiligem, dies überhaupt fertigbringen?“

*Sie können einen Stein zu etwas Heiligem oder Ehrwürdigem machen. Das Denken kann alles ehrwürdig und heilig machen, aber es ist dann nicht unbedingt heilig. Ist das Denken an sich heilig, so fein, so kultiviert, so schön oder edel es auch sei? Oder ist es lediglich etwas Mechanisches, eine Reaktion auf verschiedene Formen von Erinnerung, Erfahrung und Wissen, und daher recht mechanistisch und aus Materie?*

*Sie können oder mögen etwas als heilig oder ehrwürdig bezeichnen. Der menschliche Geist mit seiner ungeheuren Sehnsucht nach etwas unvergänglich Schönem mag das Den-*

*ken an sich als heilig bezeichnen. Aber ist es das? Um dies wirklich herauszufinden oder mit dem Herzen darauf zu kommen, muss man alles verwerfen, was das Denken als heilig erschaffen hat, alles, was es in Form eines Buches zusammengestellt hat, oder alles, was es mit dem Geist oder mit der Hand gemacht hat. All dies muss abgelegt werden, weil der Mensch sich so endlos selbst betrügt. Schon die Illusion wird heilig, weil er die Illusion liebt. Das Hässliche kann durch Denken wunderschön gemacht werden. Das Allerböseste, wenn man dieses Wort denn verwenden kann, kann zum Wunderbarsten gemacht werden. Wenn also Geist und Herz herausfinden sollen, was das Heiligste und die heiligste Lebensweise ist, muss man all dies entschieden und vollständig ablegen.*

„Was gibt es dann noch?"

*Dann gibt es nichts, vollständige Leere. Nicht die Leere, die das Denken füllen kann. Nicht die Leere und das Nichts, die das Denken umgehen und aus denen es etwas aufbauen kann. Es ist eine Leere, an die das Denken niemals rühren kann, denn sie ist nicht das Produkt des Denkens. Sie ist nichts Mechanisches – wenn man dies tut, erhält man jenes – sie ist nichts Vermarktbares. Es ist dieses Nichts, völlige Leere, die* ist. *Sie können sie heilig, schön, wahr, göttlich nennen, aber die Beschreibung ist nicht das Beschriebene. Dies ist das Einzige, das gelebt werden kann.*

## 43
## Wahlloses Gewahrsein und Aufmerksamkeit

Nach vielen Tagen voller Wolken und Regen, Dunst und Nebel kam heute frühmorgens die Sonne heraus, hell und klar an einem wolkenlosen Himmel. Nach der tagelangen Dunkelheit wirkte das Gras strahlend grün. Jedes Blatt war über und über mit Tau benetzt, und die Luft war duftgeschwängert. Leise deutete der Herbst sich an. Über dem hellgrünen Rasen lagen lange Schatten, und fünf Bachstelzen wippten auf und ab. In der Ferne stolzierten zwei Fasanenmännchen vorüber, strahlend im Sonnenlicht, mit klarer Zeichnung und langen Schwanzfedern, die sachte über den Rasen wischten. Dahinter lagen die bewaldeten Hügel mit ihren grünen Hängen.

Du schautest hinaus, und der Geist beobachtete nur, hielt nichts fest, erkannte nicht einmal die verschiedenen Bäume und die vielen unterschiedlichen Grüntöne, die Schafe in der Ferne. Es war außergewöhnlich still; nicht die kleinste Gedankenwelle regte sich, und die Tiefe dieser Stille war unermesslich. Ermesslich wird sie erst, wenn das Denken beteiligt ist. Es ist merkwürdig, warum der Geist plötzlich ohne jede Willensanstrengung absolut still wird, bar jedes Gedankens, jedes Gefühls und doch im Zustand der Beobachtung. Meditation ist das falsche Wort. Meditation impliziert einen Meditierenden, ein Gewahrsein, dass er meditiert, erlebt, erkennt, speichert. All dies ist eine Frage des Messens, aber jetzt, im Betrachten des Landes, der fliegenden Krähen und des stillen Hundes auf dem Rasen, gab es keine Maße wie Zeit und Raum, Höhe und Tiefe. Nichts anderes hat kein Maß.

Wie ist das Verhältnis zwischen wahllosem Gewahrsein und Aufmerksamkeit? Was ist Aufmerksamkeit? Entsteht sie durch einen Willensakt, durch langes Üben, durch irgendeine Form von Zwang, oder entsteht sie ganz von selbst, mühelos? Beobachten mit Wahl ist das eine, und Beobachten ohne Wahl ist etwas anderes. Das eine führt zu Konflikt und Streit, das andere zur Klarheit der Erkenntnis. Ohne jede Reaktion den Straßendreck sehen und den Baum, der danebensteht, beide ohne Unterschied einfach beobachten und doch des strahlenden Grases und des schmutzigen Schotters gewahr sein. Das ständige Auswählen, das Unterscheiden zwischen diesem und jenem – zwischen dem, was hässlich, und dem, was schön ist, und auf beides je nach Empfindsamkeit zu reagieren – heißt, in der bloß seichten Bewegung des Lebens gefangen zu sein. Ohne alles Vergleichen oder Messen zu beobachten und zuzuhören, verleiht dem Geist eine Qualität der Verletzlichkeit, die gar nicht fähig ist, verletzt zu werden, und damit auch nicht fähig zu verletzen.

Wenn Sie aus dem Fenster schauen und die langen Schatten sehen, besteht eine Aufmerksamkeit, die zugleich äußerlich und innerlich ist. Wenn diese Aufmerksamkeit vorhanden ist, wird der Körper außergewöhnlich ruhig, und alle Aktivitäten des Gehirns, das Speichern und das Reagieren, ruhen. Obwohl das Gehirn sehr viel Wissen angehäuft hat, scheint es doch davon frei zu werden und kann es nun ohne Eingreifen des Zentrums, des Beobachters mit all seinen egoistischen Aktivitäten, nutzen. In dieser Aufmerksamkeit hat Raum eine ganz andere Bedeutung. Der Raum eines Zimmers und die Gestalt eines Baums im Raum sind beide messbar. Aber der Raum der Aufmerksamkeit, der kein Zentrum und daher keine Grenze hat, ist nicht messbar. Das, was vollständig leer ist, kann man nicht messen. Eben diese Leere ist Gewahrsein, ist Aufmerksamkeit. Eben diese Aufmerksamkeit kann handeln ohne das Hemmnis der Vergangenheit.

Wahlloses Gewahrsein ist eine Bewegung in Aufmerksamkeit. Sie sind nicht verschieden, aber sie werden verschieden, wenn man versucht, gewahr oder aufmerksam zu sein. Sobald es eine Wahl der Aktion gibt, die Unsicherheit, was zu tun ist, tritt eine Spaltung zwischen Gewahrsein und Aufmerksamkeit ein. Wahl existiert nur, wenn es Unsicherheit und daher Verwirrung gibt. Handeln aus Klarheit hat keine Wahl.

Gibt es Aufmerksamkeit im Schlafzustand? Man kann verstehen, was diese Aufmerksamkeit im Wachzustand ist: Diese besondere Wachsamkeit, in der es kein Zentrum gibt, aus dem heraus man aufmerksam ist. Im Schlaf, wenn äußere Objekte nicht auf den Geist einwirken und die Augen geschlossen sind, lässt der Aufzeichnungsprozess nach. Aber es gibt die Traumaktivität, eine Fortsetzung unserer Aktivität im Wachzustand um Probleme, Ärgernisse, Gewalt und den Bedarf nach dem Angenehmen mit seinen Ängsten. Solange diese nicht vollständig aufgelöst sind, gehen die Träume weiter. Aufmerksamkeit wird dann ziemlich oberflächlich und bedeutungslos. Diese Wolke aus Sorgen und die Verwirrung, die der Mensch über Jahrhunderte angehäuft hat, muss im Wachzustand gelöst werden, bevor ein Verständnis dafür eintritt, was Aufmerksamkeit im Schlaf ist.

Aufmerksamkeit verleiht dem Geist eine Qualität der Jugendlichkeit. Zeit als Alter verschwindet in dieser Aufmerksamkeit vollständig. In der Aufmerksamkeit kann es keinerlei Konflikt geben. Zerrissenheit, Kampf und Konflikt mit ihrer Verbitterung, Anspannung und Angst lassen den Geist altern. Fangen Sie mit dem Verständnis dieser Dinge und der Freiheit, die dies bringt, an. Völlige Freiheit davon ist Aufmerksamkeit.

## 44
## Warum meditieren Sie?

Die Hügel lagen nun friedlich da; still, heiter, mit jener seltsamen Qualität der Entrückung. Während der vergangenen fünf Tage hatte ein heulender Wind aus Norden an ihnen gezerrt, und sie schienen vor dem Wind herzutreiben. Sie waren bereits übel zugerichtet worden. Sie hatten Feuer erlebt, bei denen alles auf ihnen verbrannte. Es gab keinen einzigen Baum, keinen Busch und keine Schlingpflanze, die nicht schwarz angesengt war, aschfahl und leblos. Völlig kahl waren sie gewesen. Alle Tiere waren von ihnen geflohen – der Koyote, das Kaninchen, das Rotwild und der Bär.

Jetzt, nach dem Regen, waren sie wieder da. Erneut waren die Hügel von einem hübschen Grün, aber bis ein Busch oder Baum wieder blühte, würde es noch Jahre dauern. Doch in der klaren Morgenluft entfalteten sich die Lupine, der Senf, das Eiskraut und alles, was grün ist, in der Sonne. Du fühltest dich ihnen nahe, so nahe wie zwei Blütenblätter einer Blume. Kaum wagtest du sie anzusehen, denn sie waren noch scheu, ungeschützt, nackt. Im Vorübergehen warst du ihr Freund; auch du warst allein, fern und weit weg. In diesem entrückten Alleinsein hatte die Teilung ein Ende.

Es war ein schöner Morgen, und auf dem Rasen pickten die Wachteln. Sie waren scheue Vögel, und bei der kleinsten Bewegung trippelten sie davon in die Büsche, aus denen sie dann langsam und zögerlich wieder hervorkamen, um nach den Körnern zu scharren, die für sie ausgelegt worden waren. Es waren etwa vierzig Tiere mit ihrer typischen Federhaube, ihrem dicken kleinen Körper und ihren raschen Bewegungen, der zarten, scheuen Bewegung des Lebens. Die Stadt lag weit weg am anderen Ende der blauen Pazifikbucht. Die Hügel und das Meer lagen irgendwie reglos und vollkommen still. In dieser Stille begann das Leben.

„Ich habe aus Büchern und von Lehrern verschiedene Meditationssysteme zusammengetragen. Zunächst habe ich mir willkürlich herausgesucht, was mir zusagte oder wovon ich zumindest dachte, dass Meditation so sein sollte – Zen, die hinduistischen Meditationssysteme, die äußerst subtilen sowie die offensichtlichen und groben Formen sexueller Vereinigung, das Wiederholen von Mantras, das entschiedene Beruhigen des Geistes, zehnminütiges Praktizieren jeden Tag, das dann von Woche zu Woche gesteigert wird. Ich habe nicht nur damit gespielt, sondern sie wirklich ernst genommen. Mir ist klar, dass man durch bestimmte Formen der Konzentration Kräfte wie Hellsichtigkeit und so weiter entwickeln kann, aber wie Sie sagen, diese Kräfte sind wie Kerzenschein in der Sonne; in der Dunkelheit mögen sie ja nützlich sein, aber sie sind vollkommen unerheblich. Ich habe mich schon immer zur Meditation hingezogen gefühlt, denn ich finde, sie hat etwas merkwürdig Schönes, und es gibt Bewusstseinszustände, zu denen das kalkulierte Denken nie vordringen kann.

Neulich hörte ich einen Mann im Radio über Meditation sprechen; er sagte seinen Zuhörern, was sie zu tun hätten. Das hat mich wirklich ziemlich entsetzt; denn es klang billig und vulgär. Ich vermute, Sie halten mich wohl für nicht ernsthaft genug, um die Mauer aus Eitelkeit und Erfolgsdrang überwinden zu können, aber ich glaube, es ist mir wirklich ernst damit. An diesem schönen Morgen möchte ich die Schönheit nicht durch endlos dahingeplapperte dumme Fragen stören. Ich möchte anderen nicht sagen, was Meditation ist, oder Profit daraus schlagen. Aber ich würde wirklich gerne in jene Dimension vordringen, zu der Meditation das Tor öffnet."

*Meditation ist das Ende aller Entscheidung, allen Entschlusses und aller Wahl, was ja Ausdrucksformen des Willens sind. Wille ist die Fortsetzung von Wissen, von Zeit, eine Bewegung vom Bekannten zum Bekannten. Die Aktion des Willens ist konzentrierter Widerstand. Wenn man die Aufmerksamkeit auf einen Gegenstand seiner Wahl richtet, ist dies immer noch die Aktion des Willens als Disziplin, man zwingt die Struktur des Denkens durch Denken in eine bestimmte, vorgegebene Richtung. All dies und mehr ist die Aktion des Willens, welcher der Beobachter ist. In der Meditation hat der Beobachter überhaupt keinen Platz, deshalb ist das Verständnis des Meditierenden wichtiger als das der Meditation.*

*Warum meditieren Sie überhaupt? Meditieren Sie, um ein tolles Erlebnis zu haben, um eine andere Dimension zu erreichen, weil diese hier Sie langweilt? Meditieren Sie, um die destruktive Trägheit der Selbstbezogenheit zu überwinden? Meditieren Sie, um ein besseres Leben zu haben, und kommt das Bessere nach dem Guten? Wenn Sie mit Schönheit im Blick diese gelbe Blume betrachten, ist das nicht Meditation? Wenn Ihr Ohr einen einzelnen Ton eines Vogels erfasst, ist dies nicht Meditation? Oder das Weinen eines Kindes oder die Gewalt eines Mannes mit einer Bombe, ist nicht auch dies die Bewegung der Meditation? Wenn Sie beobachten, mögen Sie sehen. Wenn in Ihrem Herzen keine Liebe ist, wie kann dann Meditation sein? Ohne dass Sorgen, Gewalt und Konflikt enden, wie kann da der Geist vollkommen still werden?*

*Eigentlich ist nicht Meditation das Problem, sondern der Beobachter, der Denker, der unaufhörlich jeden Stein umdreht, um nachzusehen, was darunter ist. Was er findet, ist das, was er bereits kennt. Die Monotonie des Erlebens des Denkers ist die Monotonie des Bekannten; die Aktivität des Gehirns spielt sich im Feld des Bekannten ab. Die Wahrheit dessen zu erkennen, ist Intelligenz, und diese Intelligenz nutzt dann das Bekannte und ist frei vom Bekannten. Diese Intelligenz ist nicht Ihre oder meine; sie hat keine Überlieferungslinie.*

„Ich möchte meine Fragen nicht stellen, aber darf ich ein paar Minuten still bei Ihnen sitzen?"

## 45

# Der religiöse Geist ist der meditative Geist

„Jetzt bin ich ein alter Mann, aber schon seit meiner Jugend beschäftigt mich die Frage nach einem religiösen Leben. Meine Frau ist vor vielen Jahren gestorben, meine Kinder sind verheiratet, glücklich und unglücklich, und es gibt viele Enkelkinder. Ich habe mich mit Philosophien auseinandergesetzt, mich religiösen Gruppen angeschlossen, bin lebenden und toten Heiligen nachgefolgt, war im Tempel, in der Moschee und in der Kirche. Jeder Mensch erfindet seinen eigenen Gott oder hat ein Prinzip, nach dem er lebt, oder er betreibt philosophische Gedankenspiele. Irgendwie hat mir all dies nicht offenbart, was ein religiöses Leben ist. Die Obrigkeiten haben gesagt, es sei dieses oder jenes, haben verschiedene Lebensweisen vorgeschrieben oder Glaubensinhalte vorgegeben. Ich habe Rituale vollzogen, endlose Gesänge und Choräle absolviert, aber die ganze sogenannte religiöse Struktur hat wenig Sinn. Es wäre wunderbar, wenn ich am Ende meiner Tage herausfände, was ein wahrhaft religiöses Leben wirklich ist! Ist es geistig? Anderen Gutes tun, mitfühlend sein, zusehen, dass man ein einigermaßen anständiges und moralisches Leben führt – macht all dies ein religiöses Leben aus?

Natürlich muss man wissen, was die Vedanta-Gelehrten sagen, was mir wiederum ebenfalls als These erscheint, als schlaues Theoretisieren und leere Spekulation. Bei alledem spielen Ideen und Glaube eine wichtige Rolle, vielleicht die wichtigste: Dass man glauben muss, um religiös zu sein, dass man ein ideologisches Ziel mit dem entsprechenden Anleitungsbuch haben muss: Du sollst, du sollst nicht. Ich bezweifle, ob die Heiligen je religiös waren oder ob sie lediglich der Tradition gefolgt sind und die organisierten Religionen ihnen dann als Belohnung für die Aufrechterhaltung der Tradition die Heiligkeit verliehen haben. Rechtgläubigkeit und Ehrbarkeit spielen im sogenannten religiösen Leben eine große Rolle. So frage ich am Ende meines Lebens immer noch, was ist wahrhaftig ein religiöses Leben?"

*Würden Sie sagen, dass Religion eine Lebensweise ist, die in ihrem Handeln das Heilige offenbart? Das Heilige ist kein Ding des Geistes und auch keine kalkulierte rechtschaffene Handlung. Ganz sicher ist es kein Leben der Gelübde und strengen Enthaltsamkeit. Die brutale Entsagung des Mönchs und des Sannyasi kann unmöglich zum Heiligen führen. Man braucht einen Geist, der frei und einfühlsam ist, voller unkalkulierbarer Freude, um die Ekstase zu finden, die nicht Lust ist. Deshalb sollten wir am besten ganz am Anfang anfangen und alles verneinen und ablegen, was der Mensch in der Hoffnung erfunden hat, das nicht Messbare zu entdecken. Verneinung ist der größte Akt der Realität.*

„Kann man alles verneinen? Ist das möglich? Alles zu verneinen, heißt, mich selbst zu verneinen, mein ganzes konzeptionelles Dasein, alles, was meinen Geist genährt und mein Verhalten angetrieben hat, meine Art und Weise, mich zu geben. Wenn ich dies alles verneine, was bleibt dann von mir noch übrig? Dann habe ich keinerlei Daseinsgrund mehr."

*Das „Ich" ist ein Wort, ein Konzept, ein Bündel von Erinnerungen, die Wesenheit, die glaubt, die sucht, die versucht, rechtschaffen zu leben, die Hoffnung hat, Angst, Verzweiflung, die sich endlos an etwas Edlerem, Größerem, Weiserem gemessen hat. Wenn dieses Ich fragt, was ein religiöses Leben ist, kann es dies dann überhaupt erfahren oder etwas finden, was zeitlos ist, nicht aus sich? Das Heilige kann es nur in Gestalt dessen erfahren, was es für heilig hält und was auf der Vergangenheit beruht. Muss man nicht dies alles verneinen, um das Heilige zu sehen? Wäre es nicht besser, die Grundlage für die Freiheit solcher Verneinung zu legen? Benehmen an sich ist selbstverständlich sehr wichtig – nicht als Mittel zum Zweck, nicht gut sein, weil es einem einen Lohn einträgt, sondern um der Schönheit der Güte als solcher willen. Ist dies machbar? Es bedeutet, mitfühlend zu sein ohne Beweggrund, ohne jeden Anflug gesellschaftlicher Moral, die selbstbezogen ist und daher gar kein Mitgefühl, sondern Stolz. Es bedeutet, auf der tiefsten psychischen Ebene ohne Angst zu sein, damit sich der Geist in keinerlei Illusion verfängt; Verlangen zu verstehen, sodass kein Widerspruch in ihm ist; die feine Harmonie hervorzubringen, in der der Streit der Gegensätze zum Erliegen gekommen ist. Es bedeutet, den Geist von psychischer Konditionierung zu befreien – was nicht das Ende der natürlichen Konditionierung des Gehirns bedeutet – ein Leben der Enthaltsamkeit zu führen, in dem jede Form von Verdrängung, Kontrolle und Anpassung fehlt; mit der Disziplin der Intelligenz zu leben, ohne sich an ein Gewohnheitsmuster zu halten. All dies bedeutet das Ende von Konflikt. Dann sind Schönheit und Liebe.*

*Die Heiligen haben Schönheit in jeglicher Form abgelehnt, denn sie denken Schönheit mit Bezug auf Lust, und Lust ist ihnen sündig. Der Künstler hat, indem er Schönheit zum Ausdruck bringt, seiner Eitelkeit und seinem Stolz nachgegeben. Er beutet Schönheit aus. Den Geldscheffler interessieren Überlegungen nicht, was ein religiöses Leben ist. Der schwer arbeitende Mensch denkt vielleicht hin und wieder daran, aber nur beiläufig und gleichgültig. Wenn all dies klar ist, nicht verbal oder intellektuell, kann der Geist dann das Heilige finden? Dem religiösen Geist geht es um das Heilige – darum, es zu finden, zu verstehen, mit ihm zu leben, zu weben und zu gehen, wohin es ihn führt.*

*Natürlich muss ein solcher Geist die volle Bedeutung dessen erfassen, was Meditation ist. Nicht, dass Meditation etwas anderes wäre als alles, was wir immer sagen. Sie ist nichts anderes als Mitgefühl oder das Enden der Angst, nicht anders als Enthaltsamkeit, Freiheit und das Verständnis von Konditionierung. Vielmehr reicht sie sehr tief in all dies hinein. Alles, was wir jetzt tun, ist in Wahrheit Meditation. Am Anfang dieses Gesprächs sagten Sie, alles, was* angeblich *Religion sei, sei sinnlos. Sie müssen auch die Sinnlosigkeit der Mantras, Tänze und Gesänge und des sonstigen Geschwätzes, das die Gurus und Priester von sich geben, erkannt haben. Dies alles hat selbstverständlich nicht mehr mit Meditation zu tun als Fußball und Zirkus.*

*So kommen wir jetzt zu etwas Wesentlichem. Ein Geist, der die Wahrheit all dessen erkannt hat und der sich daher in einem Zustand der Meditation befindet, hat kein Zentrum, aus dem heraus er beobachtet. Er beobachtet ohne Schlussfolgerungen und Meinungen. Er steht nicht mehr im Konflikt des Werdens oder Nichtwerdens. Der religiöse Geist ist der meditative Geist. Nur ein solcher Geist ist still und kann das Heilige finden. Der religiöse Mensch ist der, der weiß, wie man mit dieser Stille in dieser Welt leben kann. Religion ist nicht der Götzendienst am Geist oder am Bild, das die Hand geschaffen hat. Leben an sich wird dann das Allerheiligste. Leben ist dann nicht getrennt von dem Geisteszustand, der still ist.*

„Ich habe sehr sorgfältig zugehört, und deshalb lerne ich. Zu wiederholen, was Sie sagen, ist für mich und alle anderen sinnlos, und jedes Auslegen wird zu Propaganda und ist wertlos. Aber nach dieser Reise sehe ich einen Lichtschimmer, und ich hoffe, es ist nicht das Licht eines anderen oder das Wort eines anderen."

## 46
## Meinung ist nicht Wahrheit

Meditation ist die Summierung aller Energie. Man sammelt sie nicht Stück für Stück, indem man dieses und jenes verneint, das eine erkennt und am anderen festhält. Vielmehr ist sie das völlige Verneinen aller verschwenderischen Energie ohne jegliche Auswahl. Wählen ist die Folge von Verwirrung; die Essenz verschwendeter Energie ist Verwirrung und Konflikt. Allezeit zu sehen, *was ist*, erfordert die Aufmerksamkeit aller Energie, und darin liegt kein Widerspruch und keine Dualität. Diese totale Energie entsteht nicht durch Abstinenz, durch Keuschheits- und Armutsgelübde, denn alle Entschlossenheit und Willensaktion ist Energieverschwendung, weil das Denken beteiligt ist. Denken ist verschwendete Energie; Wahrnehmung nie. Sehen ist kein entschlossenes Bemühen, und es liegt kein „ich werde sehen" darin, sondern nur Sehen. Beobachtung legt den Beobachter ab und ist keine Energieverschwendung. Aber der Denker, der zu beobachten versucht, raubt Energie. Liebe ist keine verschwendete Energie, aber wenn das Denken sie zu Lust macht, dann vergeudet der Schmerz Energie. Die Summierung der Energie, der Meditation, dehnt sich immer weiter aus, und das alltägliche Handeln wird Teil von ihr.

Die Pappel wurde durch die morgendliche Brise aufgerührt, die aus Westen kam. Jedes Blatt erzählte der Brise etwas. Jedes Blatt tanzte, ruhelos in seiner Freude über den Frühlingsmorgen. Es war sehr früh, und die Sonne war noch nicht aufgegangen. Die Amsel auf dem Weg sang. Jeden Morgen und jeden Abend war sie da; manchmal saß sie still und blickte rings um sich, andere Male sandte sie einen Ruf aus und wartete auf die Antwort. Stets blieb sie einige Minuten und flog dann auf. Ihr gelber Schnabel leuchtete im frühen Licht. Gerade als sie davonflog, schoben sich die Wolken über das Dach. Sie füllten den gesamten Horizont, eine über der anderen, als hätte jemand sie ordentlich übereinandergeschichtet. Sie zogen, und es wirkte, als schleppten sie die ganze Erde mit – die Kamine, die Fernsehantennen und ein sehr hohes Gebäude gegenüber. Im Nu waren die Wolken vorüber, und der blaue Frühlingshimmel war da, klar, mit der leichten Frische, wie sie nur der Frühling bringen kann. Er war außergewöhnlich blau. Um diese Zeit am Morgen war es auf der Straße draußen noch ruhig. Man konnte das Geräusch von Absätzen auf dem Gehweg hören, und in der Ferne fuhr ein Lastwagen. Sehr bald würde die Sonne aufgehen, und der Tag würde beginnen. Beim Blick aus dem Fenster auf die Pappel, sahst du das Universum, seine Schönheit.

Er fragte: „Was ist Intelligenz? Sie sprechen sehr viel davon, und ich würde gerne Ihre Meinung dazu hören."

*Meinung und die Erforschung von Meinung ist nicht Wahrheit. Sie können diskutieren und die Auseinandersetzung mit verschiedenen Meinungen, ihrer Richtigkeit und Falschheit unbegrenzt fortsetzen. Meinung, so gut und verantwortungsbewusst sie auch sein mag, ist nicht die Wahrheit. Meinung ist immer voreingenommen, eingefärbt durch die Kultur, die Bildung, das Wissen, das man hat. Warum sollte der Geist überhaupt mit Meinungen belastet werden, mit dem, was Sie über diesen oder jenen Menschen, dieses oder jenes Buch und so weiter denken? Warum sollte der Geist nicht leer sein? Nur wenn er leer ist, kann er klar sehen.*

„Aber wir sind alle voller Meinungen. Meine Meinung über die momentane politische Führung wird durch das geprägt, was sie getan hat. Ohne diese Meinung könnte ich sie nicht wählen. Meinungen sind notwendig zum Handeln, oder etwa nicht?"

*Meinungen können entwickelt, geschärft und erhärtet werden, und die meisten Handlungen gründen auf dem Prinzip von Vorliebe und Abneigung. Die Erhärtung von Erfahrung und Wissen drückt sich im Handeln aus, aber solches Handeln spaltet und trennt Mensch von Mensch. Meinung und Glauben verhindern die Beobachtung dessen, was wirklich ist. Das Sehen dessen,* was ist, *gehört zu der Intelligenz, nach der Sie fragen. Es gibt keine Intelligenz, wenn es kein Einfühlungsvermögen des Körpers und des Geistes gibt, das Einfühlungsvermögen des Fühlens und die Klarheit der Beobachtung. Emotionalität und Sentimentalität verhindern das Einfühlungsvermögen des Fühlens. Einfühlungsvermögen auf einem Gebiet und Abgestumpftheit auf einem anderen führt zu Widerspruch und Konflikt, was wiederum Intelligenz verneint. Die Eingliederung vieler Teile in ein Ganzes bringt nicht Intelligenz hervor. Intelligenz hat nichts mit Wissen oder Information zu tun. Wissen ist immer die Vergangenheit; es kann abgerufen werden, um in der Gegenwart handeln zu können, und es grenzt die Gegenwart ein. Intelligenz ist immer in der Gegenwart und aus keiner Zeit.*

## 47
## Meditation ist Intelligenz

„Denken und Emotion, aller Konflikt, sind so umfassend, so komplex, dass man sie nie vollständig aufdecken kann. Sie sind unendlich in ihrer Vielfalt. Manches reicht in unsere frühe Kindheit zurück, bleibt vierzig Jahre im Verborgenen, um plötzlich aufzutauchen, wie aus dem Nichts hervorgerufen durch eine Herausforderung. Es ist verborgen, es ist umfassend, es gehört zu Vergangenheit und Gegenwart und ist unentwirrbar miteinander verflochten wie die Wurzeln eines riesigen Baumes. Wie sollen wir bloß damit umgehen? Wir können nie Wurzel um Wurzel aufdecken. Wenn wir entsprechend einer bestimmten Wurzel handeln, scheint sie zu erstarken; Widerstand und Intervention verschärfen ein Problem. Ich kann also nie alles aufdecken und noch nicht einmal auf das einwirken, was ich aufgedeckt habe, weil solches Handeln es nur weiter stärkt. Wie soll ich damit umgehen?"

*Hat es nicht eine Hauptwurzel, nämlich das Ich, das alle Wurzeln nährt?*

„Wie soll ich diese Haupt-, diese Zentralwurzel ausreißen? Wie soll ich sie finden, entdecken, mit ihr umgehen? Ist es außerdem nicht falsch zu sagen, dass es ein Ich gibt und dieses durch seine Wurzeln agiert? Jede Wurzel ist das Ich, ist an andere Wurzeln gebunden; jedes Einzelne enthält das Gesamte."

*Natürlich ist das Ich nichts anderes als seine Wurzel. Gibt es ein Handeln, das sie austrocknet, das sie nicht nährt, damit sie welkt und abstirbt?*

„Sie nährt sich selbst, man muss sie gar nicht füttern. Sie ist selbstnährend, selbsterhaltend. Alles, was man ihretwegen unternimmt, reizt sie, und Nichthandeln bedeutet schlicht, dass sie sich weiterhin selbst nährt."

*Sehen wir, dass jede positive Aktion ihr gegenüber sie nährt, und dass negative Aktion, Nichthandeln, sie ebenfalls nährt? Erkennen wir dies voll und ganz? Jedes Einwirken auf eine Wurzel ist ein Handeln aus einer anderen Wurzel heraus. Alle Wurzeln sind eine einzige Wurzel mit tausend Trieben. Handeln und Nichthandeln sind gleich, gleichermaßen vergeblich. Aber wenn dies einfach immer so weitergeht, sich selbst nährt, wächst, sich erhält, und wenn weder Nichthandeln noch Handeln es eindämmen können, bedeutet dies, dass wir auf ewig dazu verdammt sind, den sich selbst erhaltenden Albtraum dieser Wurzeln zu leben, Konflikt um Konflikt, angelegt seit frühester Kindheit, ohne dass es je einen Ausweg gäbe? Dies ist die Hölle! Gibt es irgendein anderes Handeln, das nicht zu Handeln oder Nichthandeln gehört?*

„Wenn man um dieses Handeln wüsste, gäbe es kein Problem. Deshalb lautet die Antwort, ich weiß es nicht."

*Seien Sie in dieser Sache nicht so voreilig, so bestimmt und aggressiv. Schon die Frage zu stellen, ob es ein anderes Handeln gibt, das nicht Eingreifen oder Nichthandeln ist, ist das Handeln der Wurzel. Wenn ich dies sehe, gibt es dann überhaupt ein Problem?*

„Natürlich gibt es ein Problem, das Problem, mit dem wir begonnen haben. Es gibt alle diese Wurzeln, all die Handlungen des Ichs, und alle sind Konflikt. Ihnen entsprechend zu handeln, bedeutet Ärger und noch mehr Konflikt; Nichthandeln heißt schlicht zuzulassen, dass sie fortbestehen."

*Wir haben einen Konflikt durchgemacht und ihn verstanden.*

„Ich nicht. Die Wurzeln *sind* Konflikt. Man kann das ganze Problem nicht vom Tisch wischen und wie bei einem Zaubertrick fragen, ob es überhaupt noch ein Problem gibt. Das Problem taucht jedes Mal auf, wenn meine Frau oder mein Chef mich beleidigt. Wenn ich zu dieser Tür hinausgehe, hat sich überhaupt nichts verändert, und die leiseste Herausforderung lässt das ganze Wurzelgebilde wieder hochkochen."

*Wir versuchen keinen Trick und wollen das Problem auch nicht in die Nichtexistenz reden. Fahren wir fort: Sehe ich die ungeheure Größe der Wurzeln? Sehe ich, dass sie unendlich sind, dass sie miteinander verbunden sind, dass sie vom Anfang der Zeit herrühren, dass sie verborgen sind?*

„Ja, ich sehe, dass sie dies sind. Ich sehe die Tatsache ihrer Unendlichkeit. Aber die Wurzeln als solche sehe ich nicht."

*Das stimmt. Sehen Sie die Tatsache, dass sie so sind? Sehen Sie ihre Tatsächlichkeit, ihren Aufbau, ihre Anatomie, ihre Autonomie, ihr selbsterhaltendes, selbstnährendes Handeln? Spüren Sie diese Tatsache wirklich und wahrhaftig bis ins Mark? Können Sie sie greifen?*

„Ja."

*Und sehen Sie auf dieselbe Art und Weise, dass jedes Handeln eine weitere Wurzel ist, die so agiert, dass das gesamte Pflanzengebilde erhalten bleibt? Sehen Sie, dass Nichthandeln dasselbe ist?*

„Ja."

*Schon zu fragen, ob es irgendein anderes Handeln gibt, ist Nahrung für die Wurzeln. Was Sie auch tun, um im Hinblick auf diese Wurzeln einzugreifen, zu unterdrücken, zu kappen, zu suchen oder zu hinterfragen, es ist dasselbe wie das Handeln der Wurzeln selbst – Eifersucht, Gier, Wut, Angst und so weiter.*

„Ja, das sehe ich alles deutlich. Dieses Sehen ist das Handeln des Verstehens, und wenn Verstehen am Werk ist, ist die Wurzel nicht am Werk."

*Genau, das ist es! Das ist alles. Sagen Sie kein Wort mehr. Statt* Verstehen *sagen Sie Intelligenz. Wenn Intelligenz am Werk ist, dann sind die Wurzeln nicht am Werk. Das ist ihr Ende.*

„Aber manchmal hat die Wurzel mehr Lebenskraft als die Intelligenz."

*Es gibt keinen Konflikt zwischen Intelligenz und den Wurzeln. Aller Konflikt besteht allein zwischen den Wurzeln, es gibt also entweder Intelligenz oder das Handeln der Wurzeln, welches Konflikt ist.*

„Und wo kommt bei alledem die Liebe ins Spiel?"

*Diese Intelligenz ist Liebe. Diese Intelligenz ist Meditation. Meditation ist Intelligenz, die immer noch in Aktion ist, die Liebe ist.*

## 48
## Meditation ist die Essenz der Energie

Sonnenschein lag über dem Gras, und in den Blättern war der Wind. Es war wirklich ein sehr angenehmer Morgen, erfüllt von Licht, großer Schönheit und Stille, ein Gefühl tiefen, anhaltenden Friedens. Es war in jedem Baum, in jedem Vogel, auf dem Wasser und zwischen den Dorfbewohnern, die im tiefen Schatten den Weg unter den Buchen entlanggingen.

Er war ein hagerer Mann von großer Lebendigkeit und mit einem tiefen, forschenden Geist. Er sagte, er habe sich viele Jahre mit Meditation beschäftigt und versucht, sie verschiedenen Denk- und Meditationsschulen gemäß zu praktizieren, aber irgendwie fand er, dass diese ihn nicht ganz zufriedenstellten. Er hatte das Gefühl, ihnen fehle etwas. Deshalb war er an jenem Morgen hier.

„Ich glaube, die meisten oberflächlichen Bedeutungen von Meditation können wir sein lassen", sagte er, „aber heute Morgen würde ich sehr gerne auf den tieferen Sinn oder das tiefere Empfinden oder Gefühl der Meditation eingehen. Ich habe viele Meditationsformen praktiziert, auch das Zen-System. Es gibt verschiedene Schulen, die Achtsamkeit und Aufmerksamkeit lehren, aber dies wird Routine, monoton und ziemlich tödlich. Deshalb können wir dies alles weglassen."

*Außerdem müssen wir Autorität mit allem, was sie bedeutet, ablegen, weil jegliche Form der Autorität, sei es die eigene oder die eines anderen, in der Meditation zum Hemmnis wird und Freiheit, Frische und Neues verhindert. Deshalb müssen Autorität, Anpassung und Nachahmung vollständig abgelegt werden, sonst folgt man nur dem, was gesagt worden ist, und ahmt nach, was den Geist abstumpfen, verdummen lässt. Da-*

*rin liegt keine Freiheit. Deshalb ist es von entscheidender Bedeutung, von Anfang an alle Autorität abzulegen, selbst Ihre bisherigen eigenen Erfahrungen, die Sie führen oder leiten könnten. Erst dann können wir uns wirklich auf diese sehr tiefe und außerordentlich wichtige Sache namens Meditation einlassen.*

„Ich glaube, dem kann ich mich ebenfalls anschließen. In all den Jahren habe ich versucht, darauf zu achten, dass ich nicht zum Sklaven der Autorität eines anderen oder eines Musters werde. Ich glaube, ich bin mir dessen ziemlich sicher, aber natürlich besteht die Gefahr, dass ich mir etwas vormache. Dies werde ich im weiteren Verlauf wahrscheinlich herausfinden. Deshalb möchte ich gerne fragen: Wenn Sie sagen, Meditation sei die innerste Essenz der Energie, was meinen Sie dann mit den Begriffen *Energie* und *Meditation*?

*Jede Denkbewegung, jede Tätigkeit erfordert Energie. Alles, was Sie tun oder denken, braucht Energie. Diese Energie kann durch Konflikt, durch verschiedene Formen unnötigen Denkens, emotionaler Bestrebungen oder sentimentaler Aktivitäten vergeudet werden. Energie wird im Konflikt verschwendet; im Konflikt, der in der Dualität entsteht – das „Ich" und das „Nicht-Ich", die Trennung zwischen dem Beobachter und dem Beobachteten, dem Denker und dem Gedanken. Wenn diese Verschwendung nicht mehr stattfindet, gibt es eine Energiequalität, die man als Gewahrsein bezeichnen kann; ein Gewahrsein, in dem es kein Urteilen gibt, kein Einschätzen, Verurteilen oder Vergleichen, sondern nur eine aufmerksame Beobachtung, bei der man die Dinge genauso sieht, wie sie sind, innerlich und äußerlich, ohne Einmischung des Denkens, das Vergangenheit ist.*

„Dies ist für mich sehr schwer zu verstehen. Es fällt mir äußerst schwer, die Dinge ohne Eingreifen des Denkens zu sehen. Wenn es überhaupt kein Denken gäbe, wäre es dann möglich, einen Baum zu erkennen oder meinen Freund, meine Frau oder meine Nachbarin? Erkennen ist wichtig, nicht wahr, wenn man einen Baum oder die Frau von nebenan anschaut?"

*Wenn Sie einen Baum oder die Frau von nebenan beobachten, ist dann Erkennen nötig? Wenn Sie einen Baum ansehen, sagen Sie dann, es ist ein Baum? Sie schauen einfach. Wenn Sie anfangen, ihn als Ulme, Eiche oder Mangobaum zu erkennen, mischt sich die Vergangenheit in die unmittelbare Beobachtung ein. Ebenso gilt, wenn Sie Ihre Frau mit all Ihren Erinnerungen an Ärger, Irritationen, Freuden, Beleidigungen und so weiter ansehen, schauen Sie in Wirklichkeit gar nicht sie an, sondern nur das Bild, das Sie von ihr vor Augen haben. Dies verhindert also eine unmittelbare Wahrnehmung. Unmittelbare Wahrnehmung braucht kein Erkennen. Erkennen mag notwendig sein – Ihrer Frau, Ihres Hauses, Ihrer Kinder, Ihrer Nachbarin – aber wenn Sie schauen, warum sollte es dann eine Einmischung der Vergangenheit in Augen, Geist und Herz geben? Verhindert dies nicht, dass Sie klarsehen können? Wenn Sie etwas verurteilen oder eine Meinung dazu haben, verhindert oder verzerrt diese Meinung oder dieses Vorurteil schließlich Ihre Beobachtung.*

„Ja, das sehe ich ein. Ich sehe ein, dass subtile Formen des Erkennens tatsächlich verzerren. Das verstehe ich ziemlich gut. Sie sagen, alle diese Formen der Verzerrung sind Energieverschwendung. Vielleicht ist das so, aber dieser Punkt wird mir wahrscheinlich erst richtig klar, wenn ich es tatsächlich einmal mache. Und da fängt die Schwierigkeit an: Zu beobachten, ohne zu benennen, ohne jegliche Form des Erkennens, Verurteilens, Urteilens; denn das Benennen, Erkennen, Verurteilen ist Energieverschwendung, wie Sie betonen. In Ordnung, das ist vielleicht logisch nachvollziehbar und wirklich begreiflich.

Der nächste Punkt ist dann die Teilung, die Getrenntheit, die besteht, oder vielmehr, wie Sie sagen, der Raum, der zwischen Beobachter und Beobachtetem existiert und eine Dualität erzeugt. Sie sagen, dies sei Energieverschwendung, denn es erzeugt Konflikt. Ich finde, was Sie sagen, ist logisch, aber ich empfinde es als außergewöhnlich schwierig – ich weiß nicht, wie ich sagen soll – diesen Raum aufzuheben, Harmonie zwischen dem Beobachter und dem Beobachteten herzustellen. Wie macht man das?"

*Es gibt kein „Wie". Das „Wie" bedeutet ein System, eine Methode, eine Praxis, die mechanisch wird und die, wie wir bereits gesagt haben, Energieverschwendung ist. Deshalb müssen wir uns von der Bedeutung oder der Wichtigkeit des Wortes* wie *befreien.*

„Es tut mir leid, dass ich das Wort schon wieder benutze, aber wie ist dies möglich? Zudem impliziert das Wort *möglich* eine Zukunft, eine Anstrengung, ein Streben danach, Harmonie hervorzubringen. Aber man muss ja bestimmte Wörter benutzen, und ich hoffe, wir können über diese Wörter hinausgelangen. Wie ist es also möglich, eine Einheit der beiden, des Beobachters und des Beobachteten, zustande zu bringen?"

*Der Beobachter mischt sich immer ein, stets wirft er seinen Schatten über das, was er beobachtet. Deshalb muss man Wesen und Aufbau des Beobachters verstehen. Nicht, wie eine Einheit zwischen Beobachter und Beobachtetem herzustellen ist, sondern die Bewegung des Beobachters muss man verstehen. In diesem Verständnis nimmt der Beobachter vielleicht ein Ende. Deshalb müssen wir untersuchen, was der Beobachter ist. Der Beobachter mit all seinen bewussten oder unbewussten Erinnerungen, seinem ethnischen Erbe, seinen angehäuften Erfahrungen, die man Wissen nennt, und seinen Reaktionen ist die Vergangenheit. Im Grunde ist es so, dass der Beobachter die konditionierte Wesenheit ist, derjenige, der ständig behauptet „ich bin". Zu seinem eigenen Schutz wehrt er ab, dominiert, sucht Trost und so weiter. Dann hebt der Beobachter sich als etwas anderes von dem ab, was er innerlich oder äußerlich beobachtet. Dies erzeugt eine Dualität, und aus dieser Dualität entsteht Konflikt, der, wie wir gesagt haben, Energieverschwendung ist. Des Beobachters gewahr zu sein – des ichbezogenen Handelns, der Behauptungen, Vorurteile – all dieser bewussten und unbewussten Bewegungen gewahr zu sein, die die Trennung aufbauen und das Gefühl, dass der Beobachter anders ist. Achtsamkeit ohne jede Form der Einschätzung, ohne Vorliebe und Abneigung, dies einfach im Alltag in seinen Beziehungen beobachten. Wenn dieses Beobachten klar ist, besteht dann nicht eine Freiheit vom Beobachter?*

„Sie sagen, der Beobachter sei eigentlich das ‚Ich', das Ego. Sie sagen, solange das Ich existiert, muss es trennen, vereinzeln, denn in dieser Vereinzelung, in dieser Trennung fühlt es sich lebendig; sie gibt ihm die Vitalität zum Widerstand, zum Kämpfen. An diese Schlacht im Leben hat es sich gewöhnt, und dies ist seine Lebensweise. Sie sagen, dieses „Ich" muss sich durch Beobachtung auflösen, in der es kein Gefühl der Vorliebe oder Abneigung gibt, keine Meinung, kein Urteil, keine Einschätzung; nur das Beobachten dieses ‚Ichs' in Aktion. Aber kann so etwas wirklich stattfinden? Kann ich mich selbst so vollständig, so wahrhaftig, so ohne jede Verzerrung anschauen? Sie sagen, wenn ich mich so außergewöhnlich klar anschaue, hat das ‚Ich' keinerlei Bewegung. Sie sagen auch, dies gehört zur Meditation, nicht wahr?"

*Natürlich, dies ist Meditation.*

„Dieses Beobachten erfordert sicher außergewöhnliche Selbstdisziplin."

*Was meinen Sie mit Selbstdisziplin? Meinen Sie damit, das Selbst zu disziplinieren, es in ein starres Korsett zu zwängen, oder meinen Sie damit, mehr über das Selbst zu lernen – dieses Selbst, das das „Ich" ist, das behauptet, das dominant ist, das ehrgeizig ist, gewalttätig und so weiter? Mehr darüber zu lernen, ist an sich schon Disziplin. Lernen ist Disziplin, denn das Wort* Disziplin *bedeutet Lernen. Wenn Lernen vorhanden ist – nicht Anhäufen – wenn wirklich Lernen da ist, was Aufmerksamkeit braucht, dann bringt dieses Lernen seine eigene Verantwortlichkeit hervor, seine eigene Aktivität, seine eigene Dimension. Es gibt also kein Auferlegen als Disziplin, als etwas Aufgezwungenes. Wo Lernen ist, gibt es keine Nachahmung, keine Anpassung, keine Autorität. Wenn Sie also mit dem Wort Selbstdisziplin dies meinen, dann gibt es ganz sicher eine Freiheit des Lernens.*

„Was dieses Lernen anbelangt, kann ich nicht ganz mit Ihnen mitgehen. Ich sehe jetzt sehr deutlich, dass das ‚Ich' als der Beobachter enden muss. Das ist logisch. Ich denke, dies ist notwendig, damit dieser Konflikt nicht existiert. Das ist völlig klar. Aber Sie sagen, beim Lernen findet eine Anhäufung statt, und diese Anhäufung wird die Vergangenheit. Lernen ist ein additiver Prozess, aber Sie geben ihm offenbar eine völlig andere Bedeutung. So wie ich es verstanden habe, sagen Sie, dass eben diese Beobachtung Lernen ist, und dass Lernen eine ständige Bewegung ohne Anhäufung ist. Ist das so? Kann es ein Lernen ohne Anhäufung geben?"

*Lernen ist ein Tun für sich. Im Allgemeinen handeln wir nach dem, was wir gelernt haben, sodass es eine Trennung zwischen der Vergangenheit und der Handlung gibt und daher einen Konflikt zwischen dem,* was sein sollte, *und dem,* was ist, *oder zwischen dem,* was gewesen ist *und* was ist. *Wir sagen: Kann es Handlung innerhalb der Bewegung des Lernens geben? Das heißt: Lernen ist* Tun; *nicht erst gelernt haben und dann handeln. Es ist sehr wichtig, dass dies verstanden wird, denn gelernt, angehäuft zu haben, ist eben das*

*Wesen des „Ichs", des Egos. Das „Ich" ist die Essenz der Vergangenheit, und die Vergangenheit wirkt auf die Gegenwart ein und in die Zukunft hinein. Darin liegt ständige Teilung. Wo es aber Lernen gibt, was eine ständige Bewegung ist, da ist keine Anhäufung, die zum „Ich" wird.*

„Auf technischem Gebiet muss es angehäuftes Wissen geben, sonst kann man nicht zum Mond fliegen, ein Auto fahren oder sonst irgendetwas tun, was man täglich im Büro oder zu Hause tut. Dort ist angehäuftes Wissen notwendig."

*Selbstverständlich, dies ist absolut notwendig. Aber wir sprechen vom psychischen Gebiet, auf dem das „Ich" agiert. Das „Ich" kann Fachwissen anwenden, um eine Position, ein Prestige zu erreichen. Das „Ich" kann dieses Wissen anwenden, um tätig zu sein, wenn aber das „Ich" ins Tätigsein eingreift, entsteht Ungenauigkeit, und die Sache läuft schief, weil das „Ich" durch technische Mittel oder Tätigkeit Status erlangen möchte, eine Position. Dem „Ich" geht es also nicht um das angehäufte Wissen auf wissenschaftlichem Gebiet, sondern es benutzt es, um etwas anderes zu erreichen. Es ist wie ein Pianist, der das Klavier dazu benutzt, um berühmt zu werden. Ihm geht es um Ruhm, nicht um die Schönheit der Musik an und für sich. Wir sagen nicht, dass wir uns von Fachwissen befreien müssen. Ganz im Gegenteil, je mehr solches Wissen es gibt, desto besser für das Leben und so weiter, aber in dem Moment, in dem das „Ich" es benutzt, läuft die Sache schief.*

„Ich glaube, so langsam verstehe ich. Sie geben dem Wort *lernen* eine völlig andere Bedeutung und Dimension, was wirklich wunderbar ist. Sie sagen, Meditation ist eine Lernbewegung, sodass die Freiheit besteht, etwas über alles zu lernen, nicht nur über Meditation, sondern auch über die Art und Weise, wie man lebt, Auto fährt, seine Zähne putzt."

*Die Essenz der Energie ist Meditation. Solange es einen*

*Meditierenden gibt, gibt es keine Meditation. Der Meditierende allerdings, der versucht, sich zu verstehen, ist Teil der Meditation. Wenn er aber versucht, einen Zustand zu erreichen, den andere beschrieben haben, oder in einem seltenen Augenblick einer plötzlichen Erfahrung wie etwa …*

„Wenn ich Sie unterbrechen darf, So sagen Sie, dass Lernen etwas Ständiges sein muss, ein Fluss, eine Linie ohne jede Unterbrechung, sodass Lernen, Handeln und Meditation eins sind, eine ständige Bewegung? Ich weiß nicht, welches Wort ich dafür verwenden soll, aber ich bin sicher, Sie verstehen. Sagen Sie, dass in dem Moment, in dem es einen Bruch zwischen Lernen, Handeln und Meditation gibt, dieser Bruch Disharmonie oder Konflikt ist, und dass es in diesem Bruch den Beobachter und das Beobachtete gibt und daher die Energieverschwendung?"

*Ja, genau dies meinen wir. Meditation ist kein Zustand, sie ist eine Bewegung, genau wie Handeln eine Bewegung ist. Wie gesagt, wenn wir Handeln vom Lernen trennen, tritt der Beobachter zwischen das Lernen und das Handeln. Dann wird er wichtig, nicht Lernen und Handeln; dann benutzt er Handeln und Lernen zu anderweitigen Zwecken. Wenn also ganz deutlich verstanden worden ist, dass es eine einzige harmonische Bewegung ist – das Lernen, das Handeln, das Meditieren – liegt darin keine Energieverschwendung. Dies ist eigentlich die Schönheit der Meditation. Es gibt nur eine Bewegung.*

*Lernen ist weitaus wichtiger als Meditation oder Handeln. Um zu lernen, muss Freiheit da sein, völlige Freiheit, nicht nur bewusst, sondern tief im Inneren, totale Freiheit; und in der Freiheit liegt die Bewegung von Lernen, Handeln und Meditation als ein harmonisches Ganzes. Das Wort* Ganzes *meint nicht nur heil, sondern heilig. Lernen ist also heilig, Handeln ist heilig, Meditation ist heilig. Dies ist wirklich etwas Heiliges, und seine Schönheit liegt in ihm, nicht jenseits von ihm.*

## 49
## Das Leben ist eine außergewöhnlich schöne Bewegung

„Ich hoffe, es macht Ihnen nichts aus, dass ich noch einmal gekommen bin. Ich habe sehr viel darüber nachgedacht, was Sie im Hinblick auf Energie und Meditation gesagt haben. Ich denke, ich verstehe allmählich, was Sie mit Lernen, Meditation und Freiheit meinen, aber ich begreife nicht ganz die volle Bedeutung dessen, was Sie mit Energie meinen. Ich bin in Klöstern gewesen und habe Systeme der Meditationspraxis in Indien befolgt. Nach dem, was ich gelesen und praktiziert habe, vertreten sie alle, zumindest im Prinzip, die Entwicklung oder Ansammlung von Energie, damit diese Energie geleitet und zu einem Ganzen gemacht werden kann. Diese Energie darf nicht durch Sex verschwendet werden, daher treten sie vehement für das Zölibat ein. Die Sannyasin in Indien und die Mönche in Europa haben diesen Verhaltensstandard beibehalten. Für sie ist es von entscheidender Bedeutung, zölibatär zu leben. Ich dachte mir, ich komme heute Morgen, um mit Ihnen über die Frage der Energie zu sprechen, die wir Menschen offenbar in vielerlei Art und Weise verschwenden."

Es war so ein schöner Morgen. Die Sonne stand klar am Himmel, und obschon bereits Herbst, waren die Blätter noch grün. Die Schatten waren sehr lang. Frieden lag unter den Blättern, auf den Gesichtern der Menschen und auf dem Wasser. Die Luft war spätsommerlich, und die Schönheit der Erde, des Bodens und des Wassers lag über dem Land.

„Die Mönche sind dafür eingetreten, dass man, um das Höchste zu erreichen, ein zölibatäres Leben führen muss, ein

Leben, in dem man alle seine Energien der Erkenntnis des Erhabenen widmet. Aber ich, der ich in einer Familie und als Geschäftsmann in dieser Welt lebe, wie kann ich ein zölibatäres Leben führen? Gehört sexuelles Verlangen nicht zum Menschen dazu, wie jedes andere Verlangen oder jeder andere Wunsch auch? Wie kann ich es abstellen? Es ist, als wenn man sich einen Arm abhacken oder ein Auge ausreißen wolle. Wie kann ich in dieser Welt leben und das Erhabene erreichen? Es liegt auf der Hand, dass dazu Energie vonnöten ist, und so fragt man sich, wie man diese Energie ansammeln soll."

*Alles, was wir tun, braucht Energie – ins Büro gehen, die Straße entlang spazieren, reden, den Sonnenuntergang betrachten oder das Licht auf dem Wasser beobachten. Wenn Sie sich sagen, dass Sex Energieverschwendung ist, wie die Religionen seit jeher behaupten, dann müssen Sie sich nicht nur des Anspruchs auf Sex enthalten, sondern auch des Betrachtens der Bäume, des Gesichts eines anderen, der Kurven der Hügel und der Falten der Berge und Täler. All dies müssen Sie sich versagen, um das zu bewahren, was Sie als die Energie bezeichnen, die erforderlich ist, um das Erhabene zu erreichen.*

„Sagen Sie, dass man die Gelüste, die Sinne, die sexuellen Triebe nicht zu kontrollieren braucht? Wo soll man die Grenze ziehen zwischen Zügellosigkeit und Kontrolle? Wo soll man sich zügeln, und wo soll man loslassen?"

*Überall auf der Welt versagen sich die Mönche vielleicht den äußeren Ausdruck von Sex, aber innerlich sind sie gequälte Menschen, die ihre körperlichen Triebe bekämpfen, gegen die Lust ringen und sich davon abhalten, die Schönheit der Welt anzuschauen. Ist Ihnen je aufgefallen, dass Mönche sich im Gehen nicht umsehen? Sie sehen weder die Berge, die Hügel, die strömenden Flüsse noch hören sie den Vögeln zu.*

*Sie sind vertieft in Worte, in Bücher, in Konzentration, weil sie im Grunde Angst haben. Sehen heißt für sie, die Lust einzuladen, und daher widerstehen sie ihm. Dieser Widerstand ist ein Teil des Kampfes und des Konflikts; dieser Widerstand ist Energieverschwendung.*

„Sagen Sie damit, dass wir keinerlei Kontrolle haben dürfen?“

*Keineswegs. Wir sprechen nicht über Kontrolle oder Widerstand. Wir versuchen, das gesamte Problem des Sex zu verstehen, das Problem der Lust, des Schmerzes und der Freude beim Betrachten von etwas, das über alle Worte hinausgeht, beim Anblick der Höhe und Tiefe der Berge. Aber wir sind darauf konditioniert, die Tradition zu akzeptieren, die autoritäre Ansicht. Damit versuchen wir darauf hinzuweisen, dass jede Form von Kontrolle, Unterdrückung, Nachahmung oder Anpassung absolute Energieverschwendung ist, denn sie erzeugt einen Konflikt zwischen dem,* was ist, *und dem,* was sein sollte. *Sie bringt eine Dualität, einen Widerspruch hervor. Widerspruch und Dualität sind eine sinnlose und verschwenderische Verausgabung von Energie. Wenn Sie verstehen, wirklich die Wahrheit sehen, die grundlegende Realität, dass Kontrolle, Unterdrückung, Anpassung in jeglicher Form Energieverschwendung sind – nicht intellektuell erkennen oder einfach nur diese Vorstellung akzeptieren, sondern die tiefe Wahrheit dessen sehen – dann ist Ihre gesamte Sichtweise eine völlig andere. Dann würden Sie sich der Frage des Sex nicht mit Angst oder Lust oder Zügellosigkeit nähern.*

*Leben ist Bewegung, ständige, fortwährende, außerordentlich schöne Bewegung. Wenn wir diese Bewegung verlieren, dann lernen wir, Abwehr, Grenzen, Kontrollen zu akzeptieren und führen ein Leben von Marter und Qual. Da Sex vielleicht die einzige Freude und Freiheit ist, die wir haben, wenn wir gequält sind, uns auf einem Schlachtfeld befinden, das wir*

*Leben nennen, sagen wir uns, dass wir ihn kontrollieren, uns ihm zügellos hingeben, ihn unterdrücken, ihm in ein abgeschiedenes Kloster entfliehen oder ganz alleine leben müssen, zurückgezogen von der Welt. All dies ist doch gewiss äußerste Energieverschwendung, nicht wahr?*

„Das kann ich verstehen, aber ich kann es nur als Idee verstehen, als etwas Äußeres. Ich spüre es nicht im Inneren. Es ist keine Realität für mich, nichts Schwingendes, Nahes, Vertrautes. Was soll ich also tun, um mich vom Traditionellen weg ins Nichttraditionelle zu bewegen, in diese Welt des Lebens, das immerwährende Bewegung ist?"

*Ich denke nicht, dass Sie etwas tun können. Alles, was Sie tun können, ist, zu beobachten. Um zu beobachten, muss es die Freiheit geben zu beobachten und zuzuhören; Ihren sexuellen Ansprüchen zuzuhören, zu beobachten, welche Verbote Sie sich auferlegen oder Ihre Zügellosigkeit oder Ihr völliges Loslassen zu beobachten, Ihre Lebensweise in ständigem Konflikt, in Kampf, Elend, Verwirrung. Beobachten Sie all dies einfach – Ihre Kontrolle, Ihre Ängste. Beobachten Sie Ihre sexuellen Freuden, die Lust, nicht nur Ihr sexuelles Verlangen, sondern auch die Lust am Schmeicheln, am Ehrgeiz, an Gier, Grausamkeit und Gewalt. Beobachten Sie die Ängste der Selbstbeschränkung. Beobachten Sie die Schönheit der Erde und des freistehenden Baums auf einem Hügel. Beobachten Sie dies alles als Ganzes, nicht indem Sie Sex und Lust oder den Baum als etwas Separates, als Bruchstück, getrennt vom übrigen Leben sehen. Beobachten Sie die gesamte Bewegung, im Büro, in der Familie, die Lust an Position, Prestige und Macht, die zu den Ängsten, Enttäuschungen und Ansprüchen an sich selbst führen. Beobachten Sie all dies als eine ganze Bewegung, nicht in Bruchstücken, sondern als gesamte, lebendige Bewegung.*

*Dann werden Sie sehen, dass Ihre Herangehensweise an*

*das ganze Problem des Lebens, einschließlich Sex, Familie, Verantwortung, technische Arbeit, das Büro, Ängste, Liebe, Tod, Schönheit, Hässlichkeit und Kummer, eine völlig andere Bewegung hat. Aber um so genau zu beobachten, um in vollständiger Kommunikation mit dem zu sein, was Sie beobachten, darf es keinen Beobachter geben, denn der Beobachter ist die Vergangenheit, ist die Tradition, die den Raum schafft, die Zeitspanne zwischen sich selbst als dem Beobachter und dem Beobachteten. Diese Trennung ist die Essenz des Konflikts. Beobachten Sie all dies, lauschen sie auf alle feinen, geheimen Regungen bewussten und unbewussten Verlangens, Strebens sowie bewusster und unbewusster Ansprüche. Beobachten Sie all dies als ein Ganzes, und in diesem Beobachten oder aus diesem Beobachten heraus entsteht ein völlig anderes Handeln, eine deutlich andere Sicht von Sex und allem anderen. In diesem Beobachten liegt große Schönheit, denn dieses Beobachten ist die Essenz von Liebe und Fürsorge. Wenn Sie aber lediglich unterdrücken, kontrollieren, bekämpfen, das Leben zu einem Schlachtfeld machen, dann ist jedes Handeln auf diesem Gebiet Energieverschwendung. Sie brauchen große Energie, enorm viel Energie, um zu beobachten. Schließlich ist Liebe eine Summierung dieser Energie, denn Liebe ist Freiheit – nicht eine Vorstellung von Freiheit, sondern wirkliche Freiheit. Diese Freiheit kommt nur, wenn Sie jede Bewegung Ihres Seins beobachtet haben, wenn es nie eine Behauptung „ich bin" oder das Gefühl „ich bin" gibt.*

*Gut, seit zwei Tagen hören Sie all dies. Wenn es nach dem Hören, Zuhören und Beobachten kein Handeln gibt, dann beginnt der Verfall. Die Wahrheit von etwas zu erkennen und nicht danach zu handeln, ist der Weg des Verfalls und der Degeneration. Sehen heißt Handeln, ohne Zeitspanne zwischen Sehen und Handeln. In jeder Gefahr wird sofort gehandelt; es gibt keine Zeitspanne zwischen Wahrnehmung und Handlung, und darin liegt Vernunft. Vernunft ist Einfühlungsvermögen. Sie ist die höchste Form der Intelligenz. Auf dem Schlachtfeld zu agieren, ist also das eine, und die Aktion des Sehens oder Zuhörens ist etwas völlig anderes. Das eine führt zu großem Leid, das andere zu Schönheit, Liebe und Freiheit.*

„Darf ich eine Frage stellen? Auch der Konflikt, der Lebenskampf erfordert Energie, ist Teil der Energie. Das andere, diese Bewegung als Ganzes, sind das zwei verschiedene Dinge? Die Energie, die erforderlich, die notwendig ist zum Kämpfen, und die Energie, in der es keinerlei Kampf gibt, sondern eine Bewegung – sind diese beiden unterschiedlich oder dasselbe?“

*Die Energie ist dieselbe. Man kann sie verschwenden auf Konflikt, auf Zerstörung, indem man das Haus anzündet, in dem man wohnt, nämlich die Welt. Wenn man diese Energie und ihre Verschwendung versteht, wenn man sie beobachtet, dem Brennen lauscht, die Flammen sieht, die Zerstörung, die Hässlichkeit von alledem und es genau, aufmerksam beobachtet, auch dies ist Energie. Aus dieser Beobachtung, aus diesem Lauschen entsteht die andere Energiebewegung, in der es keinen Konflikt, keinen Kampf gibt; hier gibt es nie ein Verbrennen. Das eine ist Zerstörung, und das andere ist eine Schöpfungsbewegung. Aber beide sind Energie. Der weise Mensch bewegt sich weg vom einen und hin zum anderen. Der weise Mensch ist jemand, der sich seiner selbst nicht als getrennt gewahr ist, denn in dieser Trennung liegt Zerstörung, liegt Krieg, liegt Konflikt, liegt Leid. Wo die Abwesenheit des „Ich“, des „Ich bin“ und des damit verbundenen Kampfes ist, der Teil dieser Energie ist, da ist jene Bewegung des Lebens, die immerwährend ist.*

*Wie gesagt, Beobachten ist Lernen, und Lernen ist immer heil. Lernen ist eine Bewegung, die endlos ist.*

## 50
## Was heißt es, achtsam zu sein?

Es war ein langer, kalter, ermüdender Winter gewesen, und jeder Baum und jeder Strauch wartete, sehnte sich nach Sonne und Frühling. Die Vögel waren bereits da, bauten ihre Nester, riefen einander zu und forderten ihre Rechte ein. Ein Fasan, sehr farbenprächtig und ziemlich großspurig, mit langem Schwanz und hoch erhobenem Kopf, kam jeden Morgen. Er tat, als gehörten ihm die Büsche und der Rasen. Es war ein außergewöhnlicher Anblick, ihn an jenem nebligen Morgen über den Rasen stolzieren zu sehen. Blatt für Blatt barsten die Büsche und Bäume nun nach dem trostlosen Winter nur so vor Leben.

Im Zimmer standen Usambaraveilchen, eine blaue Hortensie und eine Chrysantheme. Es war das größte Zimmer, friedvoll, still, ruhig, weit weg von allem Lärm, ein Zimmer, in dem es keine Störung gab. Gelegentlich hörte man ein Flugzeug vorüberziehen, aber irgendwie störte dies nicht. Beim Blick aus dem Fenster bemerktest du die große Schönheit des Landes, die Rotbuchen mit zarten Blättern, die blühenden Kirschen. Die Narzissen waren eben im Verblühen. Der Rasen wurde grüner, voller, reiner, und die Bäume hüllten sich in neue, frische Blätter, ganz zart und verletzlich. Es war wirklich ein zutiefst friedliches, schönes Land, das seit Jahrhunderten unberührt geblieben schien. All die Kriege, die es durchgestanden hatte, hatten ihm offenbar nichts anhaben können.

Während du still beobachtetest, warst du, angeregt durch den Geist, der satten gepflügten Felder und der dahinterliegenden Wälder gewahr. Es war, als verliefe dort auch der Horizont, ganz nah, wo Erde und Himmel einander begegnen.

Dort war ein Licht, das der Nebel nicht überdeckt hatte. Du warst nicht nur der Schönheit des Landes gewahr, sondern auch der viel größeren Dinge, der weiten, grenzenlosen Ausdehnung, die über Erde und Himmel hinausging und keine Einschränkung zu haben schien, keinen äußersten Rand, keine Grenze. Es war das Gewahrsein einer Beobachtung ohne Zentrum und daher ohne Einschränkung. Mit seiner Fähigkeit, sich zu erweitern und auszudehnen, war es kein eingeschränktes Bewusstsein, wie wir es kennen. Es war nicht das Bewusstsein des Gedächtnisses, der Erinnerungen, des angesammelten Wissens mit seiner Zerrissenheit und Feindseligkeit, seinen Freuden und seinem Schmerz. Es war jenseits all dessen. Es war das Gewahrsein einer anderen Dimension, deren Qualität die Lebendigkeit von Wasser hatte, die Schönheit und Liebe von etwas, woran das Denken nie gerührt hat, die Heiligkeit der Bewegung und nicht die Festigkeit eines Felsens. Es war keine Einbildung oder Fantasievorstellung, denn die Achtsamkeit hatte alle fantastischen Wünsche, Ansprüche und Sehnsüchte abgelegt. Es war eine Achtsamkeit, die Maß kannte und daher darüber hinausgehen konnte, höher hinaus ins Unermessliche, was nicht das Gegenteil des Messbaren war. Ohne Maß würde die Welt nicht existieren, und doch war das Unermessliche nicht das Maß des Wortes, des Denkens.

Als du an jenem nebligen Morgen aus dem Fenster sahst, war ein Gewahrsein all dessen, des Fasans auf dem Rasen, des neuen Blattes, der welkenden Narzissen, der ungeheuren Fülle des Landes, der muhenden Kühe, der Felder, der Bäume, der Grenzenlosigkeit der Erde und *dessen, was ist. Was ist,* ist nicht das Ende. Wenn du gewahr bist, weist *was ist* darauf hin, was jenseits dessen ist. In diesem Gewahrsein schien all dies also enthalten; und doch war das Gewahrsein nicht sein Inhalt. Die Qualität der Wahrnehmung ist nicht, dass sie wahrnimmt; die Qualität hat nichts mit Wahrnehmung zu tun. Licht ist Licht, nicht die Qualität des Lichts – wie die Liebe.

Da war er nun also, dieser neblige Morgen, der bald einem strahlenden Tag weichen würde, und es würde Freude sein.

„Obwohl Sie dies bestimmt schon oft gefragt worden sein müssen, möchte ich doch wirklich gerne verstehen, was Achtsamkeit ist. Ich wäre sehr froh, wenn Sie Schritt für Schritt darauf eingehen könnten und dabei daran denken, dass manche unter uns dem nie nachgeforscht oder gefragt haben, was Achtsamkeit ist. Manche haben vielleicht auch eine Art Achtsamkeits-Meditation praktiziert, in einem Buch darüber gelesen oder in einem Kloster etwas darüber gelernt. Manche haben Sie vielleicht gehört und möchten es dadurch begreifen, was Sie dazu meinen. Ich wäre also sehr glücklich, wenn Sie mir ganz einfach sagten, was es heißt, achtsam zu sein."

*Ich weiß nicht, warum wir das alles so schwierig machen, warum wir die Dinge verkomplizieren wollen, warum wir glauben, wir müssen voneinander etwas darüber lernen, warum wir üben und einen bestimmten Aufmerksamkeitszustand erreichen wollen. All dies erscheint als ein derart eitler, absurder Wunsch nach Erfolg oder Errungenschaften. Dieses Drangs, gewahr zu sein, dieser Sehnsucht nach Erleuchtung, des Wunsches, völlig achtsam zu sein – einfach dessen gewahr zu sein, ist genug. Gerade seine Einfachheit zeigt das Wesen der Achtsamkeit.*

*Aber da wir Schritt für Schritt vorgehen wollen, lassen Sie es uns so machen. Seien Sie gewahr, wie Sie auf dem Stuhl sitzen. Korrigieren Sie sich nicht, verändern Sie Ihre Haltung nicht, seinen Sie einfach gewahr, wie Sie Ihre Beine überschlagen haben, wie Sie sich nach vorne lehnen und versuchen, die Bedeutung dessen zu erfassen, was gesagt wird, wie*

*Sie sich darauf vorbereiten zu verstehen. Beobachten Sie dies einfach. Wenn Sie auf diese Weise achtsam sind, möchten Sie Ihre Haltung korrigieren, möchten Sie gerade sitzen. Vielleicht fragen Sie auch, was denn verkehrt daran ist, die Beine übereinander zu schlagen oder sich nach vorne zu lehnen. Womöglich sind Sie aber auch gleichgültig und fragen sich, ob es wirklich darauf ankommt, wie man sitzt. Sie versuchen, Ihre Gewohnheit verstandesmäßig zu erklären. Seien Sie einfach, ohne jede Schuldzuweisung oder Rechtfertigung. Beobachten Sie einfach. Dann beobachten Sie diese Hortensie, seien Sie ihrer ohne das Wort gewahr, ohne Vorliebe oder Abneigung, und seien Sie sich dieser Abneigung oder Vorliebe gewahr. Seien Sie sich der Proportionen des Zimmers bewusst, des alten Tisches, des Blumentopfs und des roten Papierkorbs. Seien Sie sich all dieser äußeren Umgebung bewusst. Nehmen Sie achtsam die Bäume außerhalb des Zimmers wahr, die Felder und die Vögel, ohne jede Einmischung des Denkens – wobei Denken das Wort ist, das Urteil, die Verurteilung oder die Rechtfertigung.*

*Sie werden sagen, dass dies sehr schwierig ist, weil Sie konditioniert worden sind. Sie haben schon immer so gedacht; Sie schauen mit den Augen der Verurteilung oder Rechtfertigung. Nehmen Sie also nicht die Felder, die Bäume, des Zimmers, die Blumen wahr, sondern Ihre Verurteilung oder Rechtfertigung. Bewegen Sie sich weg vom Äußeren und hin zum Inneren. Seien Sie sich Ihrer Konditionierung bewusst. Versuchen Sie nicht, sie zu ändern, versuchen Sie nicht, sie umzuformen, versuchen Sie nicht, sie zu unterdrücken, etwas zu tun, seien Sie einfach schlicht und still Ihres Bewusstseinszustands gewahr, der schaut.*

„Offenbar gibt es ein Problem mit der Aufmerksamkeitsspanne. Ich schaue irgendetwas von dem an, was Sie erwähnt haben, und mein Geist wandert von da zum Bewusstsein dessen, was in mir vorgeht, zu meiner Konditionierung, macht sich bemerkbar; und jedes Stückchen dieses Gewahrseins führt zu einer weiteren Assoziation. Ich stelle also fest, dass ich im Geist von Trittstein zu Trittstein gehe, von einer Assoziation zur nächsten. Das ist etwas Endloses."

*Nun, ist es endlos? Sie stellen eine klare Behauptung auf, es sei endlos, und daher machen Sie es endlos. Sie haben den Entschluss gefasst, dass es nie beendet werden kann.*

„Nein, ich akzeptiere dies nicht als etwas Unvermeidliches, ich beschreibe lediglich etwas, das geschieht. Ich kann darin die Möglichkeit der Endlosigkeit erkennen, und daher macht mein Geist anscheinend einen Rückzieher und denkt über die Tatsache der Konditionierung, die Tatsache endloser Assoziation nach, und ich bin mir dann eines Prozesses in meinem Geist bewusst."

*Ja. Achtsamkeit ist kein Prozess, ist nicht mechanisch. Prozess beinhaltet einen Mechanismus, und dies ist keiner. Wenn Sie sagen: ‚Ich bewege mich von Assoziation zu Assoziation', sagen Sie damit nicht, dass Sie sich der ersten Assoziation nicht gewahr waren? Seien Sie sich der ersten Assoziation gewahr, nicht des Prozesses, nicht der Abfolge. Achten Sie nur darauf, wie der Geist in Assoziationen arbeitet, nicht auf den nächsten Schritt.*

„Mit anderen Worten, sei dir des ersten Gliedes in der Kette bewusst und erkenne die Kette."

*Das ist alles. Wenn Sie des ersten Gliedes bewusst sind, dann erkennen Sie die ganze Kette. Sie hingegen sind der ganzen Kette gewahr, aber ohne das erste Glied, und Sie folgen der Kette Glied für Glied, sodass sich eine lange, endlose Kette ergibt.*

„Sagen Sie, dass ich der Kette gewahr sein muss, ohne zuzulassen, dass das erste Glied auftaucht?"

*Nein, ganz im Gegenteil.*

„Das erste Glied ist es, das mich die Kette erkennen lässt."

*Ja. Schauen Sie deshalb nur auf das erste Glied und nicht auf den Rest der Kette. Wenn Sie also auf das erste Glied schauen, dann ist dies das,* was ist. *Und* was ist, *ist nicht statisch. Aber wenn Sie es zu einer endlosen Kette machen, ist es ohne Bewegung; dann wird es mechanisch; dann sagen Sie, es ist nicht zu ändern, Sie werden hoffnungslos und bleiben bei der Kette.*

„Wenn ich Folgendes hier sagen darf: Was Sie beschreiben, ist, so denke ich, der Punkt, an dem die Psychoanalyse in ein endloses Muster abdriftet. Sie sagen etwas völlig anderes. Und dies ist etwas ganz Entscheidendes, denke ich. Können wir deshalb noch einmal einen Schritt zurückgehen? Wir sehen das erste Glied und nur das, und das ist, *was ist*?"

*Das ist,* was ist. *Seien Sie dessen gewahr, seien Sie der ersten Assoziation gewahr, dessen, wie Ihr Geist assoziiert; Und die nächste Bewegung ist, dies mit dem nächsten zu assoziieren.*

„Ja. Dies ist die Denkbewegung."

*Das stimmt. Wenn Sie hingegen der ersten Bewegung gewahr sind, hören Sie da nicht auf, bleiben Sie dabei nicht stehen. Sie bleiben dabei stehen, wenn Sie sie verurteilen, sie rechtfertigen, wenn Sie sie als Beobachter beobachten, der sich vom Beobachteten unterscheidet. Und hier beginnt Ihre Schwierigkeit. Haben wir einander also bis hierhin verstanden? Wir sollten uns dessen ganz sicher sein, denn wenn Sie nicht sicher sind, können wir noch einmal zurückgehen.*

„Darf ich Sie noch ein wenig weiter befragen, nur um sicher zu sein, dass ich Ihnen richtig folge? Wenn Sie dieses erste Glied sehen, sagen Sie dann, dies ist, *was ist*, und dies beendet den Denkprozess, der sonst unendlich weitergegangen wäre?"

*Teilweise, ja.*

„Ja. Jetzt möchte ich die Frage nach dem Beobachter und dem Beobachteten ansprechen. Ist dieses Gewahrsein des ersten Glieds in diesem Augenblick das Ende der Trennung zwischen Beobachter und Beobachtetem? Beendet es sie, für diesen Moment? In dieser Bewegung gibt es keinen Beobachter?"

*Machen Sie sich keine Gedanken über ihre Beendigung. Sie müssen wesentlich mehr verstehen als bloß ihre Beendigung.*

„Man sieht deutlich das erste Glied, das die Knospe des Denkprozesses ist; und wenn man es sieht, zieht man sich davor zurück wie von …"

*Nein. Ich will es noch einmal erklären. Verstehen wir zuerst einmal* was ist. Was ist *ist das erste Glied? Wenn Sie dieses erste Glied nicht verurteilen oder rechtfertigen, nur beobachten, sehen Sie, dass es* ist. *Die Wahrheit davon ist die Bewegung darin.*

„Darin? Was meinen Sie mit Bewegung darin?"

*In dem,* was ist. *Aber* was ist *wird statisch und daher ohne Bewegung, wenn Sie es als Beobachter anschauen und das Ding als das Beobachtete. Solange es eine Trennung gibt zwischen dem Beobachten und dem Beobachteten, solange es diese Trennung gibt, wird das* was ist, *wie ein Felsblock, ohne jede Bewegung. Wenn es aber keinen Beobachter gibt, dann ist die Bewegung von ebendiesem Ding, von eben diesem Felsblock, das,* was ist. *Ich will es Ihnen zeigen. Es gibt die erste Assoziation des Gefallens oder Nichtgefallens, das erste Glied aus Hass oder Wut.*

„Es muss gar nichts Derartiges sein. Es kann einfach rot oder blau sein."

*Ja, einfach etwas ganz Gewöhnliches, rot oder blau. Können Sie dieses Rot ohne Benennung anschauen, ohne Assoziationen entstehen zu lassen, und können Sie dieses Rot ohne den Beobachter anschauen?"*

„Ja, aber ich denke, es muss anders sein als das, was Sie beschreiben, weil ich etwas anschauen kann, ohne dass der Denkprozess beginnt und seine Kette knüpft, aber früher oder später setzt er ein, vielleicht bei einem neuen Thema. Ich kann ganz ruhig etwas ansehen, es einfach anschauen und nicht darüber nachdenken, keine Kette haben."

*Bleiben wir bei einfachen Dingen. Wir schauen objektiv diese Blume an, und Sie können diese Blume anschauen, ohne sie zu benennen, ohne Vorliebe oder Abneigung. Das ist ziemlich einfach. Diese Beobachtung kann eine Sekunde oder zehn Minuten dauern. Es findet eine Beobachtung objektiver Dinge ohne Einmischung des Denkens oder des Wissens statt.*

„Mir scheint, hierin liegt eine Gefahr. Bei dieser Erfahrung des bloßen Schauens ohne jeden Denkprozess handelt es sich lediglich um eine sehr niedere Ebene."

*Es ist eine sehr niedere Ebene.*

„Ich nehme weder irgendein großes Ganzes von etwas in mich auf noch bin ich besonders gewahr, ich sitze einfach still da, ohne einen besonderen Gedanken und starre eine Blume an."

*Augenscheinlich hat dies keinerlei Wert. Es berührt Sie nicht emotional, und es tut Ihnen nicht weh, also ist es nicht sehr wichtig. Aber Sie können die Blume so anschauen. Die Schwierigkeit erhebt sich, wenn Sie sich selbst anschauen.*

„Wenn ich mich selbst anschaue, ist es ein Bruchstück oder eine Flut an Bruchstücken in rascher Folge."

*Ja, das ist die Schwierigkeit. Zu schauen, zu beobachten oder eines Bruchstücks gewahr zu sein.*

„Aber darin liegt doch wohl eine erhebliche Schwierigkeit. Es gibt die objektive Blume, die das Auge wahrnimmt. Sie hat ein Abbild im Gehirn. Aber wenn ich mich selbst anschaue, gibt es nichts Objektives. Was nimmt der Geist deshalb wahr, wenn ich mich selbst anschaue? Er kann entweder etwas völlig Unbekanntes wahrnehmen, also das Ganze – und ich habe nicht im Entferntesten eine Ahnung, was mein Ganzes ist – oder ich greife einen Teil auf, einen Finger, eine Hand oder ein Bein, im inneren Sinne. Mit anderen Worten, ich denke an mich selbst, und die erste Assoziation ist der Finger, den ich zu fassen kriegen kann. Was gibt es noch? Es kann nur ein Bild oder ein Bruchstück eines Bildes von etwas sein, das ich als ‚Ich' bezeichne. Was schaue ich an? Was gibt es überhaupt anzuschauen?"

*Sie schauen das Bild an, das Sie von sich haben.*

„Aber das ist eine Reihe von Bruchstücken, unvollständig."

*Das weiß ich. Nehmen Sie ein Bruchstück dieses Bildes, nicht das ganze Bild.*

„Ich weiß nicht, was das ganze Bild ist."

*Deshalb machen Sie sich darüber keine Gedanken, nehmen Sie einfach ein Bruchstück. Ein einzelnes Bruchstück. Können Sie dieses Bruchstücks ohne jegliche Assoziation gewahr sein, ohne es zu verurteilen oder zu rechtfertigen, nur seiner gewahr sein wie Sie dieser Blume gewahr sind, ohne Vorliebe und Abneigung? Einfach seiner gewahr sein. In dieser Achtsamkeit entdecken Sie allmählich, wie Sie dieses Bruchstück betrachten. Betrachten Sie es als Beobachter, von außen, als hätten Sie keine Beziehung dazu? Oder schauen Sie es ohne den Betrachter an, und es ist daher kein Bruchstück mehr?*

„Während Sie sprechen, bin ich eines schmerzhaften Gefühls gewahr, des Versuchs, Sie zu verstehen und Ihnen zu folgen. Ich bin in ihm drin. Ich schaue nicht und sage: ‚Ich verspüre Schmerz.' Ich verspüre Schmerz, deshalb bin ich innerhalb eines Bruchstücks."

*Warum sollten Sie Schmerz verspüren? Sie verspüren keinen Schmerz, wenn Sie diese Blume anschauen.*

„Nein, weil die Blume außerhalb ist."

*Ja. Weshalb können Sie dann dieses Bruchstück nicht ohne Schmerz anschauen? Es ist ein Bruchstück.*

„Weil das Bruchstück, das ich aufgegriffen habe, während Sie sprachen, eines des Schmerzes ist."

*Schauen Sie es an. Warum nennen Sie es* Schmerz*?*

Weil es organisch schmerzhaft ist.

*Warum? Bitte gehen Sie darauf ein. Warum ist es organisch schmerzhaft?*

„Weil ich etwas Schwieriges versuche: Zu verstehen, was Sie sagen."

*Versuchen Sie es nicht. Versuchen Sie nicht zu verstehen, was man sagt, sondern beobachten Sie einfach das, was Sie als das Bruchstück bezeichnen, das schmerzhaft ist. Beobachten Sie es einfach.*

„Aber was ist diese Qualität der Beobachtung? Wenn das Bruchstück Schmerz ist, dann spürt man entweder den Schmerz oder man ist ganz und gar verbal und intellektuell und sagt, ‚oh, Schmerz'. Was Denken ist."

*Nein, nein. Wie schauen Sie diesen Schmerz an?*

„Man schaut ihn mit Geist und Körper und allem an. Was heißt, dass man ihn spürt."

*Sie spüren ihn. Und wie spüren Sie ihn? Spüren Sie ihn als etwas von Ihnen Getrenntes?*

„Nein, ich spüre, dass er mein innerstes Mark ist."

*Ja, Sie spüren ihn ganz, ohne die Trennung.*

„Die Trennung zwischen was und was?"

*Zwischen dem Schmerz, den Sie loswerden wollen – und daher eine Trennung.*

„Ich sage nicht, dass ich ihn loswerden will."

*Nein, schauen Sie ihn bitte an. Machen Sie ganz langsam.*

„Ich versuche, etwas zu spüren. Es ist, als wenn man Wasser spürt. Es heißt nicht, dass man die Hand aus dem Wasser ziehen will; man spürt es."

*Nein, nein. Bitte hören Sie zu. Da ist Schmerz. Sie verspüren Schmerz, wenn Sie das Bruchstück anschauen, das zufällig Schmerz ist. Schauen Sie es mit einer Assoziation an?*

„Nein, das tue ich nicht, und ich versuche auch nicht, mich davor zurückzuziehen."

*Sie entfliehen ihm nicht, Sie versuchen nicht, sich davor zurückzuziehen. Darin liegt keine Assoziation; es ist ein tatsächlicher Schmerz, wie Zahnweh. Es ist Schmerz. Können Sie seiner gewahr sein? Besteht ein Gewahrsein des Schmerzes? Ein Gewahrsein dessen,* was tatsächlich ist – *Schmerz. Gibt es darin Dissoziation?*

„Was meinen Sie?"

*Ihn loswerden zu wollen, vor ihm davonlaufen zu wollen.*

„Die gäbe es, wenn ich nicht dranbliebe."

*Wie bleiben Sie dran? Erzwingen Sie es? Versuchen Sie zu sagen: „Ich muss dranbleiben?"*

„Er verebbt, während Sie sprechen, weil ich versuche, Ihnen zu antworten, und das ist sehr schwer. Er ist etwas Flüssiges. Es gibt einen Eindruck, und der strömt sozusagen durch den Geist und das System und fließt dann weg."

*Also gibt es eine Dissoziation.*

„Aber ich spüre nicht, dass es eine Handlung ist, um davon wegzukommen. Es ist wie Klang: Der Donner verhallt. Man hört den Eindruck, und er schwindet."

*Wenn Sie sagen, dieses Bruchstück sei schmerzhaft, dann ist dies tatsächlich,* was ist. *Bleiben Sie dabei. Das ist tatsächlich,* was ist.

„Ja."

*Was passiert dann?*

„Wenn ich dranbleibe und ihm nicht entfliehe …"

*Nein, sagen Sie nicht: „Wenn ich dranbleibe." Legen Sie alle diese Gedanken ab.*

„Er lässt nach."

*Warum hat er nachgelassen?*

„Ich glaube, weil der Geist sich unbewusst davor zurückzieht."

*Was was bedeutet?*

„Der Geist reagiert, als ginge es vom Körper aus, mit einem Zurückweichen vor der Intensität."

*Dies bedeutet, der Geist assoziiert sich nicht mit dem Schmerz. Wollen Sie dies sagen?*

„Ich glaube, der Geist wird gefühllos."

*Gefühllos? Gegenüber dem Schmerz?*

„Ja. Er zieht sich zurück."

*Beobachten Sie ihn! Deshalb dissoziiert er sich davon. Deshalb wird der Geist zum Beobachter, der ihn wegdrängt oder versucht, ihn zu vergessen, oder der sich zurückzieht.*

„Und was macht man dann?"

*Was macht der Geist mit dem Bruchstück, wenn er gewahr ist, dass es schmerzhaft ist?*

„Zu seinem Selbstschutz wechselt der Geist das Bruchstück. Das Bruchstück, das Schmerz war, wird nun zum Rückzug vor dem Schmerz."

*Das ist genau der Punkt. Solange es ein Zurückziehen gibt, solange es den Beobachter gibt, der sich vom Beobachteten unterscheidet, wird es Schmerz, Widerspruch und Konflikt geben. Erkennen Sie die Wahrheit dessen; diese Trennung verursacht unweigerlich Schmerz. Sie haben die Wahrheit dessen erkannt, indem Sie tatsächlich dessen gewahr waren,* was ist.

„Ich glaube nicht, dass ich die Wahrheit dessen erkannt habe, denn ich habe doch genau das gemacht, was der Geist tut."

*Deshalb ist er in den alten Gewohnheiten gefangen.*

„Ja. Also bin ich dessen nicht gewahr, wenn Gewahrsein dem vermutlich ein Ende macht."

*Erkennen Sie dies, erkennen Sie dies. Werden Sie gewahr, wie der Geist sich von dem dissoziiert, was er als schmerzhaft bezeichnet. Wäre es aber angenehm, würde er sich nicht dissoziieren.*

„Doch, das würde er."

*Das würde er? Warum?*

„Weil der Geist überhaupt nichts beibehält, der Geist geht vom einen zum anderen."

*Genau das ist es. Bewegen Sie sich, finden Sie heraus, seien Sie achtsam. Schauen Sie an, was vor sich geht, beobachten Sie es. Wir sagten: Beobachten Sie, beobachten Sie ein Bruchstück, nicht die Gesamtheit oder die vielen Bruchstücke, nur ein einziges Bruchstück. Als Sie dieses Bruchstücks gewahr wurden, war es schmerzhaft. Das ist, was tatsächlich ist. Dann wird der Geist seiner überdrüssig, müde, zieht sich zurück, dissoziiert, wird zum Beobachter und bewegt sich davon weg. Dies ist die Gewohnheit des Geistes. Seien Sie nun* dieser Gewohnheit gewahr, *nicht des Schmerzes. Seien Sie dieser Gewohnheit des Zurückziehens gewahr, sei es von Lust, Schmerz, Angst, was auch immer – Zurückziehen.*

„Aber warum habe ich mich zurückgezogen, wenn ich doch eigentlich dessen gewahr war, *was ist*?"

*Weil Sie nicht gewahr waren. Wir haben gesagt, Achtsamkeit heißt dabeibleiben, es beobachten, die ganze Bewegung beobachten.*

„Aber die ganze Bewegung war weg."

*Beobachten Sie das! Beobachten Sie dieses Wegbewegen.*

„Aber das ist eine Ausflucht, das ist Denken, das ist eine Dualität."

*Das macht nichts, es ist gut genug. Wenn Sie sich vom Schmerz wegbewegen, dann ist die Wegbewegung* was ist.

„Aber so ist auch alles andere, was mir in den Sinn kommt."

*Warten Sie. Machen Sie langsam. Beobachten Sie, und se-*

*hen Sie daher, dass das,* was ist, *eine ständige Bewegung ist. Sie begreifen den Sinn nicht.*

„Stimmt."

*Bitte hören Sie jetzt einfach zu. Sagen Sie nicht, „das verstehe ich nicht". Schauen Sie einfach zu. Wir haben gesagt: Seien Sie achtsam. Und Sie sagten, Sie seien eines Bruchstücks gewahr, das Schmerz auslöst. Ich sagte, um dieses Schmerzes gewahr zu sein, beobachten Sie ihn einfach. Dann bewegt sich der Geist von ihm weg. Dieses Wegbewegen ist das,* was ist, *und es bewegt sich weg zu etwas anderem. Sie beobachten also die Bewegung – nicht* zu *etwas.* Was ist, *ist also die Bewegung. Diese Bewegung ist nicht Schmerz oder Lust oder Assoziation mit etwas.*

„Es *ist* Assoziation mit etwas. Es ist jene Kette. Es läuft wieder auf diese Kette hinaus."

*Warten Sie, dazu komme ich gleich. Dies bedeutet, Ihre Bewegung geht in Richtung Assoziation. Sie ist nur eine Bewegung in Bezug auf etwas bereits Feststehendes.*

„Eine Assoziation bringt die nächste hervor, ja. Das ist die Kette."

*Das ist die Kette. Deshalb haben wir gesagt, seien Sie eines Glieds dieser Kette vollständig gewahr, seien Sie bei ihm, beobachten Sie es. Beobachten Sie, wie der Geist völlig unfähig ist zu einer Beobachtung, ganz ohne sich davon wegzubewegen. Es gibt nur zwei Dinge, die Wegbewegung und* was ist.

„In mir sind sie dasselbe."

*Was heißt das also? Sehen Sie, es zeigt, dass der Geist nie still ist. Er bewegt sich von Assoziation zu Assoziation. Er verweilt nie still bei dem einen Bruchstück, bei einem Glied. Er ist in der Bewegung der Assoziation gefangen, die ein Prozess ist, der wiederum mechanisch ist. Deshalb entsteht Verzweiflung, dass dies nie aufhören kann. Deshalb akzeptieren wir die Dinge, wie sie sind. Deshalb wird dies zur Last der Vergangenheit.*

*Wenn nun der Geist, der dieses eine Bruchstück beobachtet, welches Schmerz ist, nicht in der Assoziationsbewegung gefangen ist, beobachtet er mit absoluter Stille, so wie Sie diese Blume beobachten. Absolut still. In dieser stillen Beobachtung gibt es keinen Beobachter und daher keine Assoziationsbewegung. Es ist der Beobachter, der sich vom Beobachteten trennt, das in der Assoziationsbewegung gefangen ist. All dies ist Teil des Gewahrseins – zu beobachten, des Bruchstücks gewahr zu sein und gewahr zu sein, wie ruhelos der Geist durch Assoziation ist, und dieser Ruhelosigkeit gewahr zu sein. Dieser Ruhelosigkeit vollständig gewahr zu sein. Dieser Ruhelosigkeit so vollständig gewahr zu sein, ist nur möglich, wenn der Geist wirklich still ist, um zu beobachten.*

„Aber wenn der Geist ruhelos ist, ist er nicht still."

*Nein. Sie sind wieder vom Thema abgekommen. Der Geist ist ruhelos, weil er die Assoziationsbewegung nicht verstanden hat, die Wahrheit oder Falschheit dieser Assoziationsbewegung nicht gesehen hat. Wenn Sie dies sehen, die Wahrheit sehen, wie endlos dieser mechanistische Assoziationsprozess ist, dann beendet eben die Beobachtung dieser Wahrheit die Assoziation. Weil Sie es nicht sehen, macht sie mit der mechanistischen Angewohnheit weiter.*

# 51
## Das seltsame Empfinden von Andersartigkeit

Neulich ist etwas Kurioses passiert. Tagelang hatte es geregnet, bei starkem Wind. Der Wind blies aus dem Nordwesten und war ziemlich kalt, obwohl es bereits Spätfrühling war. Viele Bäume waren noch kahl, und die Felder leuchteten noch nicht grün, denn seit vielen, vielen Tagen hatte es keine Sonne mehr gegeben. Du wurdest nass, wenn du durch die Felder gingst, aber es gab Schönheit – all die Bäume, die weite Sicht und die aufgeweichte Erde. Du gingst mit dem Hund voraus. Zwischen den Bäumen stellte sich auf einmal das seltsame Empfinden von Andersartigkeit ein. Diese Qualität der Andersartigkeit schien sich auf die Erde und in den Geist der Menschen niederzuschlagen. Den ganzen Abend verfolgte sie dich. Du hattest sie nicht eingeladen, du hattest noch nicht einmal daran gedacht. Sie kam inmitten großer Schönheit und einem außergewöhnlichen Gefühl der Freude.

Der Mann muss wohl als sehr belesen gelten. Er war weit gereist und hatte viele sogenannte wichtige Menschen getroffen. Er erzählte uns von den unterschiedlichen politischen Situationen in der Welt und ging ausführlich auf die Kriege, die Umweltverschmutzung sowie die Freundschaft zwischen zwei Ländern ein, die er zu fördern versuchte. Fast unbewusst sagte er: „Es gibt diese und die andere Welt. Es gibt diese Welt des Alltags und des Elends und die andere der Befreiung, von Moksha, Nirvana, Himmel, wie immer man es nennen will.“

*Im Nachhinein fiel auf, wie wir diese Welt und die Welt, die unbeschreiblich, die nicht in Worte zu fassen ist, voneinander getrennt haben. Diese Trennung existiert in jeder Religion. Dies ist der klassische Ansatz, die klassische Einstellung, stark verfestigt, tief verwurzelt im Geist des Menschen. Eigentlich sind die beiden untrennbar; sie sind eins. Doch wir versuchen, ohne die andere Welt in dieser Welt Ordnung zu schaffen. Ohne die andere kann das Denken den gewünschten Frieden, eine völlig andere Lebensweise nicht hervorbringen. Ohne die andere wird Materie sehr wichtig. Denken ist Materie.*

Auf dem Rasen, in der Nähe des nassen Baumes, saß eine Amsel. Auf der anderen Seite des Feldes hockte ein großes Kaninchen mit dem Rücken zum Haus und schaute mit hoch erhobenem Kopf in die Ferne.

*Die Denkbewegung, so verfeinert sie auch sei, ist nicht die andere.*

## 52
## Meditation heißt, die Tatsache der Verzerrung zu erkennen

Meditation ist keine Flucht vor dem Leben; ganz im Gegenteil. Das vollständige Verständnis des ganzen komplexen alltäglichen Lebensprozesses in all seinen Varianten, mit seinem Druck und seinen Belastungen ist Teil der Meditation. Zu beobachten, was wir tun, unsere Gedanken, unser tiefinnerliches Treiben, und zwar ohne jede Verzerrung, ist Teil dieser Meditation. Eben diese Verzerrung bringt Konflikt im Leben. Verzerrung führt zu Trennung, zu Brutalität und Gewalt. Verzerrung bringt Aggression, Konkurrenzdenken und das ständige Verlangen nach dem Angenehmen hervor. Genau diese Verzerrung hindert den Geist daran, exakt zu sehen, *was ist.* Ohne Verzerrung zu beobachten, nicht nur das äußere Geschehen, sondern auch die innere Bewegung des Denkens und der Beweggründe, ist Teil der Meditation. Verzerrung gibt es, wenn es den Beobachter gibt. Der Beobachter ist der gesamte Bewusstseinsinhalt. Dieser Inhalt ist es, der trennt. Dieser Inhalt ist der verzerrende Faktor, denn er ist konditioniert. Diese Konditionierung ist Glaube, Meinung, persönliche Einstellungen und Temperament.

Meditation ist das Verständnis all dessen, denn wenn dies nicht vollständig verstanden wird, bleibt die Verzerrung und damit auch die Illusion bestehen. Es ist der verzerrte Geist, der sich in den vielen Varianten lustvoller und unterhaltsamer Ereignisse verfängt, seien sie nun religiös oder weltlich. Meditation ist die Beobachtung dieser Tatsache der Verzerrung und ihrer komplizierten Folgen. Wenn dieser verzerrende Faktor nicht vollkommen verstanden wird – nicht auf verbaler Ebene, sondern auf nonverbaler und daher viel tieferer Ebene – wird Meditation zu einer Form der Selbsthypnose und hysterischen Aktivität, die absolut nichts mit der Wirklichkeit zu tun hat.

In der Meditation verschwindet der Beobachter vollständig und damit auch die Wesenheit, die nach Erlebnissen dürstet, und das Gehirn, das aufzeichnet und erlebt. Die breiteren und tieferen Aspekte der Meditation zeigen sich, wenn der Beobachter nicht ist und die Aufzeichnung in den Gehirnzellen nicht stattfindet. Dieses Aufzeichnen verleiht dem Beobachter, der wiederum der verzerrende Faktor ist, Beständigkeit. Ohne den Beobachter zu beobachten, heißt, mit der Gesamtheit des Geistes zu beobachten, in welchem das Gehirn vollkommen still ist. Aufzeichnen ist die Funktion des Gehirns. Von diesem Aufzeichnen hängt seine Geborgenheit ab, seine Sicherheit, seine egozentrische Aktivität. Wenn diese Funktion nicht aktiv ist, funktioniert das Gehirn am effizientesten und gesündesten. Diese egozentrische Aktivität sucht immerzu Sicherheit, sowohl im Rationalen als auch im Irrationalen, im Faktischen und im Nichtfaktischen. Dies hält den Widerstand des Selbst aufrecht, das „Ich" und das „Nicht-Ich". Meditation ist die Intelligenz, die der Bewegung des Selbst gewahr ist.

Dieses Gewahrsein bringt ohne jegliche Anstrengung alle Beweggründe ans Licht, den Willen, den Antrieb durch die verborgenen Bewegungen des Selbst. Diese Intelligenz unterdrückt oder verdeckt das unterschwellige Treiben des Beobachters als das Selbst nicht. Diese Intelligenz öffnet, da sie frei ist, die Tür zur Freilegung des Bewusstseinsinhalts, welcher das Bewusstsein selbst ist.

Wissen ist nicht schöpferisch. Die Aufzeichnungsmaschinerie des Gehirns ist Wissen, und das Denken benutzt dieses Wissen als Sicherheitsmaßnahme. Diese Sicherheit hat ihre Wurzeln in der Vergangenheit; die Sicherheit von morgen ist die Dynamik der Vergangenheit. Meditation heißt, dessen im Alltag gewahr zu sein, und nur dann wird der Beobachter kein verzerrender Faktor mehr. In der Meditation gibt es keine Aufzeichnung, daher ist jede Meditationsbewegung neu und anders. Sie ist nie wiederkehrend. Sie hat etwas Neues und Unbeschreibliches. Dies ist Meditation.

## 53
## Wir sehen nicht das Ganze

Meditation ist keine persönliche Abenteuerreise ins lustvolle Unbekannte. Der Inhalt des Bewusstseins ist Bewusstsein; Inhalt und Bewusstsein sind nicht voneinander getrennt. Der Inhalt ist das Ganze der Person: Das Ego, die Eigenschaften, die Neigungen und Eigenheiten, Temperament und Charakter. All dies ist der Inhalt; dies ist der Aufbau des Bewusstseins mit seinen verschiedenen Unterteilungen, den höheren und niederen, Wille, Widerstand, Unterwerfung, Vergleich und Anpassung. Das persönliche Abenteuer, das man in der Meditation durch Erfahrung sucht, ist die konditionierte Antwort des Bewusstseinsinhalts. Das Lustprinzip ist der Hauptantrieb des Bewusstseins.

Meditation ist die völlige Verneinung des Inhalts. Dies kann als Selbstzerstörung erscheinen; und das ist es auch. Wollendes Bewusstsein ist das Werden von Lust, und die Kehrseite der Medaille ist Angst und Schmerz. Der Bewusstseinsinhalt ist das Bekannte, auch wenn dieses Bekannte verborgen sein mag; der Inhalt ist nicht nur die große Anhäufung von Wissen als Überlieferung, sondern auch die ungelösten Probleme und das Anhaften an den sich wiederholenden Szenen und Bildern von Lust und Schmerz, die gespeichert worden sind. Sie kommen an die Oberfläche; ihr Auftauchen kann vorübergehend sein und vorläufig beiseitegeschoben werden, aber wegen des Beschäftigungsbedürfnisses des unaufmerksamen Geistes werden sie immer wiederkehren. Alles Wissen ist das Bekannte, und Bewusstsein kann nur auf diesem Gebiet agieren.

Das Verständnis dieser Abenteuer und Hoffnungen ist ebenfalls Meditation. Das Bekannte und das Unbekannte liegen dicht beieinander, und die Harmonie zwischen beiden ist Intelligenz. Je mehr Verständnis des Bekannten vorhanden ist, desto mehr Freiheit davon ist vorhanden. Das Verständnis des Bekannten, welches das Selbst ist, der Bewusstseinsinhalt mitsamt seinem Willen und seinem Bemühen, zwingt einen zur Wachsamkeit. Es sieht nur, was an der Oberfläche vor sich geht, aber wenn es freie Beobachtung ohne Beweggründe gibt, werden die verborgenen Bewusstseinsinhalte ganz von selbst freigelegt. Dieses Freigelegte kann man untersuchen, etwas darüber erfahren und deshalb davon frei werden. Wenn es aber eine Absicht oder einen Beweggrund gibt, davon frei zu werden, oder eine Absicht, es zu untersuchen, dann beobachten Sie nur die Bewegung an der Oberfläche und nicht die gesamte Bewegung. Die Kunst, etwas über sich selbst zu erfahren, besteht darin, beiläufig, frei auf sich selbst zu treffen. Wenn Sie einen Beweggrund haben, macht Ihr Beweggrund Ihre Untersuchung zunichte, weil Ihr Beweggrund etwas Totes ist.

Wir sehen nicht das Ganze, wir sehen nur Bruchstücke, weil unser Geist bruchstückhaft ist. Das ist eine Tatsache. Unser Geist ist bruchstückhaft, weil wir durch das Bild vom „Ich“ oder „Nicht-Ich“ beobachten, welches das Licht unweigerlich bricht. Sehen Sie Licht als Ganzes und schauen Sie.

## 54

## Meditation ist die Bewegung großen Einfühlungsvermögens

Es war ein Sonntagmorgen mit klarem blauen Himmel. Sonne lag auf den Palmen und der Magnolie, und du konntest Kirchenglocken läuten hören. Die Glocken Roms haben einen außergewöhnlichen Klang; keine anderen Kirchenglocken auf der Welt haben diese besondere Qualität und Tonalität. Das Läuten begann heute Morgen sehr früh in der Ferne, und die nahegelegene Kirche stimmte mit ihren eigenen Glocken ein. Allmählich füllte sich die ganze Stadt mit dem bemerkenswerten Klang tiefer Glocken. Man konnte auf diesem Klang reiten, sich weit forttragen lassen. Schließlich ruft auch die Wiederholung von Worten, von Mantras im Inneren einen eigentümlichen Klang hervor.

Meditation wird nicht durch Klang ausgelöst. Sie ist nichts, was man durch Entschluss herbeiführen könnte. Sie ist nichts, was man tagtäglich praktiziert, indem man mit geschlossenen Augen an einem stillen Flecken sitzt. Sie ist nicht die Kontrolle der Denkbewegung. Sie ist weder Anpassung an ein Muster, das der Geist vorgibt, noch ist sie eine Disziplin, die durch Umstände oder eigene Willenskraft erzwungen wird. Auf dem Klang einer Glocke oder der eigenen Stimme oder eines Vogels in den Bäumen kann man sich sehr weit forttragen lassen, aber dies klärt keineswegs Geist und Herz, sodass sie sehen. Es macht Körper oder Geist keineswegs einfühlsam. Meditation ist die Bewegung großen Einfühlungsvermögens, denn Einfühlungsvermögen ist die höchste Form der Intelligenz. Wenn dieses klare, einfache, intensive Einfühlungsvermögen vorhanden ist, dann hat Meditation eine völlig andere Bedeutung.

Es ist merkwürdig, dass die Menschen der Meditation so viele verschiedene Bedeutungen geben. Es gibt Schulen unterschiedlichster Art, die Meditation lehren. Es gibt verschiedene Lehrer mit ihrer je eigenen Meditationsform; jeder Guru hat sein eigenes System, abhängig von der Konditionierung des Lehrers, des Gurus und der vielen Erfinder von Meditationsformen. Aber wahre Meditation bedeutet, den Geist von aller Konditionierung zu befreien und damit das Fundament zu legen für redliches Verhalten und Handeln. Sie bedeutet, den Geist von der Vergangenheit und den Verletzungen durch alle Wunden, alles Leid, allen Konflikt und alle Sorgen zu leeren. Dies ist Teil richtiger und wahrer Meditation. Dazu ist kein Guru, kein Lehrer, kein System nötig. Im Gegenteil, der Lehrer, der Guru, das System werden zur Last. Schon durch ihre Natur und Struktur verhindern sie die Wahrnehmung des Wahren. Meditation ist das Ablegen aller Konditionierung, die dem Geist über Jahrhunderte aufgebürdet wurde, und die Befreiung des Herzens von allen Wunden vieler Jahre. Erst dann versteht man allmählich das wahre Wesen der Meditation.

Dies bringt Unschuld hervor. Unschuld bedeutet äußerstes Unvermögen, verletzt zu werden. Unschuld bedeutet, keinerlei Widerstand zu haben. Diese Unschuld wird zerstört, wenn es Wille gibt, Verlangen und die Lust, die entsteht, wenn der Geist Sklave des Verbums *sein* ist. „Sein" ist haben; „sein" hat den Geist konditioniert; das Wort selbst hat Geist und Gehirn gezwungen, sich an das Muster anzupassen, das das Wort vorgegeben hat. Meditation ist das Befreien des Geistes von der Vergangenheit und der Zukunft, und dies ist nicht möglich, wenn der Geist im Verbum *sein* gefangen ist – das heißt, wenn der Schwerpunkt auf dem „Ich bin" liegt oder die Vergangenheit über die Gegenwart herrscht, welche die Zukunft prägt. All dies ist das Resultat des Wortes und des

Verbums *sein*, welches das „Ich bin" festlegt. Wenn es „Ich bin" gibt, gibt es keine Meditation.

Zeit ist gestern, heute und morgen; die unendliche Vergangenheit, die beharrliche Gegenwart und die begrenzte Zukunft. Geist und Gehirn sind Sklaven der Zeit. Das Befreien des Geistes von der Zeit ist Teil der Meditation; den Geist nicht nur von gestern zu befreien, sondern von den vielen tausend Gesterns. Die Tradition, die Erinnerung, die Erfahrung, das Wissen – ob ethnisch, familiär oder selbst erworben – all dies ist die Vergangenheit, die als Antwort auf die Gegenwart modifiziert wird und so den Schatten der Zukunft vorauswirft. Dies konditioniert den Geist.

In der Meditation des gesamten Inhalts seines Gehirns und Geistes gewahr zu sein und ihn sehr eingehend zu beobachten, ganz ohne ihn einzuschätzen, zu be- oder verurteilen, nur zu beobachten, bringt Freiheit. Erst wenn diese Freiheit in der Meditation vorhanden ist, wird der Geist sehr klar, nicht beeinträchtigt durch die Vergangenheit oder die Gegenwart. Für einen solchen Geist gibt es keine Zukunft, denn die Zukunft ist die Bewegung des „Ich bin", das in der Zukunft etwas zu gewinnen oder zu verlieren hat.

Wenn der Geist auf allen Ebenen seines Wesens zutiefst verstanden hat, dann tritt die Klärung des Herzens ein. Dann ist Liebe. Meditation ist also das Entleeren des Geistes von der Vergangenheit und der Zukunft und von allen Wunden und den schmerzlichen Erinnerungen und Freuden des Herzens. Aus dieser Meditation kommt eine tiefe Stille. Nur dann wird *das, was ist*, sichtbar.

## 55

## Kann das Gehirn jemals still sein?

Wir sind uns offenbar des psychischen Aufbaus des Gehirns nicht gewahr. Zumeist machen wir mechanisch in dem Zustand weiter, in dem wir geboren und aufgewachsen sind und führen ein Leben, in dem sich mit gewissen Abwandlungen alles ständig wiederholt. Von Kindheit an bis wir sterben werden wir geschult, innerhalb eines sehr kleinen Teils unserer Hirnkapazität zu agieren, ob wir nun Wissenschaftler, Ingenieure oder sonst etwas sind. Ein Geisteswissenschaftler, ein Priester, ein Theologe oder ein Politiker agiert innerhalb eines sehr kleinen Bruchteils seines Gehirns. Wir alle nutzen jenen Teil des Gehirns, der stets von gestern ist. Sämtliche Spezialisierung ist ausschließend und bruchstückhaft, begrenzt und eng. All dies ist das alte Gehirn, welches das Resultat von Millionen Jahren des Überlebenskampfes ist, des Kampfes, der Umwelt das Beste abzuringen und so weiter. Wir kennen nur dies, und mit diesem Gehirn versuchen wir, etwas Neues zu erforschen und zu entdecken. Deshalb gibt es stets tiefsitzende Enttäuschung und Verzweiflung.

Dieses alte Gehirn ist Erinnerung, und Erinnerung ist immer bruchstückhaft. Jede Herausforderung – die neu sein muss, wenn sie überhaupt eine Herausforderung sein soll – trifft auf das alte Gehirn, das darauf nach seinen alten Mustern antwortet. Wenn es dieses Prozesses gewahr ist ohne auszuwählen, versteht das Gehirn seine eigene Natur und Struktur und reagiert daher lediglich auf mechanische Anforderungen wie Schreiben, Buchstabieren und so weiter mechanisch. Natürlich muss dieser mechanische Teil des Gehirns immer da funktionieren, wo das Gedächtnis eine Rolle spielt. Wenn wir aber aus etwas, das keine Herausforderung ist, eine

Herausforderung machen, etwa uns mit jemandem zu treffen, der uns vor einiger Zeit beleidigt oder geschmeichelt hat, dann handelt es sich dabei um eine mechanische Antwort, die gewohnheitsmäßig ist. Diese Antwort ist unnötig, und ohne sie gäbe es gar keine Herausforderung! Was wir also im Allgemeinen als Herausforderungen betrachten, sind schlicht mechanische Antworten auf Ereignisse.

So leben wir. Alle diese Antworten kommen aus dem, was wir als das alte Gehirn bezeichnen. Ist das *gesamte* Wirken des Gehirns alt? Gibt es eine Aktion des Gehirns, die nicht eine solche computerhafte Antwort ist? Und kann dieses Gehirn jemals still sein? Kann es aktiv sein, wenn es erforderlich, und still, wenn es notwendig ist? Die Antwort darauf liegt in der Meditation. Das Verständnis dieses mechanischen, gewohnheitsmäßig agierenden Gehirns öffnet das Tor zur neuen Qualität des Geistes. Wenn wir *neu* sagen, meinen wir etwas völlig anderes, eine andere Dimension, die vom Alten unmöglich formuliert werden kann. Alles, was vom alten Gehirn formuliert werden kann, ist nicht neu, denn eben dieses Formulieren ist die Aktion des Gedächtnisses, welches Bild und Denken ist. Wenn das Neue sehr nah am Alten ist, kann das Alte es erreichen, es berühren und verunreinigen. Wenn das Neue aber sehr weit weg ist vom Alten, dann kann das Alte es nicht erreichen. Das Denken kann still sein und eine gewisse Stille hervorbringen, die aus dem Einstellen seines Geplappers besteht. Aber diese Stille mit ihrem Raum um ein Zentrum ist nicht das Neue. Das Neue ist nicht bloß das Aufhören des Alten.

Das alte Gehirn muss bereit sein, mechanisch zu funktionieren, wenn es gebraucht wird, es darf also nicht schlafen, betäubt, kontrolliert, gedrillt werden; es muss effizient funktionieren können. Um effizient funktionieren zu können, muss jegliche Form des Schlussfolgerns, des Urteilens und des Rechtfertigens enden. Wenn das alte Gehirn auf dem Gebiet psychischer Vorurteile agiert, ist es nicht mehr effizient, gesund und vernünftig. Damit das alte Gehirn so effizient, so wahrhaftig funktionieren kann, muss es still sein. Es *gibt* also die Stille des alten Gehirns, die nicht Schlaf ist, die kein mythischer, mystischer Zustand aktiv herbeigeführter Unbestimmtheit ist.

Das Neue kann erst dann sein, wenn das Alte seinen Platz und seine Funktion vollständig verstanden hat. Es geht uns also nicht um das Neue, sondern wenn die gesamte Natur und Struktur des Alten erkannt worden ist, ist das Handeln anders. All unser Handeln ist Beziehung. Dieses andere Beziehungshandeln ist Liebe, die nicht das Bekannte ist. Meditation ist das Befreien des Geistes vom Bekannten.

Die Trennung zwischen dem alten Gehirn und dem neuen wird sehr deutlich wahrnehmbar, wenn das alte Gehirn seinen Beobachter verliert. Das Neue kann nicht als der Beobachter wahrgenommen werden, wenn das alte Gehirn das Beobachtete als von sich getrennt ansieht. Wenn der gesamte Mechanismus des Alten mit seinem Beobachter vollständig still wird, seine Schärfe bewahrt und daher seinen Beobachter verliert, dann ist das Neue.

Eigentlich ist es sogar falsch, zwischen dem Alten und dem Neuen eine Unterscheidung zu treffen; sie wohnen im selben Haus, und es ist Harmonie zwischen beiden. Diese Harmonie kann keinesfalls ohne Liebe existieren; und Meditation ist aus dieser Liebe.

# 56
## Liebe ist keine Abstraktion

Das Mysterium der Meditation liegt nicht am Ende, sondern am Anfang. Wir haben sie sehr kompliziert gemacht, sehr komplex, zu etwas, das man ständig üben muss, mit dem man ringen oder gegen das man ankämpfen muss, das sehr viel Disziplin und Schulung erfordert.

Meditation wird ganz einfach, wenn Sie wissen, was Liebe ist. Liebe ist keine Abstraktion, nichts, was ersonnen, gepflegt und geschützt werden muss. Eigentlich liegt das Problem darin, Liebe ohne mentale Aktivität zu kennen. Das Denken, das sagt, „er war gut zu mir" oder er hat mich beleidigt oder verletzt, ist die mentale Aktivität, die die Unschuld der Liebe verhindert.

Der Mensch setzt die Liebe mit Sex gleich, mit der Familie und ihrer Erweiterung in Gestalt der Gemeinde, Nation und so weiter. So fügen wir die Liebe dem Bezugssystem des Sex oder religiöser Entwürfe ein und zerstören sie dadurch. Liebe schließt alles ein, aber wenn man sie der Struktur des Denkens unterwirft, zerstört man sie.

Das Leben des Menschen ist in politischen und gesellschaftlichen Mustern institutionalisiert, organisiert, formalisiert, die ihn versklaven. Diese Muster zu brechen, ist Revolution, aber dies erzeugt nur andere Muster, die ihn erneut versklaven. Anscheinend gibt es keinen Ausweg aus dieser ständig zunehmenden Komplexität. Die Beziehung des Menschen zum Menschen kann nicht durch Institutionen gelöst werden; je weiter wir uns in diese Richtung bewegen, desto größer die Verwirrung. Diese organisatorische Einstellung zum Leben muss das innere Leben des Menschen unweigerlich verneinen oder völlig außer Acht lassen, denn diese Einschätzung des Lebens trennt Inneres und Äußeres, und daher tritt ein Konflikt zwischen beiden auf. Wenn wir uns dem Leben aber von innen nach außen nähern könnten, gäbe es keine solche Trennung; dann gäbe es nur eine einzige Bewegung. Aggression, Gewalt und Machtwille rufen ihr Gegenteil hervor, etwa Aggressionslosigkeit, Gewaltlosigkeit, Demut, Güte und so weiter, aber all dies hat nichts mit Liebe zu tun. Unser Anliegen muss die Liebe sein und nicht Institutionen und Bürokratien. Dieses Anliegen ist Meditation.

## 57

## Meditation heißt, den Geist von Wort und Symbol zu entleeren

Meditation heißt, den Geist von Wort und Symbol zu entleeren. Ein Symbol ist nie das Wirkliche und ein Wort nie das Tatsächliche. Was man nicht in Worten ausdrücken kann, erscheint unwirklich, aber das Wort ist nicht der Ausdruck des Wirklichen. Was ausgedrückt werden kann, sei es beredt oder unbeholfen, ist nicht das Tatsächliche.

Von Worten zu leben, heißt, in Trennung zu leben und damit im Konflikt der Dualität. Ohne Worte zu leben, heißt, die Bewegung des Ganzen zu sehen. Das Symbol ist wichtiger und bedeutender geworden als die Tatsache. Die Philosophie des Wortes ist die Liebe zur Oberfläche des allgemein üblichen Geistes. Es ist das Symbol, das in der Kirche und im Tempel verehrt und angebetet wird; und selbst wenn es, wie in der Moschee, kein äußeres Symbol gibt, tritt das Wort an seine Stelle. In seinem Streben nach dem Göttlichen macht das Denken dieses unweigerlich zu einem Symbol oder einem Wort, und damit beginnt die gesamte Konditionierung des Geistes.

Das Wort spaltet, und in dieser Spaltung lebt das Denken. Das Leben des Denkens ist bedeutender geworden als das tatsächliche Leben, denn der Geist ist zum Sklaven des Wortes geworden. Für den linguistischen Philosophen oder Wissenschaftler ist die Struktur der Wörter weitaus bedeutsamer als der Geist, der des Wortes leer ist. Das Etikett ist wichtiger geworden als der Mensch hinter dem Etikett; auch der Mensch selbst besteht aus Worten und Symbolen – das „Ich" ist die Erinnerung an die Vergangenheit in Bild und Form. Diese Form befindet sich in Gestalt von Erinnerung innerhalb des

Bezugssystems des Denkens. Für den Linguisten ist die Welt erfüllt von Denken, von der Struktur des Wortes und dessen Kommunikation; und was kommuniziert wird, ist von geringer Bedeutung. Dies ist wie bei dem Analytiker, der den Patienten zu kurieren hofft, damit dieser wieder in eine kaputte Gesellschaft zurück kann.

Liebe ist weder Erinnerung noch das Wort. Sie kann im Wort, in der Geste oder in der Tat zum Ausdruck gebracht werden, aber die Geste, das Wort oder die Tat sind nicht Liebe. Wenn Liebe in den Rahmen des Denkens gestellt wird, wird sie zu Lust, und das Verlangen danach wird durch das Bild aufrechterhalten.

Die Gehirnzellen enthalten die Materie des Denkens, und Denken ist so materiell wie der Teppich unter einem Stuhl. Gibt es Denken ohne das Wort? Und ohne Denken, was ist da der Geist? Denken sind die verbrannten Überreste von gestern, und die Asche bedeckt den Geist. Diese Asche im Feuer der Gegenwart zu verbrennen, heißt, den Geist des Wortes und des Symbols zu entleeren. Meditation heißt, diese ganze Bewegung des Wortes augenblicklich zu sehen. Das Sehen ist das Tun. Das Tun wird aufgeschoben, wenn das Wort sich ins Sehen einmischt. In der Zeitspanne zwischen Sehen und Tun liegt das ganze Leid des Menschen.

## 58

## Das Enden der Zeit ist das Enden von Veränderung

Das Enden der Zeit ist das Enden von Veränderung. Sein, zu werden versuchen, erfindet die Zeit. Sein, was immer es sei, ist ohne Zeit. Das Wort ist aus Zeit, und wenn das Wort mit Sein verbunden wird, tritt die Illusion einer Bewegung von hier nach da ein. Wenn der Geist frei von Zeit ist, durchläuft Sein einen radikalen Wandel. Das Erforschen dessen ist Meditation.

Erforschen heißt nicht erringen. Wenn Sie entschlossen und mit Entdeckungsabsicht erforschen, dann ist das, was Sie entdecken, die Projektion Ihrer Vergangenheit. Wenn Sie ohne „Sie selbst", den Denker, erforschen, dann ist das Erforschen unerschöpflich. Die Absicht zu erforschen geht mit der Absicht zu finden einher, aber das Finden wird belanglos, wenn es eine Erfahrung ist. Erfahrung ist Wiedererkennen, und Wiedererkennen ist Assoziation, die Vergangenheit. Im Erforschen muss es einen ständigen Verzicht auf das Entdeckte geben, denn dies erlaubt Freiheit. Ohne Freiheit wird die Erkundung negiert.

Das Konstante ist aus Nicht-Zeit, aber es ist nicht unbeweglich. Meditation ist das Befreien aus jener Geistesverfassung, die Besitzen zugrunde richtet. Unschuld ist diese Freiheit. Liebe, die besitzt, zerstört sich selbst. Meditation ist das Wegwerfen aller menschlichen Schlauheit und das Wegwerfen der Moral des Denkens.

Der Wald war sehr dicht, voller Frühlingslaub, und als du durch die Blätter hindurch zum Himmel schautest, konntest du beinahe jede einzelne Blattrippe sehen. Auf der Straße, die neben dem Wald verlief, huschten die Autos vorbei, und der Wald blieb würdevoll, abgeschieden und still. Es gab nicht viele Vögel, aber auf einem Ast saß eine Amsel und rief ihrer Nachbarin zu. Der Boden war bedeckt mit einer dicken Laubschicht aus langen Jahren und fühlte sich weich unter den Füßen an. Der Geruch vermodernden und der Duft frischen Laubs erfüllte die Luft. Es war ein abgeschiedener Flecken voller Anmut und Schönheit. Das Denken konnte nicht an ihn rühren, aber die Sinne waren überall.

## 59
## Denken kann den Geist nicht leeren

Seit Tagen war es neblig. Die Hügel waren verdeckt, aber man konnte gerade noch die Umrisse erkennen und die in die Tiefe führenden geschwungenen Linien der Täler. Lupinen und Senf standen in voller Blüte, und das Gelb ergoss sich in breiten Strömen über die Hügel. Das blaue Meer lag ruhig und still wie ein von Bergen umgebener See. In den Blättern regte sich kein Hauch. Es war ein außergewöhnlich stiller Morgen. Hunderte von Vögeln waren da – Tauben, Wachteln, Blauhäher, Spottdrosseln und die stets geschäftigen Sperlinge. Verspielt plapperten sie los, und die Männchen griffen einander an. Zwei Tauben, die ganz leise hereinkamen, nachdem alle anderen weg waren, pickten die Körner auf, die für alle ausgestreut worden waren. Die Wachteln schritten in einer langen Reihe die Mauer entlang, ordentlich, eine nach der anderen. Wenn sie das Ende der Mauer erreicht hatten, flogen sie auf und verschwanden in der Schlucht.

Nachts saß eine Eule allein auf dem Ast eines Baumes, groß und dunkel, und schrie ihren kehligen Laut. Als du sie beobachtetest, flog sie still davon. Tief in der Nacht, schon gegen frühmorgens, rief sie, aber ihr Partner antwortete nicht. Sie müssen auf dem Dach oder dem Kamin gewesen sein. Du hörtest sie ganz nahe, aber wärst du hinausgegangen, hätte es sie gestört, deshalb bliebst du im Zimmer.

Als der Morgen kam, lagen die Hügel immer noch im Nebel, und die Blüten überzogen die tiefen Schluchten mit ihrem Gelb. Das Meer war so ruhig wie immer, nicht das geringste Kräuseln. Auf dem Rasen, wo die Körner ausgestreut worden waren, befanden sich ungefähr vierzig Wachteln, die Männchen mit ihrem langen Federbüschel auf dem Kopf, alle waren hungrig und pickten emsig. Ihr Scharren in der Erde war ein Tanz; sie blieben stets etwa zehn bis fünfzehn Minuten, dann flogen sie plötzlich auf und verschwanden im Gebüsch, um am Spätnachmittag wiederzukommen.

Ein nebliger Tag, an dem sich kein Lufthauch regt und alles still ist, hat etwas Schönes. In der Nacht, wenn man wach lag und der Stille lauschte, schien die wahnsinnige, zerstörerische Welt sehr weit weg – die Gewalt, das Gehabe, die vielen Masken, die die Menschen anlegen. Jenseits der Hügel war fortwährende Finsternis, aber hier, in diesem stillen Zimmer schien das Leben endlos, voller Glück, und deshalb ein Segen.

Wenn Denken der maßgebliche Faktor in der Meditation ist, dann ist Meditation zeitbindend, oberflächlich, visionär und schattenhaft. Im Schatten ist viel Unwirkliches, denn der Schatten ist selbst unwirklich. Das Denken kann niemals zuhören und niemals sehen. Das Denken hat nicht das extreme Einfühlungsvermögen des Sehens und Zuhörens. Das Denken ist schon von Natur aus trübe, denn es hat seine Wurzeln in der Vergangenheit. Wenn das Denken beschließt zu kontrollieren, zu meditieren, zu verändern, eine neue Gesellschaftsstruktur zu erschaffen, ist schon seine Bewegung eine Verzerrung. Da unser Geist angefüllt ist mit den Dingen des Denkens, mit Bildern und Symbolen, Worten und Schlussfolgerungen, werden unsere Augen und Ohren trübe, gefühllos. Zur Meditation gehört, ohne jede Verzerrung zu sehen und zu hören.

Frustration, die verworrenen Wege des Denkens, haben keine Zauberkraft. Meditation ist das Leeren des Geistes von allen Symbolen, Worten und Sorgen. Das Denken kann den Geist nicht leeren. Der Beschluss, den Geist zu leeren, bedeutet, Enttäuschung sowie endlose Mittel und Mühen einzuladen. Das Denken hat den Organismus des Körpers dumpf gemacht, lediglich sinnlich, grob und schwerfällig. Der Körper an sich ist nicht faul; erst das Denken macht den Körper faul. Wenn das Denken dann die Faulheit bemerkt, bemüht es sich sehr, ihn anzutreiben, ihn aus dem Bett zu schubsen. Das Denken ist träge in seiner Einstellung, träge in seinen Bewegungen und sucht die Bequemlichkeit, deshalb wird der Körper gefühllos. Wenn der Körper vom Denken gefühllos gemacht wird, folgen der Geist und das Herz der einfachen Bewegung des Verfalls.

All dies ist zeitbindend. Meditation heißt, all dessen gewahr zu sein, ohne dass das Denken eine Wahl trifft. Dann werden Sie sehen, dass Hören und Sehen ganz von selbst fein und flink werden; denn der Geist muss flink und fein sein, nicht mit der Feinheit der Schläue, die Teil des Denkens ist, sondern mit der Lebendigkeit der Brise auf den Hügeln, die keine Spur hinterlässt, keine Erinnerung. Dann ist der Geist frei von Zeit und Erfahrung. Und auf ewig ist der erste Schritt der letzte Schritt.

## 60
## Stille

Auf der Hochfläche, umgeben von schneebedeckten Bergen, steht ein einzelner Baum, sehr groß, mit mächtigem Stamm und weit hinausreichenden Ästen voller Laub und tiefen Schatten. Er muss sehr alt sein. Ein Sturm muss die anderen Bäume um ihn herum zerstört haben, denn du sahst Stämme, abgebrochen und mit Moos, Flechten und Edelweiß bewachsen. Es war wirklich außergewöhnlich, diesen Baum vor dem blauen Frühlingshimmel zu sehen, so klar, so fern und völlig allein. Die Hochfläche war groß, und neben ihr floss ein Bach, der den steilen Abhang tief ins Tal hinunter gurgelte. Dieser Baum hatte keinen Gefährten, keinen, dem er etwas zuflüstern konnte. Seine Zweige wogten nicht, tanzten nicht mit anderen im Wind. Er war auf sehr merkwürdige Weise allein, lebte schon seit vielen Jahren und stand dort in einsamer Erhabenheit. Jeden Morgen sahst du ihn, trotz des Regens und gelegentlichen Nebels. Du sahst ihn im Abendlicht, wenn alle anderen Bäume im Schatten lagen. Dort war er, beschienen von der untergehenden Sonne. Er war weitaus erhabener als die Berge, die Felsen und die einsame Hütte.

Es zog deinen Blick auf sich – und nicht nur deinen Blick, sondern auch dein Herz, denn er übermittelte dir seine Einsamkeit, sein Gefühl der Entrückung von der Welt, seine stille, große Würde, und du musstest einfach hinschauen. Er war das Erste, was du beim Aufstehen ansahst. Du zogst den Vorhang auf, und da war er, voller Leben, mit einer starken Ausstrahlung von Schönheit. Er war wirklich ein ziemlich außergewöhnlicher Anblick, und du schautest ihn sehr lange an. Es entstand Gemeinschaft zwischen dir und ihm. Du wusstest nicht, was diese Gemeinschaft bedeutete, aber sie war da, zeitlos, raumlos, in dieser großen Einsamkeit. Die Einsamkeit war nicht nur die des Baumes, sondern die Einsamkeit, die man in sich trägt. Nicht schmerzhaftes Alleinsein, nicht die beschwerliche Last, keinen Gefährten zu haben, sondern die Einsamkeit unermesslicher Stille. Vielleicht nicht unermesslich, denn diese Stille konntest du nicht messen. Sie verwahrte sich gegen alle Messung, alles Vergleichen.

Es ist merkwürdig, wie in der Einsamkeit der Stille, in der es kein Gewahrsein ihrer Existenz gibt, eine Qualität der Nicht-Zeit liegt. Stille ist immer allein. Diese Stille ist nicht das Aussetzen von Lärm; sie hat eine ganz andere Qualität und eine andere Dimension. Man kann sich nicht zwingen oder darin üben, still zu sein. Wenn man dies tut, hat es eine völlig andere Qualität, fühlt sich völlig anders an, ist ein völlig anderes Handeln. Die Stille, die der Geist in seinem Wunsch erzeugt, einen Rückzug von weltlichen Dingen, von Chaos und Verwirrung, von der eigenen Zerrissenheit und dem eigenen Leid herbeizuführen, hat einen sehr begrenzten und engen Raum. Diese Stille ist niemals frei. Diese Stille wird immer innerhalb vieler Mauern gehalten.

Die Stille, die an jenem Morgen da war, als du den wunderbaren Baum ansahst, war vollkommen anders. Sie war nicht das Gegenteil von Lärm, wenngleich Autos den Berg hinauffuhren und der Lastwagen runter- und hochschaltete. Dieser Lärm war da, aber er hatte keine Beziehung zu der Stille dazwischen. Sie war nicht *zwischen* dir und dem Baum, sondern sie war einfach da.

Und du bliebst. Nicht als Beobachter. Du warst nicht einmal da. Wärest du da gewesen, wäre die Stille nicht da gewesen, und der Baum wäre einfach ein Baum wie viele andere auch. Aber weil du nicht da warst, war die Stille da; und als du dich vom Fenster abwandtest und deine Tätigkeiten wieder aufnahmst, schob sich diese Stille ins Denken und ins Handeln.

Der menschliche Geist ist nie allein. Er hat so viele Erfahrungen, ist beladen mit so vielen Wörtern, den Erinnerungen an so vieles, die tief in ihm gespeichert sind, den Eindrücken, den Schlussfolgerungen, der Propaganda, die dem Geist eingetrichtert wurde. Er trägt dies mit sich, wohin er auch geht – beim Spaziergang, in der Luft, beim Stillsitzen und Grübeln oder in der einsamen Zelle des Gefangenen oder des Mönchs. Er ist nie allein. Und der Geist, der allein ist …

Das Herz von den Dingen des Geistes und deren körperlicher Reaktionen zu entleeren, ist Einsamkeit. Liebe allein kann ohne Verzerrung in Einsamkeit leben.